JN050698

畑中敦子の数的推理 The BEST NEO

ザ・ベスト

畑中敦子 著

エクシア出版

はじめに

数的推理とは？

　中学校三年生くらいまでのレベルの算数・数学の内容で、速さや確率の計算、方程式を使って解く問題、図形の長さや面積を計算する問題などがあります。

　数学が不得意な方でも、解法パターンやテクニックを覚えることで、得意分野にすることは十分可能です。

出題の目的は？

　論理的な思考力と事務処理能力を試すことと思われます。

　条件を分析し、論理的な筋道を立て、結論へ導く能力、テクニックを使うなどの柔軟な対応能力、時間内で問題を解決する事務処理能力などが求められているわけです。

勉強方法は？

　問題にも解法にもパターンがありますから、これをマスターして使いこなすことです。本番は時間との闘いですので、より速く正確に解く方法を身につけることが大切です。

　本書では、数的推理の最新の出題傾向を分析し、42 の項目に分類して、それぞれ最もスタンダードな問題からやや応用レベルの問題まで、段階的にマスターできるよう構成しております。

　初めは解説を読んで解法をマスターし、それから自力で解けるようになるまで、繰り返し、手を動かして問題を解いてみてください。

　大切なのは、毎日コツコツ続けることです。時間を空けると鈍ってしまいますから、少しずつでいいので、毎日練習しましょう。

　本書を活用いただいた皆さんの、本試験でのご健闘を心よりお祈りいたします。

2022 年 12 月

畑中敦子

目次

はじめに 1

How to use The BEST 4

本試験データ 6

#01 約数と倍数 16

#02 整数の文章題 28

#03 演算と数式 43

#04 整数解 52

#05 不等式 56

#06 覆面算 59

#07 魔方陣 66

#08 仕事算 78

#09 ニュートン算 85

#10 平均算 91

#11 年齢算 100

#12 暦算 103

#13 比と割合① 107

#14 比と割合② 113

#15 利益算 120

#16 剰余系 124

#17 規則性 134

#18 濃度 137

#19 速さ① 149

#20 速さ② 152

#21	旅人算	162
#22	通過算	170
#23	流水算	176
#24	時計算	183
#25	場合の数①	187
#26	場合の数②	193
#27	最短経路	207
#28	確率①	212
#29	確率②	218
#30	反復試行	229
#31	期待値とベイズの定理	237
#32	最適値	244
#33	n 進法	253
#34	数列	259
#35	三平方の定理①	271
#36	三平方の定理②	287
#37	相似	302
#38	三角形の性質	317
#39	円の定理	329
#40	図形の変形	347
#41	図形の変化	358
#42	角度の問題	363

How to use The BEST

最新の出題傾向に基づいて、42 の項目に分類

頻出度は低くても重要な項目もあるし、コスパ◎ならしっかりやる！ ここは参考程度に！

#10 平均算
合計に着目する！

| 頻出度 ★★☆☆☆ | 重要度 ★★★☆☆ | コスパ ★★★☆☆ |

たとえば、何人かの得点の平均点は、「全員の合計÷人数」で求めます。そうすると、平均点に人数をかけると「合計」がわかりますね。平均算の問題の多くは、この「合計」に着目して方程式を立てます。

「平均」は他の分野でもよく登場しますので、扱いに慣れておきましょう。

その項目の内容や情報をガイダンス！

基本事項

てんびん算

てんびんの原理の確認です。次の図で、てんびんのよこ棒（「ウデ」といいます）の両端（a, b の位置）に、重さがそれぞれ x, y のおもりがぶら下がっており、c の位置を支点としてつり合っています。

その項目の問題を解くのに必要な基本事項

c

てんびんのウデは

問題は、最新の過去問が中心！ スタンダードなものから並んでいるよ！

PLAY 1 平均算の最も基本的な問題

地方上級 2020

ある試験の合格者の平均点が 62 点であり、不合格者の平均点は 42 点であった。

また、受験者全体の平均点は 46 点であった。この試験の合格率（受験者全体に占める合格者の割合）は何％か。

1. 15%   2. 18%   3. 20%   4. 24%   5. 25%

方程式と「てんびん算」の解法を覚えよう！ 本問は超カンタン！

15 ページの補足参照！

その問題について、ちょっと一言！

解法 1

「平均点」というのは、「得点の合計 ÷ 人数」ですよね。しかし、多くの問題では、「得点の合計」より「平均点」の情報が与えられます。ですから、公式を変形して「平均点 × 人数 = 得点の合計」と使うことが多いでしょう。

畑中先生の世界一わかりやすい解説！

4

問題によっては、複数の
解法を紹介！

解説の所々で、
補足が入るよ！

解法 2

本問のような問題は、「てんびん算」（基本事項参照）で解くこともできます。図1のように、てんびんのウデの両端に合格者と不合格者の平均点を取り、おもりにそれぞれの人数（比）をおくと、支点の位置が受験者全体の平均点となります。

 支点は、左右のバランスが取れたところ！
合格者と不合格者を合わせてバランスの取れたところが、受験者全体の平均点になるんだね。

図1

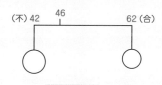

問題の後に、ちょっとしたアドバイス！

アドバイス

方程式を解いたところで y は消えるけど、$y \neq 0$ なので、初めから両辺を y で割って消してしまってもかまわないよ。

また、人数を y とおかなくとも、合：不：受験者 $= 3 : 7 : 10$ なので、$3(x + 12) + 7(x - 18) = 54 \times 10$ としても、方程式は成り立つしね。

基本的な公式など、必要なところで登場！

展開と因数分解の公式

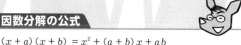

$$(x + a)(x + b) = x^2 + (a + b)x + ab$$
$$(x \pm y)^2 = x^2 \pm 2xy + y^2$$
$$(x + y)(x - y) = x^2 - y^2$$
$$(ax + b)(cx + d) = acx^2 + (ad + bc)x + bd$$

本試験データ

　主要試験について、数的推理の出題傾向と、2020 ～ 2022 年の数的処理全科目の出題項目の一覧を示しており、一覧の中の網掛け部分が数的推理に該当する問題になります。

　数的処理の勉強は、考え方を養うことにありますので、どの項目を勉強しても全体的な学習につながります。傾向や出題項目は参考程度として扱ってください。

FILE 1 国家公務員総合職

数的推理の出題傾向

　例年、6 問の出題で、速さ、確率、整数関連、図形の計量（三平方の定理や相似など）の問題が頻出で、近年は、n 進法、最適値の問題も割とよく出題されています。

　全体的に難易度が高いのはもちろんですが、他の試験に比べて応用力を要する問題が多く、論理的な思考力と正確な作業が求められます。

2020 ～ 2022 年の数的処理出題項目

番号	科目	2022 年出題項目	2021 年出題項目	2020 年出題項目
No.12	判断推理	命題と論理	命題と論理	命題と論理
No.13	判断推理	集合算	集合算	順序関係
No.14	判断推理	数量条件からの推理	数量条件からの推理	命題と論理
No.15	判断推理	対応関係	その他の推理	順序関係
No.16	判断推理	その他の推理	位置関係	位置関係
No.17	判断推理	その他の推理	数量条件からの推理	試合
No.18	空間把握	回転体	折り紙	折り紙
No.19	空間把握	移動と軌跡	トポロジー	正多面体
No.20	数的推理	仕事算	最適値	図形の変形
No.21	数的推理	速さ	確率	確率
No.22	数的推理	規則性	整数（約数と倍数）	比と割合
No.23	数的推理	暦算	速さ	速さ
No.24	数的推理	三平方の定理	相似	整数（演算）
No.25	数的推理	n 進法	n 進法	比と割合
No.26	資料解釈	表	表	表
No.27	資料解釈	表・グラフ	グラフ	特殊なデータ

FILE **2** 国家公務員一般職（大卒）

▶ 数的推理の出題傾向

　例年、5問の出題で、確率、整数関連、図形の計量（三平方の定理や相似など）の問題が頻出です。

　以前は、少し変わった問題や面倒な問題も多かったのですが、最近は、割と一般的な問題が中心で、やや易化傾向にあります。

▶ 2020〜2022年の数的処理出題項目

番号	科目	2022年出題項目	2021年出題項目	2020年出題項目
No.12	判断推理	その他の推理	命題と論理	命題と論理
No.13	判断推理	位置関係	対応関係	対応関係
No.14	判断推理	順序関係	位置関係	その他の推理
No.15	判断推理	順序関係	順序関係	順序関係
No.16	判断推理	対応関係	数量条件からの推理	試合
No.17	判断推理	数量条件からの推理	数量条件からの推理	その他の推理
No.18	空間把握	一筆書き	パズル問題	折り紙
No.19	空間把握	立体の切断	正多面体	パズル問題
No.20	数的推理	確率	確率	場合の数
No.21	数的推理	速さ	整数（約数と倍数）	速さ（流水算）
No.22	数的推理	面積の最大値	三平方の定理	最適値
No.23	数的推理	規則性	整数（文章題）	平均算
No.24	数的推理	プログラミング	整数（約数と倍数）	比と割合
No.25	資料解釈	表	グラフ	グラフ
No.26	資料解釈	グラフ	グラフ	表
No.27	資料解釈	グラフ	表	表・グラフ

FILE 3 国家公務員専門職

数的推理の出題傾向

　例年、5問の出題で、確率、整数関連、比と割合が頻出です。また図形の計量（三平方の定理や相似など）の問題はほぼ毎年出題されていましたが、2022年は出題がありませんでした。

　傾向は一般職と同様で、最近はやや易化傾向ではありますが、問題の難易度に差がありますので、時間がかかりそうな問題はあとに回すなど、時間配分に気をつけてください。

2020〜2022年の数的処理出題項目

番号	科目	2022年出題項目	2021年出題項目	2020年出題項目
No.12	判断推理	集合算	集合算	命題と論理
No.13	判断推理	その他の推理	位置関係	位置関係
No.14	判断推理	位置関係	対応関係	順序関係
No.15	判断推理	その他の推理	順序関係	数量条件からの推理
No.16	判断推理	順序関係	その他の推理	その他の推理
No.17	判断推理	その他の推理	試合（トーナメント戦）	位置関係
No.18	空間把握	パズル問題	パズル問題	移動と軌跡
No.19	空間把握	図形の推理	正多面体	展開図
No.20	数的推理	確率（期待値）	確率	利益算
No.21	数的推理	比と割合	濃度	体積比
No.22	数的推理	剰余系	整数（数式）	比と割合
No.23	数的推理	数列	三平方の定理	確率（反復試行）
No.24	数的推理	その他の文章題	平均算	剰余系
No.25	資料解釈	表	グラフ	特殊なデータ
No.26	資料解釈	グラフ	表	表
No.27	資料解釈	グラフ	表	表・グラフ

FILE 4 ▸ 裁判所職員総合職・一般職

数的推理の出題傾向

　例年、6 問の出題で、そのうち、図形の計量（三平方の定理や相似など）の問題が毎年 1 ～ 2 問出題されています。

　図形以外では、場合の数、確率、整数関連、比と割合などが頻出ですが、色々な分野からバランスよく出題されています。

　以前は、難問奇問も多かったのですが、最近は割と一般的な問題が多く、難易度も標準的です。ただ、たまに変わった問題もありますので、注意が必要です。

2020 ～ 2022 年の数的処理出題項目

番号	科目	2022 年出題項目	2021 年出題項目	2020 年出題項目
No.11	判断推理	命題と論理	命題と論理	命題と論理
No.12	判断推理	規則性	試合	集合算
No.13	判断推理	真偽の推理	操作手順	真偽
No.14	判断推理	順序関係	その他の推理	順序関係
No.15	判断推理	暦算	順序関係	試合（リーグ戦）
No.16	判断推理	場合の数	順序関係	てんびん問題
No.17	判断推理	場合の数（経路）	数量条件からの推理	図形の個数
No.18	空間把握	円の回転	投影図	移動と軌跡
No.19	空間把握	サイコロ	パズル問題	サイコロ
No.20	空間把握	立体の切断	円の回転	投影図
No.21	数的推理	整数	数列	比と割合
No.22	数的推理	利益算	仕事算	剰余系
No.23	数的推理	速さ	比と割合	確率
No.24	数的推理	三角形の内心	濃度	場合の数
No.25	数的推理	確率	角の二等分線の定理	三平方の定理
No.26	数的推理	場合の数	確率	円の定理
No.27	資料解釈	表	表	グラフ

FILE**5** 東京都Ⅰ類Ａ・Ｂ

数的推理の出題傾向

　判断推理、数的推理、資料解釈、空間概念（空間把握）が各 4 問（新方式は各 5 問）となっていますが、判断推理の枠で、確率がほぼ毎年出題され、また、空間概念でも、長さや面積の問題が出題されていますので、数的推理の問題は実質 6 〜 8 問程度の出題となります。

　確率の他には、整数関連と図形の計量（三平方の定理や相似など）の問題が頻出で、図形の計量は、空間概念の枠の問題も含めると、2020 年は 4 問、2021 年は 2 問、2022 年は 3 問出題されていました（Ｂ一般方式）。

　東京都の数的処理の問題は、全体的に傾向がはっきりしており、過去問が繰り返し出題されているので、Ａ，Ｂ問わず過去問をできるだけ多く解いて、傾向を把握する必要があります。

2020〜2022 年の数的処理出題項目（東京都Ⅰ類Ｂ一般方式）

番号	科目	2022 年出題項目	2021 年出題項目	2020 年出題項目
No.9	判断推理	集合算	集合算	集合算
No.10	判断推理	場合の数（最短経路）	順序関係	試合（リーグ戦）
No.11	判断推理	確率	確率	確率
No.12	判断推理	操作手順	場合の数	その他の推理
No.13	数的推理	比と割合	整数（文章題）	速さ（通過算）
No.14	数的推理	濃度	整数（演算）	三平方の定理
No.15	数的推理	相似	図形の面積	図形の変形
No.16	数的推理	数列	魔方陣	角度
No.17	資料解釈	グラフ	グラフ	グラフ
No.18	資料解釈	グラフ	グラフ	グラフ
No.19	資料解釈	グラフ	グラフ	グラフ
No.20	資料解釈	グラフ	グラフ	グラフ
No.21	空間概念	一筆書き	パズル問題	図形の分割（数列）
No.22	空間概念	展開図	図形の変形	展開図
No.23	空間概念	移動と軌跡（長さ）	投影図	正多面体
No.24	空間概念	移動と軌跡（面積）	移動と軌跡	円の回転

FILE 6 特別区Ⅰ類

数的推理の出題傾向

　例年、5問の出題で、図形の計量（三平方の定理や相似など）（No.16）と速さ（No.18）は、ほぼ毎年、定位置で出題されており、その他では、整数関連、仕事算などが頻出です。以前よく出題されていた確率の問題はここ数年出題が減っています。

　また、東京都と同様に、空間把握で図形の長さや面積を求める問題が出題されることがあります。

　あまりクセがなく、割とパターン通りの問題が多く出題されていますが、ときどき難問もあり、年度によっては難問揃いのこともありました。

2020～2022年の数的処理出題項目

番号	科目	2022年出題項目	2021年出題項目	2020年出題項目
No.10	判断推理	試合（トーナメント）	試合（リーグ戦）	試合（リーグ戦）
No.11	判断推理	暗号	暗号	暗号
No.12	判断推理	数量条件からの推理	対応関係	順序関係
No.13	判断推理	真偽の推理	位置関係	真偽の推理
No.14	判断推理	その他の推理	命題と論理	位置関係
No.15	判断推理	位置関係	整数（約数と倍数）	順序関係（暦算）
No.16	数的推理	円の定理	三平方の定理	相似・三平方の定理
No.17	数的推理	循環小数	整数（約数と倍数）	整数（約数）
No.18	数的推理	速さ	速さ	速さ（流水算）
No.19	数的推理	仕事算（比）	確率	仕事算
No.20	数的推理	不等式	平均算	文章題（計算問題）
No.21	資料解釈	表	表	表
No.22	資料解釈	表	表	表
No.23	資料解釈	グラフ	グラフ	グラフ
No.24	資料解釈	グラフ	グラフ	グラフ
No.25	空間把握	展開図	数列	立体の切断（面積）
No.26	空間把握	パズル問題	トポロジー	パズル問題
No.27	空間把握	投影図	サイコロ	投影図
No.28	空間把握	移動と軌跡（面積）	移動と軌跡	移動と軌跡

FILE 7 　地方上級（全国型）・市役所Ａ日程

数的推理の出題傾向

　ここ数年、数的推理の問題数が増える傾向にあり、定位置（No.43 ～ 49）の７問の他に空間把握の枠で１～２問出題されることが多いです。

　整数関連の出題が多く、以前は３問程度出題されていましたが、最近は１～２問とやや減っています。また、図形の計量（三平方の定理や相似など）も、毎年１問（例年 No.43）で出題されていますが、最近は２問出題されることもあります。その他には、速さ（例年 No.49）、比と割合、場合の数などが頻出です。

　難易度は、全体的にそれほど高くなく、極めて易しい問題もときどき見られますが、個性的な問題も多く、特に図形では変わった問題がよく見られます。

　なお、中部北陸型は全国型と基本的に同じ、関東型は全国型から抜粋した問題が出題されています。

2020 ～ 2022 年の数的処理出題項目（全国型）

番号	科目	2022 年出題項目	2021 年出題項目	2020 年出題項目
No.34	判断推理	集合算	命題と論理	集合算
No.35	判断推理	順序関係	順序関係	試合（トーナメント）
No.36	判断推理	その他の推理	位置関係	位置関係
No.37	判断推理	対応関係	対応関係	数量条件からの推理
No.38	判断推理	数量条件からの推理	最適値	その他の推理
No.39	空間把握	場合の数（経路）	パズル問題	投影図
No.40	空間把握	軌跡と移動	円の回転	展開図
No.41	空間把握	図形の面積	移動と軌跡	円弧の長さ
No.42	空間把握	投影図	図形の推理	図形の変化
No.43	数的推理	図形の推理	立体図形の表面積	場合の数
No.44	数的推理	整数（文章題）	場合の数	確率
No.45	数的推理	魔方陣	比と割合	整数（演算）
No.46	数的推理	整数（文章題）	整数（文章題）	数量条件からの推理
No.47	数的推理	比と割合	比と割合	整数（整数解）
No.48	数的推理	ニュートン算	速さ	平均算
No.49	数的推理	速さ（旅人算）	速さ	速さ
No.50	資料解釈	グラフ	グラフ	グラフ

FILE 8 警視庁Ⅰ類（警察官）

▶ 数的推理の出題傾向

　科目の並び方が固定していませんので、年度によって変動はありますが、平均7～8問の出題となっています。

　整数関連、比と割合、確率、図形の計量（三平方の定理や相似など）などが頻出で、特に、図形の計量は2～3問出題されることもあります。全体的に易しい問題が多いのですが、たまに難問も見られ、試験時間が他と比べて短い（50問120分）ので、やっかいな問題に時間を取られないよう注意が必要です。

▶ 2020～2022年の数的処理出題項目（4月実施1回目試験※）

番号	科目	2022年出題項目	2021年出題項目	2020年出題項目
No.34	判断推理	試合（リーグ戦）	命題と論理	命題と論理
No.35	判断推理	位置関係	数量条件からの推理	対応関係
No.36	判断推理	順序関係	真偽の推理	試合（数量条件）
No.37	判断推理	対応関係	対応関係	数量条件からの推理
No.38	判断推理	操作手順	位置関係	その他の推理
No.39	判断推理	真偽の推理	三平方の定理	集合算
No.40	数的推理	仕事算	平行線と相似	円の定理
No.41	数的推理	円弧の長さ	正多面体	立体の表面積
No.42	空間概念	立体の切断	場合の数	正多面体
No.43	空間概念	展開図	移動と軌跡	立体の切断
No.44	数的推理	図形の面積	立体の体積比	立体の体積比
No.45	数的推理	比と割合	平均算	比と割合
No.46	数的推理	魔方陣	ニュートン算	方程式
No.47	数的推理	濃度	剰余系	確率
No.48	数的推理	年齢算	確率	整数
No.49	資料解釈	表	グラフ	表
No.50	資料解釈	表	表	グラフ

※ 2020年の1回目試験は中止のため、7月実施2回目試験の項目を掲載しています。
※科目名は2022年のものを示しています。

FILE **9** 東京消防庁Ⅰ類（消防官）

数的推理の出題傾向

　例年、4問の出題で、整数関連、速さ、図形の計量（三平方の定理や相似など）の問題が頻出ですが、色々な分野からバランスよく出題されています。

　整数関連でたまにクセのある問題が見られますが、パターン通りの問題が中心で、難易度もやや易しめです。

2020〜2022年の数的処理出題項目（1回目）

番号	科目	2022年出題項目	2021年出題項目	2020年出題項目
No.9	判断推理	命題と論理	命題と論理	命題と論理
No.10	判断推理	順序関係	集合算	対応関係
No.11	判断推理	操作手順	対応関係	順序関係
No.12	判断推理	集合算	試合（リーグ戦）	暗号
No.13	空間概念	立体の切断	展開図	パズル問題
No.14	空間概念	パズル問題	立体の切断	サイコロ
No.15	数的推理	速さ	三平方の定理	整数（文章題）
No.16	数的推理	n進法	円の定理	速さ
No.17	数的推理	剰余系	速さ	相似・円の定理
No.18	数的推理	仕事算	整数（数式）	数列
No.19	資料解釈	表	グラフ	表
No.20	資料解釈	グラフ	グラフ	表
No.21	資料解釈	グラフ	グラフ	グラフ
No.22	資料解釈	表	表	グラフ
No.23	資料解釈	表	表	グラフ

▶出典の補足

国家総合職	大卒、院卒区分の共通問題です。
国家一般職	大卒区分の問題です。
国家Ⅱ種	現行の「国家一般職（大卒）」に該当します（2011年まで）。
国税専門官	現行の「国家専門職」に該当します（2011年まで）。
裁判所職員	総合職、一般職の共通問題です。
裁判所事務官	現行の「裁判所職員」に該当します（2011年まで）。
東京都Ⅰ類	2007年までは、A，Bの分類はありません。
地方上級	全国型の問題ですが、ほとんどは中部北陸型、関東型との共通問題です。 ※本試験を受験された方の情報をもとに復元したもので、表現などは実際の問題と異なる場合があります。
警視庁Ⅰ類	警察官採用試験の問題です。
東京消防庁Ⅰ類	消防官採用試験の問題です。

問題の右上にある出典の表記について、ちょこっと補足しておくね。

#01 約数と倍数
整数の重要な性質を掴む!

ここから#4まで、整数の性質に着目した問題が続きます。この整数問題は、「確率」と並んで、数的推理の最頻出項目になりますので、しっかり学習しましょう。まずは、整数の基本である約数と倍数ですが、性質をきちんと理解することが大事です。

基本事項

①約数・倍数

整数A，B，Cにおいて、A＝B×Cのとき、AをB，Cの倍数、B，CをAの約数といいます。

たとえば、6＝2×3ですから、6は2，3の倍数で、2，3は6の約数です。

②公約数・公倍数

いくつかの整数に共通する約数を「公約数」、共通する倍数を「公倍数」といい、最も大きい公約数を「最大公約数」、最も小さい公倍数を「最小公倍数」といいます。そして、公約数は最大公約数の約数、公倍数は最小公倍数の倍数となります。

たとえば、12と18の最大公約数は6、最小公倍数は36なので、次のようになります。

12と18の公約数　⇒　最大公約数6の約数　＝　1，2，3，6
12と18の公倍数　⇒　最小公倍数36の倍数　＝　36，72，108，……

③最大公約数（G.C.M.）・最小公倍数（L.C.M.）の求め方

たとえば、「28，56，70」の場合、次図のように並べ、共通の約数で順に割っていきます。3つ全部を割れる数がなくなったところで、そこまでの約数をかけ合わせ、最大公約数は2×7＝14とわかります。

さらに、3つのうちの2つでも割れる数（図のアの2と4）があれば続け、割れない数（5）はそのまま下におろします。どの2つをとっても割れなくなった（「互いに素」といいます）ところで、図のようにLの字にかけ合わせ、最

小公倍数は 2 × 7 × 2 × 1 × 2 × 5 ＝ 280 とわかります。

$$
\text{G.C.M.} \left\{
\begin{array}{l|ccc}
2 & 28 & 56 & 70 \\
7 & 14 & 28 & 35 \\
2 & 2 & 4 & 5 \quad \leftarrow ア \\
\hline
 & 1 & 2 & 5
\end{array}
\right.
$$

$\cdots\cdots\cdots\cdots\cdots\cdots\cdots\rightarrow$ L.C.M.

④素因数分解

たとえば、「4」は 1 と 4 以外に 2 で割り切れますが、「3」は 1 と 3 でしか割り切れません。このように、1 とその数自身でしか割り切れない数を「素数」といいます。2，3，5，7，…という数ですね。

そして、ある正の整数を素数の積の形で表すのが「素因数分解」で、次図のように、小さな素数で順に割っていくことで表せます。

$$
60 \text{ を素因数分解する} \quad \Rightarrow \quad
\begin{array}{r|r}
2 & 60 \\
2 & 30 \\
3 & 15 \\
\hline
 & 5
\end{array}
\quad \Rightarrow \quad 60 = 2 \times 2 \times 3 \times 5
$$

⑤約数の個数の求め方

整数 A を素因数分解して、A ＝ $B^m \times C^n \times$ …と表せるとき、A の約数の個数は、$(m + 1) \times (n + 1) \times$ …で求められます。

たとえば、72 の約数の個数を求める場合、72 ＝ $2^3 \times 3^2$ より、それぞれの指数に 1 を加えてかけ合わせ、$(3 + 1) \times (2 + 1) = 12$（個）とわかります。

その理由ですが、「72」は、「2」が 3 個と「3」が 2 個をかけ合わせた数なので、このうちのいくつかをかけ合わせた数は、いずれも 72 の約数となります。

たとえば、$2^2 = 4$、$2^2 \times 3 = 12$、$2 \times 3^2 = 18$ などがありますね。

そうすると、その組合せの方法ですが、「2」は 3 個ありますから、0 〜 3 個の 4 通りの選び方があり、同様に「3」は 0 〜 2 個の 3 通りの選び方があるので、$4 \times 3 = 12$（通り）あることになります。

12 通りの組合せは、具体的には次のようになります（a^0 は常に「1」）。

	3^0	3^1	3^2
2^0	$2^0 \times 3^0 = 1$	$2^0 \times 3^1 = 3$	$2^0 \times 3^2 = 9$
2^1	$2^1 \times 3^0 = 2$	$2^1 \times 3^1 = 6$	$2^1 \times 3^2 = 18$
2^2	$2^2 \times 3^0 = 4$	$2^2 \times 3^1 = 12$	$2^2 \times 3^2 = 36$
2^3	$2^3 \times 3^0 = 8$	$2^3 \times 3^1 = 24$	$2^3 \times 3^2 = 72$

　ここでわかるように、「指数＋1」の「1」は、「0個」という選び方を含めて、何通りの選び方があるかを示していることになります。

⑥倍数の見分け方
　2～9（7を除く）の倍数には、それぞれ以下のような特徴がありますので、これを満たしていれば、その数の倍数であるとわかります。
　よく使われるのは、3の倍数の見分け方ですね。#26でこれを使う問題が出てきますので、そこで確認してみましょう。

```
2の倍数　→　下1桁が2の倍数（偶数）
3の倍数　→　各位の数字の和が3の倍数
4の倍数　→　下2桁が4の倍数
5の倍数　→　下1桁が0または5
6の倍数　→　各位の数字の和が3の倍数で、下1桁が2の倍数
8の倍数　→　下3桁が8の倍数
9の倍数　→　各位の数字の和が9の倍数
```

PLAY 1 最大公約数と最小公倍数の問題

警視庁Ⅰ類 2018

異なる2つの自然数がある。最小公倍数と最大公約数の差は88で、最小公倍数と最大公約数の和は104になる。この2つの自然数の積として、最も妥当なのはどれか。

1. 384　　　2. 512　　　3. 768　　　4. 832　　　5. 960

最大公約数と最小公倍数の性質がわかっていれば、カンタンな問題！ この2つの自然数の積が持つ意味にも注目！

2つの自然数を a, b とし、最大公約数をG、最小公倍数をLとします。条件より、GとLの和が104、差が88なので、次のようになります。

$$G + L = 104 \quad \cdots ①$$
$$L - G = 88 \quad \cdots ②$$

①+②より、2L = 192　　∴L = 96
①に代入して、G = 8

方程式でもいいけど、和差算（27ページ）を使って、L =（104 + 88）÷ 2 = 96 と求めると便利！

よって、a と b の最大公約数は8となり、いずれも8を約数に持つ、つまり、8で割り切れる数（8の倍数）とわかります。

これより、$a = 8m$, $b = 8n$（m, n は整数）とおくと、m と n は共通の約数を持たない（互いに素）で、最小公倍数（L）は、8, m, n をいずれも含む最小の数ですから、$8mn$ と表せます。

すなわち、$8mn = 96$ となりますので、ここから、a と b の積は次のようにわかります。

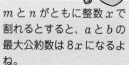

m と n がともに整数 x で割れるとすると、a と b の最大公約数は $8x$ になるよね。

$$a \times b = 8m \times 8n = 8 \times 8mn$$
$8mn = 96$ を代入して、
$$a \times b = 8 \times 96 = 768$$

よって、正解は肢3です。

ここから、$a \times b = G \times L$ という関係がわかるよね。2数の積は、その2数の最大公約数と最小公倍数の積に等しくなるという関係を覚えておこう！

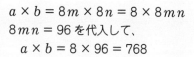

正解 3

3つの自然数 14, 63, n は、最大公約数が 7 で、最小公倍数が 882 である。n が 300 より小さいとき、自然数 n は全部で何個か。

1. 2個　　　2. 3個　　　3. 4個　　　4. 5個　　　5. 6個

最大公約数や最小公倍数の性質は理解できたかな？

n は 300 より小さい自然数であることを、しっかり頭に入れて解きましょう。

14, 63, n の最大公約数が 7 なので、n は 7 を約数に持つ、つまり、7 の倍数ですから、$n = 7m$（m は整数）とおきます。

また、$14 = 7 \times 2$、$63 = 7 \times 3^2$ ですから、これらを次のように並べ、最小公倍数が $882 = 2 \times 3^2 \times 7^2$ になることを考えます。

$$
\begin{array}{l}
14 = 7 \times 2 \\
63 = 7 \qquad \times 3^2 \\
\underline{\ n = 7 \qquad\qquad \times m\ } \\
882 = 7 \times 2 \times 3^2 \times 7 \quad \leftarrow \text{最小公倍数}
\end{array}
$$

最小公倍数の 882 は、14, 63, n のすべてで割り切れる最小の数ですから、<u>これらの数の素因数（素数の約数）をすべて含んでいる</u>ことになりますね。

しかし、14, 63 の素因数に「7」は 1 つしかありませんので、最小公倍数 882 の素因数に「7」が 2 つあるということは、n の素因数に「7」が 2 つあることになります。

そうすると、とりあえず、$m = 7$ であれば、$n = 7 \times 7$ となり、条件を満たすことがわかりますが、m には、その他の「<u>2×3^2」の全部または一部が因数に含まれていても、最小公倍数は変わりません</u>ので、n は次のような数が考えられます。

たとえば、6 と 9 の最小公倍数 18 は、次のように、それぞれの素因数をすべて含む最小の数だよね。

$$
\begin{array}{l}
6 = 2 \times 3 \\
\underline{9 = \qquad 3 \times 3} \\
18 = 2 \times 3 \times 3
\end{array}
$$

たとえば、$n = 7^2 \times 2 \times 3 = 294$ とかでも、次のように素因数は 882 に含まれるでしょ！？

$$
\begin{array}{l}
14 = 7 \times 2 \\
63 = 7 \times \qquad 3^2 \\
\underline{294 = 7^2 \times 2 \times 3} \\
882 = 7^2 \times 2 \times 3^2
\end{array}
$$

$$m = 7 \qquad\qquad \rightarrow \quad n = 7^2 = 49$$
$$m = 7 \times 2 \qquad\quad \rightarrow \quad n = 7^2 \times 2 = 98$$
$$m = 7 \times 3 \qquad\quad \rightarrow \quad n = 7^2 \times 3 = 147$$
$$m = 7 \times 3^2 \qquad \rightarrow \quad n = 7^2 \times 3^2 = 441 \quad \leftarrow 300\,\text{以上で NG!}$$
$$m = 7 \times 2 \times 3 \quad \rightarrow \quad n = 7^2 \times 2 \times 3 = 294$$
$$m = 7 \times 2 \times 3^2 \rightarrow \quad n = 7^2 \times 2 \times 3^2 = 882 \quad \leftarrow 300\,\text{以上で NG!}$$

よって、条件より、300 より小さい n は、49, 98, 147, 294 の 4 個で、正解は肢 3 です。

正解 3

素因数って、素数の因数のことだよね？
因数ってナニ？ 約数とちがうの？

整数なら、因数＝約数だね。
でも、文字式の場合もあるでしょ？
たとえば、$3ab$ の因数は？

そっか！
3, a, b, ab とかってことだね!?

　ある2桁の正の整数 a があり、158，204，273 のいずれを a で割っても割り切れず、余りは等しくなる。このとき、a の各位の和はいくらか。

1. 5　　　2. 8　　　3. 10　　　4. 12　　　5. 15

158，204，273 を a で割った余りを b として、式に表してみよう！

　158，204，273 を a で割った商をそれぞれ p，q，r とし、余りは共通ですから、これを b とすると、次のように表せます。

$$ap + b = 158 \quad \cdots ①$$
$$aq + b = 204 \quad \cdots ②$$
$$ar + b = 273 \quad \cdots ③$$

　②－①より、$aq + b - (ap + b) = 204 - 158$
$$aq + b - ap - b = 46$$
$$aq - ap = 46$$
$$a(q - p) = 46 \quad \cdots ④$$

　③－②より、$ar + b - (aq + b) = 273 - 204$
$$ar + b - aq - b = 69$$
$$ar - aq = 69$$
$$a(r - q) = 69 \quad \cdots ⑤$$

　④より、a は 46 の約数で、⑤より、同様に 69 の約数となりますので、a は 46 と 69 の公約数とわかります。46 = 2 × 23、69 = 3 × 23 ですから、この2数の最大公約数は 23 で、公約数は 1 と 23 の2つですね。条件より、a は2桁の整数ですから、$a = 23$ とわかります。

　これより、a の各位の和は 2 + 3 = 5 となり、正解は肢1です。

a と $(q - p)$ はいずれも整数で、かけて 46 だから、46 は a で割り切れるよね。

公約数は、最大公約数の約数だからね。

正解 ▶ 1

　A，B，Cは、いずれも 300 以下の 3 桁の自然数であり、次の条件を満たしているとき、BとCの差はいくらか。

○　A＞B＞Cである。

○　A，B，Cの最大公約数は 6 であり、A，Cの最大公約数は 12 である。

○　AとCの積は 91 で割り切れる。

○　Bの素因数は全て 7 以下である。Bは 9 でも 49 でも割り切れない。

1.　42　　　2.　48　　　3.　54　　　4.　60　　　5.　66

そんなに難しくないよ！ いい問題だからチャレンジしてみて！

　A，B，Cは 300 以下の 3 桁の自然数であること、A＞B＞Cであることを、しっかり頭に入れて解きましょう。

　2 番目の条件より、A，B，Cは 6 を約数に持つ、つまり、6 の倍数で、さらに、AとCは 12 の倍数ですから、それぞれ、$A = 12a$、$\underline{B = 6b}$、$C = 12c$（a, b, c は整数）とおきます。

条件より、Bは 12 の倍数ではないので、b は 2 の倍数ではない、つまり、b は奇数とわかるね。

　そうすると、$12 = 2^2 \times 3$ より、$A \times C = 12a \times 12c = 2^4 \times 3^2 \times a \times c$ となり、3 番目の条件より、この数は $91 = 7 \times 13$ を約数に持つことになります。

　しかし、「7」や「13」は「$2^4 \times 3^2$」の約数ではありませんので、$a \times c$ の約数となりますが、a または c の一方が 7 と 13 をともに約数に持つと、AまたはCは最小でも $12 \times 7 \times 13 = 1092$ となり、300 以下という条件に反します。

　よって、a と c は 7 と 13 を 1 つずつ約数に持つことになり、300 以下の 3 桁のAとCは次のような数が考えられます。

「84」は 2 桁だから NG！

7 を約数に持つ方の数　→　12 × 7 の倍数＝ 84 の倍数　→　<u>168，252</u>

13 を約数に持つ方の数　→　12 × 13 の倍数＝ 156 の倍数　→　156

　これより、AとCの一方は 156、もう一方は 168 または 252 ですが、A＞Cより、A ＝ 168 または 252、C ＝ 156 に決まります。

　残るBについて、$B = 6b = 2 \times 3 \times b$ として「b」を考えると、4 番目の

条件より、b の素因数として可能な数は、2，3，5，7 に限られます。

しかし、既に確認したように、b は奇数ですから、「2」を素因数に持ちませんし、b が「3」を素因数に持つと、B＝2×3×b は「3^2」を因数に持ち、9 で割り切れますので NG です。

また、b が「7^2」を因数に持つと、B は 49 で割り切れますので、B の素因数に「7」は多くても 1 つしか含まれません。

これより、b の素因数は「5」と「7」のみで、「5」はいくつでも OK ですが、「7」は 1 つまでなので、B は以下のような数が考えられます。

$$B = 2 \times 3 \times 5 = 30 \qquad ← 2 桁で NG！$$
$$B = 2 \times 3 \times 7 = 42 \qquad ← 2 桁で NG！$$
$$B = 2 \times 3 \times 5^2 = 150$$
$$B = 2 \times 3 \times 5 \times 7 = 210$$
$$B = 2 \times 3 \times 5^3 = 750 \qquad ← 300 より大きいので NG！$$
$$\vdots$$

条件より、A＞B＞C ですから、B は C＝156 より大きいので、B＝210 に決まり、ここから、A＝252 も決まります。

よって、B と C の差は、210 － 156 ＝ 54 となり、正解は肢 3 です。

 正解 ▶ 3

2000 の約数の個数として、正しいのはどれか。

1. 16 個　　　2. 17 個　　　3. 18 個　　　4. 19 個　　　5. 20 個

約数の個数の求め方は絶対に覚えてね！

基本事項⑤に従って計算します。2000 を素因数分解すると、次のようになりますね。

$$2000 = 2^4 \times 5^3$$

これより、約数の個数は次のようになります。

$$(4 + 1) \times (3 + 1) = 20$$

よって、正解は肢5です。

 正解 5

この程度なら、数えてもいいけど、もっと大きな数の出題も過去にはあったので、やり方を知っておいたほうがいいよ！

a, b が正の整数であり、$a + b = 4$ を満たすとき、整数 $2^2 \times 3^a \times 4^b$ の正の約数の個数のうち最小となる個数はどれか。

1. 17 個　　　2. 18 個　　　3. 19 個　　　4. 20 個　　　5. 21 個

PLAY 4 の類題だよ。ちょっと応用になるかな。

a, b は正の整数ですから、$a + b = 4$ を満たすのは、$(a,\ b) = (1,\ 3)\ (2,\ 2)\ (3,\ 1)$ の 3 通りです。

また、$\underline{4 = 2^2}$ ですから、「$2^2 \times 3^a \times 4^b$」は、次のように変形します。

これを見逃さないようにね！

$$2^2 \times 3^a \times 4^b = 2^2 \times 3^a \times (2^2)^b = 2^2 \times 3^a \times 2^{2b}$$
$$= 2^{2+2b} \times 3^a$$

指数法則
$(x^m)^n = x^{mn}$
$x^m \times x^n = x^{m+n}$

これより、3 通りそれぞれについて約数の個数を求めると、次のようになります。

① $(a,\ b) = (1,\ 3)$ の場合
$2^{2+2b} \times 3^a$ に代入して、$2^8 \times 3^1 \rightarrow$ 約数の個数 $= (8+1) \times (1+1) = 18$

② $(a,\ b) = (2,\ 2)$ の場合
$2^{2+2b} \times 3^a$ に代入して、$2^6 \times 3^2 \rightarrow$ 約数の個数 $= (6+1) \times (2+1) = 21$

③ $(a,\ b) = (3,\ 1)$ の場合
$2^{2+2b} \times 3^a$ に代入して、$2^4 \times 3^3 \rightarrow$ 約数の個数 $= (4+1) \times (3+1) = 20$

よって、最小の個数となるのは、①の場合の 18 個で、正解は肢 2 です。

正解 ▶ 2

　２つの数ＡとＢ（Ａ＞Ｂ）の、和（Ａ＋Ｂ）と差（Ａ－Ｂ）について、以下のようになります。

$$和＋差　\rightarrow　（Ａ＋Ｂ）＋（Ａ－Ｂ）＝Ａ＋Ｂ＋Ａ－Ｂ＝2Ａ$$
$$和－差　\rightarrow　（Ａ＋Ｂ）－（Ａ－Ｂ）＝Ａ＋Ｂ－Ａ＋Ｂ＝2Ｂ$$

　すなわち、「2Ａ＝和 ＋ 差」、「2Ｂ＝和 － 差」ですから、それぞれの両辺を2で割って、次のことが成り立ちます。

$$大きいほうの数（Ａ）＝（和 ＋ 差）÷2$$
$$小さいほうの数（Ｂ）＝（和 － 差）÷2$$

和差算を使う機会はよくあるよ。
使い慣れたら、ホントに便利！

#02 整数の文章題
問題文をかみ砕く！

頻出度 ★★★★★ | 重要度 ★★★★★ | コスパ ★★★☆☆

整数が主役の文章問題で、色々な問題がありますが、まずは、問題文の内容を理解し、着眼点を探すことになります。全般的に頻出度は高く、特に地方上級は、整数関連の問題を毎年2問程度出題しています。定番もいくつかありますので、それらは解法パターンを覚えましょう。

PLAY1　整数の和の問題

警視庁Ⅰ類2020

30 を連続した正の整数の和で表す方法は、全部で何通りあるか。

1. 2通り
2. 3通り
3. 4通り
4. 5通り
5. 6通り

まずは、割と単純な問題から。定番とまではいかないけど、似たような問題が過去に何度か出題されているよ。

連続したいくつの整数の和になるかを基準に考えます。最小の数を x とすると、2番目以降は、$x + 1$、$x + 2$、…というように、1ずつ増えていきますので、これらの和が 30 になるよう方程式を立ててみましょう。

まず、連続した2数の場合は、次のような方程式になります。

$$x + (x + 1) = 30$$
$$2x = 29 \quad \therefore x = 14.5$$

連続する2数は、偶数と奇数だから、その和は奇数で、30 にはならない！方程式を立てるまでもないね。

この場合、x が整数になりませんので、不適です。

以下、同様に方程式を立てますが、x が正の整数にならないとわかった時点で作業はやめるようにしましょう。

連続した 3 数

   → $x+(x+1)+(x+2)=30$

    $3x=27$ $\therefore x=9$ …①

連続した 4 数

   → $x+(x+1)+(x+2)+(x+3)=30$

    $4x=24$ $\therefore x=6$ …②

連続した 5 数

   → $x+(x+1)+(x+2)+(x+3)+(x+4)=30$

    $5x=20$ $\therefore x=4$ …③

連続した 6 数

   → $x+(x+1)+(x+2)+(x+3)+(x+4)+(x+5)=30$

    $6x=15$ $\therefore x=2.5$

連続した 7 数

   → $x+(x+1)+(x+2)+(x+3)+(x+4)+(x+5)+(x+6)=30$

    $7x=9$ $\therefore x=\dfrac{9}{7}$

連続した 8 数

   → $x+(x+1)+(x+2)+(x+3)+(x+4)+(x+5)+(x+6)+(x+7)=30$

    $8x=2$ $\therefore x=0.25$

「連続した 8 数」を調べた段階で、x は 1 未満になり、これ以降は正の整数にならないとわかります。

  これより、成立したのは、①〜③の 3 通りで、それぞれ以下のようになります。

  ① $9 + 10 + 11 = 30$

  ② $6 + 7 + 8 + 9 = 30$

  ③ $4 + 5 + 6 + 7 + 8 = 30$

よって、正解は肢 2 です。

正解 2

　ある二つの自然数XとYがあり、XとYの積は 1,000 以上 10,000 以下で、二乗の差は 441 であるとき、XとYのうち大きい方の数として、正しいのはどれか。

1. 35　　　2. 45　　　3. 55　　　4. 65　　　5. 75

因数分解の公式を使うよ！ 覚えているかな？

　まず、XとYの２乗の差が441ですから、X＞Yとして、因数分解の公式を使って次のように表します。

148 ページに公式と練習問題があるよ！

$$X^2 - Y^2 = (X + Y)(X - Y) = 441$$

　すなわち、XとYの和と差をかけた値が441ということなので、441を2数の積に分解します。

　441を素因数分解すると、$441 = 3^2 \times 7^2$ となり、ここから、XとYの（和, 差）について、次のような組合せが考えられます。

$$1 \times (3^2 \times 7^2) \rightarrow (441, 1)$$
$$3 \times (3 \times 7^2) \rightarrow (147, 3)$$
$$7 \times (3^2 \times 7) \rightarrow (63, 7)$$
$$3^2 \times 7^2 \rightarrow (49, 9)$$
$$(3 \times 7) \times (3 \times 7) \rightarrow (21, 21)$$

　このうち、（和, 差）＝（21, 21）については、これを満たす自然数の組合せはありませんので、残る4通りについて、それぞれを満たすXとYを、和差算（27 ページ）を使って求めると次のようになります。

（0, 21）の組合せになるけど、「0」は自然数じゃないからね。

① （和，差）＝（441，1）の場合
　　X ＝（441 ＋ 1）÷ 2 ＝ 221　Y ＝ 221 − 1 ＝ 220

② （和，差）＝（147，3）の場合
　　X ＝（147 ＋ 3）÷ 2 ＝ 75　Y ＝ 75 − 3 ＝ 72

③ （和，差）＝（63，7）の場合
　　X ＝（63 ＋ 7）÷ 2 ＝ 35　Y ＝ 35 − 7 ＝ 28

④ （和，差）＝（49，9）の場合
　　X ＝（49 ＋ 9）÷ 2 ＝ 29　Y ＝ 29 − 9 ＝ 20

　ここで、XとYの積が 1,000 以上 10,000 以下になるかを確認すると、次のようになります。

① 221 × 220 ＝ 48620
② 75 × 72 ＝ 5400
③ 35 × 28 ＝ 980
④ 29 × 20 ＝ 580

　条件を満たすのは②のみで、XとYは 75 と 72 に決まり、大きいほうの数は 75 で、正解は肢 5 です。

正解▶ 5

　A，B，Cの3人が徒競走を4回行った。徒競走を1回行うごとに、1位になった人は、他の2人から1位になった人が持っているのと同じ枚数のメダルをそれぞれ受け取る約束をした。次のことが分かっているとき、初めにBが持っていたメダルは何枚か。

　ただし、同着はなかったものとする。また、1位になった人は常に約束どおりの枚数のメダルを受け取ったものとする。

　○　1回目の徒競走では、Bが1位になった。
　○　2回目と3回目の徒競走では、Aが1位になった。
　○　4回目の徒競走では、Cが1位になり、AとBからそれぞれ27枚のメダルを受け取った。その結果、AとBのメダルはちょうどなくなった。

1．11枚　　　2．13枚　　　3．15枚　　　4．17枚　　　5．19枚

> 最後の「27枚」から遡って計算しよう！　本問は定番問題。解法を覚えよう！

　3番目の条件より、4回目の徒競走で、CがAとBから27枚ずつを受け取ったのは、受け取る前の時点で27枚持っていたからですね。ここで、Cの枚数は27 + 27 + 27 = 81（枚）になったとわかります。また、AとBのメダルはここでなくなったので、メダルの総数も81枚ということですね。

つまり、1回勝ったら3倍になるってことだ！

　そうすると、2番目の条件より、3回目に1位になったのはAですが、AはBとCから同じ枚数を受け取って27枚になったので、受け取る前は9枚だったとわかります。また、BとCは、Aに9枚渡して27枚になったので、渡す前は36枚だったことになります。

　同様に、2回目にAが1位になって、BとCから受け取る前は3枚で、Aに3枚渡す前のBとCは39枚となります。

　さらに、1回目にBが1位になって、AとCから受け取る前は13枚、Bに13枚渡す前のAは16枚、Cは52枚で、まとめると表のようになります。

	A	B	C
最初	16	13	52
1回目	3	39	39
2回目	9	36	36
3回目	27	27	27
4回目	0	0	81

よって、初めにBが持っていたメダルは13枚で、正解は肢2です。

正解　2

PLAY 4　条件から考える文章問題

あるクラスの生徒全員が輪になって並んでおり、先生がそれぞれの生徒に9本以下の本数の鉛筆を配った。次のことがわかっているとき、このクラスの生徒の人数は何人か。

- ・先生が配った鉛筆の本数は全部で91本であった。
- ・隣り合って並ぶ3人の生徒に配られた鉛筆の本数を合計すると、どの3人を取っても同じであった。
- ・ある生徒Xには3本が配られ、Xから時計回りに4番目の生徒であるYには6本が配られた。

1. 20人　　2. 21人　　3. 22人　　4. 23人　　5. 24人

配られた鉛筆の本数には規則性があるよ！

まず、3番目の条件に着目し、図1のように、X，Yとその近辺の生徒をA～Dとして、配られた鉛筆の本数を考えてみましょう。

図1

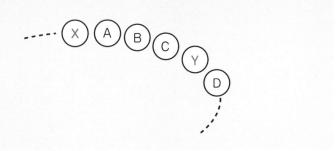

　2番目の条件より、隣り合って並ぶ3人は、いずれも鉛筆の合計が等しいので、ここから次のようにわかります。

$$X + A + B = A + B + C \Rightarrow X = C$$
$$A + B + C = B + C + Y \Rightarrow A = Y$$
$$B + C + Y = C + Y + D \Rightarrow B = D$$

　すなわち、3番目の条件より、XとCには3本、AとYには6本が配られ、BとDにも同じ本数が配られていることになりますね。さらに、この先も同様に考えると、ある生徒とそこから3番目の生徒には同じ本数が配られていることがわかります。

　これより、BとDに配られた本数を k とすると、図2のように、鉛筆の本数は $3 \to 6 \to k \to 3 \to 6 \to k \to$ …と並んで、1つの輪を作りますから、3種類の本数（3, 6, k）は同じ数だけあることになります。すなわち、3本配られた生徒、6本配られた生徒、k 本配られた生徒の人数はいずれも同じで、生徒の人数は3の倍数とわかり、肢2, 5に絞られますね。

先生は、平等に配らないとダメだろ…

図2

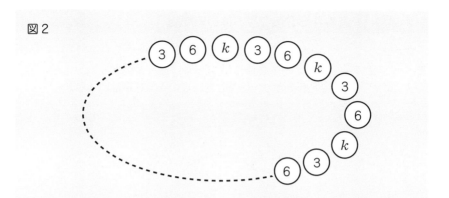

　ここで、図3のように、隣り合う3人ずつで区切って、それぞれを1つの
グループとして考えます。各グループに配られた鉛筆は、$3 + 6 + k$（本）な
ので、グループの数をnとすると、鉛筆の総数は$(3 + 6 + k) \times n$（本）と
なり、1番目の条件より、これが91本となります。

図3

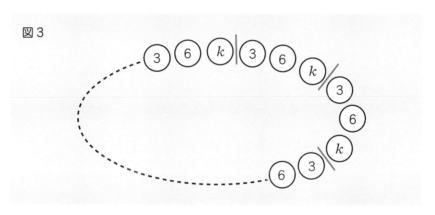

　これより、$(3 + 6 + k)$とnは、いずれも91の約
数となります。91を素因数分解すると、$91 = 7 \times$
13なので、7と13のいずれかになりますが、<u>$3 + 6$</u>
<u>$+ k > 7$</u>ですから、$3 + 6 + k = 13$より$k = 4$、
そして、$n = 7$とわかります。

3＋6で、既に9本
だからね！

　よって、配られた鉛筆の本数は、$3 \to 6 \to 4 \to 3 \to 6 \to 4 \to \cdots$となり、生
徒の人数は、3人×7グループ＝21人とわかり、正解は肢2です。

正解　2

　図のように、大小の２つの円を重ねて上下左右を直線で分けた８つの区画をA〜Hとする。それぞれの区画には１〜８の異なる数字が入り、Bには１が入ることと次のことが分かっているとき、Cに入る数字はいくらか。

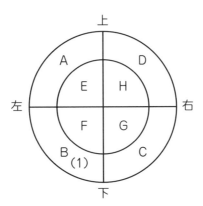

・上半分の４つの区画に入る数字の和と、下半分の４つの区画に入る数字の和は同じである。
・右半分の４つの区画に入る数字の和と、左半分の４つの区画に入る数字の和は同じである。
・小さいほうの円の４つの区画に入る数字の和と、その外側の４つの区画に入る数字の和は同じである。
・DとHに入る数字の和は８で、DよりHのほうが大きい。
・２が入る区画は上半分の４つの区画のいずれかである。

1. 4　　　2. 5　　　3. 6　　　4. 7　　　5. 8

　上下、左右、内外の条件はいずれもシンプル！ わかるところから入れてみよう！

　１〜８の和を計算すると36で、その半分は18ですね。そうすると、１〜３番目の条件より、上半分、下半分、右半分、左半分、内側の円、外側の円のそれぞれの４区画は、いずれも和が18になるとわかります。
　さらに、４番目の条件より、右上の２区画（D，H）の和が８なので、左上の２区画（A，E）と右下の２区画（C，G）の和はいずれも10となります。これより、左下の２区画（B，F）の和は８となり、条件より、B＝１ですから、F＝７とわかりますね。

ここで、最大の数である8が入る区画を考えると、右上には入りませんから、左上または右下のいずれかとなります。いずれにしても、2区画の和は10ですから、(2, 8)の組合せで入ることになり、5番目の条件より、左上のAとEが2と8のいずれかとわかります。

右上のDとHは和が8だから、それぞれは7以下の数だよね。

　これより、残る右半分に入る数は、(3, 4, 5, 6)となり、この中で和が8になる組合せは(3, 5)ですから、これが右上に入り、4番目の条件より、D＝3、H＝5となります。

左半分に(1, 2, 7, 8)が入るとわかったからね。

　ここで、内側の円の4区画について、E＋G＝18－7－5＝6となり、Eに8は入りませんから、E＝2、G＝4となり、ここから、A＝8、C＝6がわかり、図のようになります。

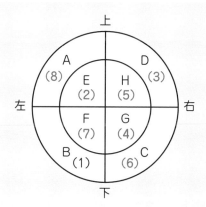

　よって、Cに入るのは6で、正解は肢3です。

　AとBの2人がおり、Aは10〜99の二桁の整数のうちから一つの数を頭に思い浮かべ、Bはその数を当てようとして「はい」か「いいえ」で答えられる質問を、次のとおり行った。

　①「その数は、ある整数を二乗した数から3を引いた数と等しいか？」と聞いたところ、Aは正しく「はい」と答えた。

　次に、Bは候補を絞る質問として、次の二つの質問をしたが、Aは二つとも嘘を答えた。

　②「その数は、40より大きいか？」
　③「その数は、奇数か？」

　Bは、これら三つの質問に対するAの答えが全て正しいものとして推論を行ったが、数の候補は複数あった。そこで、これを一つに絞る質問として、次の質問を行った。

　④「その数は、十の位と一の位の数を足すと7より大きいか？」

　このとき、Aが頭に思い浮かべた数はどれか。

1. 13　　　2. 22　　　3. 33　　　4. 46　　　5. 61

> まずは、①の質問に対して「はい」となる数を挙げてみよう！

　まず、①の質問に対するAの答え「はい」は正しいので、Aが頭に思い浮かべた数は、次の7つが考えられます。

$$4^2 - 3 = 13 \qquad 5^2 - 3 = 22 \qquad 6^2 - 3 = 33 \qquad 7^2 - 3 = 46$$
$$8^2 - 3 = 61 \qquad 9^2 - 3 = 78 \qquad 10^2 - 3 = 97$$

　ここで、②，③の質問に対するAの答えが、「はい」か「いいえ」のいずれかで、以下のように場合分けをし、条件を満たすか考えます。

（1）Aが②，③ともに「はい」と答えた場合

　BはAの答えをすべて正しいものとして推論するので、その数は40より大きい奇数ですから、61または97となります。

この時点での数の候補は複数になるという条件は満たしているね。

　ここで、④の質問について、一の位と十の位の和は、

61 の場合は「7」、97 の場合は「16」になり、「はい」なら97、「いいえ」なら61 に絞り込めます。

※④で一つに絞り込めるかどうかを確認して！

　よって、この場合は条件を満たします。

（2）Aが②に「はい」、③に「いいえ」と答えた場合

　同様に推論すると、その数は 40 より大きい偶数ですから、46 または 78 となります。

　この場合、一の位と十の位の和は、46 は「10」、78 は「15」で、いずれも 7 より大きく、④の質問で 1 つに絞り込むことはできません。

　よって、この場合は条件を満たしません。

（3）Aが②に「いいえ」、③に「はい」と答えた場合

　同様に推論すると、その数は 40 以下の奇数ですから、13 または 33 ですが、一の位と十の位の和は、それぞれ「4」と「6」で、いずれも 7 以下のため、1 つに絞り込めません。

　よって、この場合も条件を満たしません。

（4）Aが②、③ともに「いいえ」と答えた場合

　同様に推論すると、40 以下の偶数ですから、22 に決まり、複数の候補がありません。

　よって、この場合も条件を満たしません。

　以上より、条件を満たすのは（1）の場合に決まり、Aは②、③ともに「はい」と答えたことになります。

　条件より、これらのAの答えは 2 つとも嘘なので、その数は 40 以下の偶数であったことになり、22 とわかります。

この条件を忘れないようにね！

　よって、正解は肢 2 です。

正解 2

　4つの相異なる自然数があり、この中から2つを組み合わせて和をとったところ、7, 11, 12, 13, 17 が得られた。4つの自然数の積はいくらか。

1. 540　　　2. 756　　　3. 864　　　4. 1080　　　5. 1440

これも定番問題！ 解法のポイントを押さえて！

　4つの自然数を小さいほうからA, B, C, Dとします。2つの数の和で最も小さい「7」は、小さいほうから2つの和である「A＋B」、最も大きい「17」は、大きいほうから2つの「C＋D」であることは、すぐにわかりますね。
　また、「A＋B」の次に小さい組合せを考えると、AとBのうち大きいほうのBと、残る数で1番小さいCをチェンジした「A＋C」であり、これが2番目に小さい「11」とわかります。同様に、「C＋D」の次に大きい組合せは、CとDのうち小さいほうのCと、残る数で1番大きいBをチェンジした「B＋D」で、これが2番目に大きい「13」とわかりますね。

この「2番目に大きい数」と「2番目に小さい数」のことは、覚えておいてね！

　これより、残る組合せ「A＋D」と「B＋C」は、ともに12となりますので、ここまでを図のようにまとめます。

　ここで、「A＋B」と「A＋C」の差である 11 − 7 = 4 について考えると、これはBとCの差に当たることがわかりますね。BとCの和は12ですから、和差算（27ページ）より、B =（12 − 4）÷ 2 = 4、C = 4 + 4 = 8 となり、これを、「A＋B = 7」と「C＋D = 17」に代入して、A = 3, D = 9 がわかります。
　よって、A〜Dの積は、3 × 4 × 8 × 9 = 864 となり、正解は肢3です。

 正解 3

二桁の正の整数 A, B, C, D (A＜B＜C＜D) があり、3つは奇数で、1つは偶数である。A〜Dから2つ選んで足した数は全部で6つあり、互いに異なっている。これら6つの数を小さい方から順に4つ並べると、43, 46, 50, 55となった。このとき、Dの一の位と十の位の数の和はいくらか。

1. 6   2. 7   3. 8   4. 9   5. 10

PLAY7の類題だけど、ちょっと変わっている。でも、基本は同じだからね。

　PLAY7と同様のパターンですが、本問では、6つの和のうち、小さいほうから4つしか与えられていませんので、わかるところから考えていきましょう。

　2数の和で最も小さい「43」は「A＋B」、2番目に小さい「46」は「A＋C」なので、この時点で、BとCの差は、46 − 43 ＝ 3とわかります。

偶数 ＋ 偶数 ＝ 偶数
奇数 ＋ 奇数 ＝ 偶数
偶数 ＋ 奇数 ＝ 奇数

　「43」は奇数ですから、AとBの一方は偶数、一方は奇数となり、また、「46」は偶数ですから、AとCはともに偶数か、ともに奇数のいずれかとなります。

　しかし、条件より、偶数は1つですから、AとCは奇数、Bは偶数、残るDは奇数となりますね。

　そうすると、3番目に小さい「50」と4番目に小さい「55」が、「B＋C」と「A＋D」のいずれかとなりますが、「B＋C」は奇数ですから「55」、「A＋D」は偶数ですから「50」となります。

6つの和のうち、大きいほうの2つは「B＋D」と「C＋D」だからね。

　これより、BとCについて、和が55、差が3なので、和差算より、B＝(55 − 3) ÷ 2 ＝ 26、C ＝ 26 ＋ 3 ＝ 29となり、「A＋B ＝ 43」に代入して、A ＝ 43 − 26 ＝ 17、さらに、「A＋D ＝ 50」に代入して、D ＝ 50 − 17 ＝ 33とわかり、次の図のようになります。

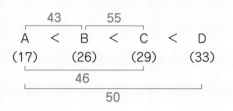

$$
\begin{array}{ccccccc}
 & \overset{\displaystyle 43}{\overbrace{}} & & \overset{\displaystyle 55}{\overbrace{}} & & \\
A & < & B & < & C & < & D \\
(17) & & (26) & & (29) & & (33)
\end{array}
$$

以上より、D = 33 の十の位と一の位の和は、3 + 3 = 6 となり、正解は肢 1 です。

正解 1

「2 数の和から考える問題」は、以前からよく
出題されている定番問題！
PLAY 7 が基本型だけど、最近は PLAY 8 の
ような応用タイプもよく出題されているかな。

#03 演算と数式
整数になるようにする！

頻出度 ★★★☆☆ | 重要度 ★★★★☆ | コスパ ★★★☆☆

数式の問題は、少々数学っぽいところもありますが、演算はとっつきやすい問題が多いです。

いずれにおいても、「整数だから」「○の倍数だから」というような、整数の性質にこだわった視点で考えることが大事です。

PLAY1　演算の問題

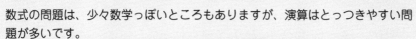
地方上級 2020

　次の計算式の○□△◇は互いに異なる演算記号を表しており、＋，－，×，÷のいずれかが入る。またこの計算式の答えは正の整数である。計算式の答えはいくらか。なお、この計算式では、掛け算や割り算は、足し算や引き算よりも先に行う。

　6○4□5△2◇3

1. 4　　　2. 8　　　3. 13　　　4. 17　　　5. 22

整数の答えにするのに、＋，－，×，÷のうち、面倒なのはどれだろう？

　計算式にある数字はいずれも整数ですね。整数どうしは、足し算、引き算、かけ算のいずれを行っても、答えは整数になりますが、割り算だけは分数になる（整数にならない）可能性があります。

　計算式の答えは正の整数ですから、4つの記号のうち、「÷」がどれになるかを考えましょう。割り算の答えが分数になっても、そこに整数をかけることで整数になる可能性はあります。しかし、分数と整数を足したり引いたりしても、整数にはなりませんので、ここに注意して、次のように調べます。

たとえば、$\frac{2}{3}$に3をかけると2になるけど、$\frac{2}{3}$にどんな整数を足しても整数にはならないよね。

（1）○が「÷」の場合

「6 ÷ 4」は分数になります。ここで、□が「×」だとしても、「6 ÷ 4 × 5」は整数になりません。そうすると、□は「＋」か「－」ですが、その後の「5 △ 2 ◇ 3」は整数ですから、この場合の計算式の答えは整数になりません。

△と◇は＋, －, ×のいずれかだからね。

（2）□が「÷」の場合

同様に、「4 ÷ 5」は分数になり、○または△が「×」だとしても、「6 × 4 ÷ 5」「4 ÷ 5 × 2」のいずれも整数になりません。

よって、この場合の計算式の答えも整数になりません。

（3）△が「÷」の場合

同様に、「5 ÷ 2」は分数になりますが、□が「×」であれば、「4 × 5 ÷ 2」は、20 ÷ 2 ＝ 10 で、整数になります。

◇が×のときは整数にならないけどね。

そうすると、○と◇は、「＋」と「－」のいずれかですから、次のように確認します。

$$6 + 4 \times 5 \div 2 - 3 = 6 + 10 - 3 = 13 \quad \cdots ①$$
$$6 - 4 \times 5 \div 2 + 3 = 6 - 10 + 3 = -1 \quad \cdots ②$$

計算式の答えは正の整数ですから、②は不適ですが、①は条件を満たします。

（4）◇が「÷」の場合

一応確認します。「2 ÷ 3」は分数になり、△が「×」でも「5 × 2 ÷ 3」は整数になりません。

よって、この場合の計算式の答えも整数になりません。

以上より、計算式の答えは（3）の①より 13 となり、正解は肢 3 です。

正解 3

　図のように、ある値を入力するとX_1〜X_4の各処理を順に行った値が出力されるブラックボックスがあり、X_1〜X_4の処理では、①「3を加える」、②「3倍する」、③「2で割る」、④「偶数ならば1を、奇数ならば2を引く」の互いに異なる処理のいずれか一つが行われている。いま、ある奇数の値を入力したところ、8が出力された。このとき、入力した値としてあり得るのは次のうちではどれか。

　なお、各処理を行った後の値が整数ではない場合には、以後の処理は行われず、エラーが出力される。

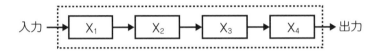

1. 3　　　2. 5　　　3. 7　　　4. 9　　　5. 11

最後の「8」から考えるんだよ。本問は割とカンタンかも！

　エラーが出ずに出力されたわけですから、各処理の後の値はいずれも整数になったわけですね。さらに、②〜④の処理については、前後に以下のような特徴があることがわかります。

③は、奇数を2で割ると整数にならずにエラーが出るね。

　　②「3倍する」→ 処理の後は3の倍数になる
　　③「2で割る」→ 処理の前は偶数である
　　④「偶数なら1、奇数なら2を引く」→ 処理の後は奇数になる

　これより、最後に8が出力されたので、X_4は、②や④ではありませんね。つまり、①または③となりますので、ここで場合分けをします。

（1）X_4が①の場合

　①で3を加えて8になったので、その前は5であったことになり、これは3の倍数ではありませんので、X_3は②ではなく、③または④ですね。

　X_3が③の場合、その前は10ですが、これは3の倍数でも奇数でもありませんので、X_2は②でも④でもなく、該当する処理がありませんので、条件を満たしません。

各処理の前の数は、②は3で割り、③は2倍し、④は1または2を足すと求められるね。

X₃が④の場合、その前は6または7ですが、7の場合、7は3の倍数ではありませんので、X₂は②ではなく③で、その前は14ですが、これも3の倍数ではありませんので、X₁に残りの②が当てはまらず、条件を満たしません。

　また、X₃の前が6の場合は、X₂, X₁は、②または③ですから、それぞれの場合について遡って調べると、次のようになります。

4 → ② 「3倍する」 → 12 → ③ 「2で割る」 → 6 → ④ 「1を引く」 → 5 → ① → 8
4 → ③ 「2で割る」 → 2 → ② 「3倍する」 → 6 → ④ 「1を引く」 → 5 → ① → 8

　この場合、いずれも入力した数字は4で、奇数ではありませんので、条件を満たしません。

(2) X₄が③の場合

　③で2で割って8になったので、その前は16ですが、これは3の倍数でも奇数でもありませんので、X₃は②や④でなく、①に決まります。①で3を加えて16になったので、その前は13で、これは3の倍数ではありませんから、X₂は④、X₁は②で、遡って調べると、次のようになります。

5 → ② 「3倍する」 → 15 → ④ 「2を引く」 → 13 → ① → 16 → ③ → 8

④の前は14か15だけど、ここで3の倍数になるので、15に決まるね。

　これより、入力した数字として、5があり得ますので、正解は肢2です。

正解 2

　ある大学では、科学実験のイベントが開催される。科学実験は 18 種類あり、それぞれ 1 〜 18 の番号が割り振られている。いずれの実験も午前と午後の 2 回行われ、各実験の定員は各回 50 人である。また、午前と午後に同じ実験に参加することもできる。

　イベントの参加者は、午前に参加する実験と午後に参加する実験をそれぞれ一つずつ事前登録しており、以下のルールに基づく参加者番号（5 桁の値）が個別に割り当てられている。

　このとき、参加者番号 45300 である A と、参加者番号 75799 である B の 2 人について、確実にいえるのはどれか。

［参加者番号のルール］
○　参加者番号を 5000 で割って小数点以下を切り捨てた整数値から 1 を引いた値である a は、午前に参加する実験の番号が a であることを意味する。
○　参加者番号から $(a + 1)$ の 5000 倍を引いた後、50 で割って小数点以下を切り捨てた整数値から 1 を引いた値である b は、午後に参加する実験の番号が b であることを意味する。
○　参加者番号から $(a + 1)$ の 5000 倍を引き、更に、$(b + 1)$ の 50 倍を引いて 1 を加えた値である c は、午前に参加する実験の番号が a、かつ、午後に参加する実験の番号が b である者のうち、事前登録の順番が c 番目であることを意味する。

1.　A が参加する実験の番号は、午前が 8、午後が 6 である。
2.　B は午前に参加する実験と午後に参加する実験が同じである。
3.　B は A よりも事前登録の順番が先であった。
4.　A は午前に参加する実験と午後に参加する実験が同じ者のうち、事前登録の順番が 50 番目であった。
5.　B は午前に参加する実験と午後に参加する実験が同じ者のうち、事前登録の順番が 49 番目であった。

　A と B の参加者番号から、ルールに従って、a 〜 c を計算するだけ！　見た目よりカンタンよ。

参加者番号のルールから、AとBの $a \sim c$ を求めます。

　まず、a について、参加者番号を 5000 で割って、小数点以下を切り捨てた整数値から 1 を引くと、次のようになります。

$$A \quad 45300 \div 5000 = 9.06 \quad \rightarrow \quad a = 9 - 1 = 8$$
$$B \quad 75799 \div 5000 = 15.1\cdots \quad \rightarrow \quad a = 15 - 1 = 14$$

　これより、午前に参加する実験の番号は、A が 8、B が 14 となりますね。

　次に、参加者番号から $(a + 1)$ の 5000 倍を引いた数ですが、これは、次のように、参加者番号を

> 小数点以下の数値は、もちろん、求める必要なし！

5000 で割った余りになりますので、同様に、50 で割った整数値 − 1 より、b を求めます。

$$A \quad 45300 - 5000 \times (8 + 1) = 300$$
$$\rightarrow \quad 300 \div 50 = 6 \quad \rightarrow \quad b = 6 - 1 = 5$$
$$B \quad 75799 - 5000 \times (14 + 1) = 799$$
$$\rightarrow \quad 799 \div 50 = 15.98 \quad \rightarrow \quad b = 15 - 1 = 14$$

　これより、午後に参加する実験の番号は、A が 5、B が 14 となりますね。

> ここで、肢 2 が正解！

　さらに、先ほどの、参加者番号から $(a + 1)$ の 5000 倍を引いた数について、さらに、$(b + 1)$ の 50 倍を引いた数は、50 で割った余りになり、これに 1 を加えた c は、次のようになります。

$$A \quad 300 - 50 \times (5 + 1) = 0 \quad \rightarrow \quad c = 0 + 1 = 1$$
$$B \quad 799 - 50 \times (14 + 1) = 49 \quad \rightarrow \quad c = 49 + 1 = 50$$

　これより、午前に参加する実験と午後に参加する実験が同じ者のうち、事前登録の順番は、A が 1 番目、B が 50 番目となります。

　以上より、正解は肢 2 です。

 正解 2

正の整数 a, b があり、$a < b$ であるとき、次の式における a, b の組合せの数として、正しいのはどれか。

$$\frac{1}{a} + \frac{1}{b} = \frac{1}{10}$$

1. 2組   2. 3組   3. 4組   4. 5組   5. 6組

同様の問題がいろんなところで出題されているから、解法をマスターして！ 数学が苦手な人も、ここはガンバって！

やや数学っぽいですが、同様の問題が何度か出題されていますので、解法を覚えてください。

$\frac{1}{a}$ と $\frac{1}{b}$ を足して $\frac{1}{10}$ なので、$\frac{1}{a}$ と $\frac{1}{b}$ はいずれも $\frac{1}{10}$ より小さい数になります。

そうすると、<u>a と b はいずれも 10 より大きい数</u>になりますので、条件より、$10 < a < b$ とわかりますね。

分子は同じ「1」だから、分母が大きいほど、分数は小さくなるからね。

ここで、両辺に $10ab$ をかけて分母を払い、次のように変形し、因数分解します。

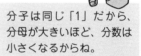
$ab - 10a = a(b - 10)$ だから、残りで $(b - 10)$ をもうひとつ作るために、100 を足すんだ！

$$\frac{1}{a} + \frac{1}{b} = \frac{1}{10}$$

両辺に $10ab$ をかけて、$10b + 10a = ab$

移項して整理して、 $ab - 10a - 10b = 0$

両辺に 100 を足して、 $\underline{ab - 10a} \ \underline{- 10b + 100} = 100$

a と (-10) でくくって、$a(b - 10) - 10(b - 10) = 100$

$(b - 10)$ でくくって、 $(b - 10)(a - 10) = 100$

$(b - 10)$ を前に出して、残りを（　）に入れるんだ。

$10 < a < b$ より、「$a - 10$」と「$b - 10$」はいずれも<u>正の整数</u>であり、その積が 100 になることがわかります。

積が 100 になる正の整数の組合せを探すと、(1, 100)(2, 50)(4, 25)(5, 20)(10, 10) の 5 通りですが、a と b は異なる数ですので、(10, 10) 以外の 4 通りについて、次のように成り立つことがわかります。

$$a - 10 = 1,\ b - 10 = 100\ \rightarrow\ a = 11,\ b = 110$$
$$\rightarrow\ \frac{1}{11} + \frac{1}{110} = \frac{10 + 1}{110} = \frac{1}{10}$$

$$a - 10 = 2,\ b - 10 = 50\ \rightarrow\ a = 12,\ b = 60$$
$$\rightarrow\ \frac{1}{12} + \frac{1}{60} = \frac{5 + 1}{60} = \frac{1}{10}$$

$$a - 10 = 4,\ b - 10 = 25\ \rightarrow\ a = 14,\ b = 35$$
$$\rightarrow\ \frac{1}{14} + \frac{1}{35} = \frac{5 + 2}{70} = \frac{1}{10}$$

$$a - 10 = 5,\ b - 10 = 20\ \rightarrow\ a = 15,\ b = 30$$
$$\frac{1}{15} + \frac{1}{30} = \frac{2 + 1}{30} = \frac{1}{10}$$

　よって、a, b の組合せは 4 組で、正解は肢 3 です。

 正解 3

Challenge　数式の問題

国家一般職 2017

　$a^2 + ab + ac + bc - 315 = 0$ を満たす素数 a, b, c の組合せは何通りか。

　ただし、$a < b < c$ とする。

1. 1 通り　　　2. 3 通り　　　3. 5 通り　　　4. 7 通り　　　5. 9 通り

PLAY 4 と同じように、因数分解してみよう！

50

まず、「−315」を移項して、左辺を因数分解すると次のようになります。

$$a^2 + ab + ac + bc = 315$$
$$a(a+b) + c(a+b) = 315$$
$$(a+b)(a+c) = 315$$

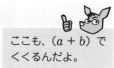

ここも、$(a+b)$ でくくるんだよ。

これより、積が315になる「$a+b$」と「$a+c$」の組合せを探します。

「315」を素因数分解すると、$315 = 3^2 \times 5 \times 7$ ですから、2数の積に分けると、$(1, 315)(3, 105)(5, 63)(7, 45)(9, 35)(15, 21)$ の6通りですが、a, b, c は異なる素数ですから、$a+b$ は最小でも $2+3=5$ なので、$(5, 63)(7, 45)(9, 35)(15, 21)$ の4通りについて確認すると次のようになります。

(1) $a+b=5$, $a+c=63$ の場合

$a+b=5$ を満たす素数 a, b は、$a=2$, $b=3$ のみで、このとき、$c=63-2=61$ となり、61も素数ですから、成立します。

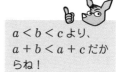

$a < b < c$ より、$a+b < a+c$ だからね！

(2) $a+b=7$, $a+c=45$ の場合

同様に、$a+b=7$ を満たす素数 a, b は、$a=2$, $b=5$ のみで、このとき、$c=45-2=43$ で、43も素数ですから、成立します。

(3) $a+b=9$, $a+c=35$ の場合

$a+b=9$ を満たす素数 a, b は、$a=2$, $b=7$ のみで、このとき、$c=35-2=33$ ですが、33は素数ではありませんので、成立しません。

(4) $a+b=15$, $a+c=21$ の場合

$a+b=15$ を満たす素数 a, b は、$a=2$, $b=13$ のみで、このとき、$c=21-2=19$ で、19も素数ですから、成立します。

以上より、条件を満たす a, b, c は、$(a, b, c) = (2, 3, 61)(2, 5, 43)(2, 13, 19)$ の3通りで、正解は肢2です。

正解 2

整数解
不定方程式を解く！

頻出度 ★☆☆☆☆ | 重要度 ★★☆☆☆ | コスパ ★★★★☆

不定方程式から整数の解を求める問題で、割とパターンは決まっています。やや数学っぽく感じられるかもしれませんが、慣れればそれほどでもありません。ここは意外とゴリゴリ解くことが多いですよ。

PLAY1 不定方程式から解くパターン

地方上級 2003

オンドリが1羽300円、メンドリが1羽500円、ヒヨコが3羽100円で売られている。いま、これらを組み合わせて全部で100羽、合計金額がちょうど10,000円になるように買いたい。メンドリをできるだけ多く買うことにすると、オンドリは何羽買うことになるか。

1. 4羽　　2. 5羽　　3. 6羽　　4. 7羽　　5. 8羽

> まずは解法パターンを理解して！

定番問題ですので、解法を覚えてください。まず、オンドリを x 羽、メンドリを y 羽買うとします。そうすると、条件より、ヒヨコは $100 - x - y$（羽）買うことになりますね。ヒヨコは3羽100円なので、1羽あたりの金額は $\dfrac{100}{3}$ 円ですから、合計金額の10,000円について次の方程式が成り立ちます。

$$300x + 500y + \frac{100}{3}(100 - x - y) = 10000$$

両辺を3倍して、100で割って、
$$9x + 15y + 100 - x - y = 300$$
$$8x + 14y = 200$$
$$4x + 7y = 100$$

この方程式は、未知数（文字 x, y）が 2 つあるので、x, y をともに特定させるためには、方程式が 2 本必要です。しかし、残念ながら本問には方程式をもう 1 本作るだけの条件はありませんね。

文字がいくつあっても、同じ数だけ式があれば、それぞれの値を特定することができるよね！

　1 本の方程式で未知数が 2 つ以上あると、その式を満たす解（x や y の値のこと）は無数にあり、特定させることはできませんので、このような方程式を不定方程式といいます。

たとえば、$x + y = 10$ の解は、$(x, y) = (0, 10)(1, 9)$ $(2, 8)$ …とたくさんあるよね。分数や負の数も含めると無数にあるんだよ！

　では、どのようにして答えを出すかというと、確かに数学的には解は無数にあるのですが、数的推理の文章問題の答えは基本的に整数で、さらに、本問であれば、メンドリをできるだけ多く買うなどの条件があったりします。そうすると、それを満たす解を求めればいいわけで、このような問題を、特に整数の解を求めるので、一般に「整数解」と呼んでいます。

　それでは、不定方程式から整数解を導く方法ですが、ここでは、1 文字について整理するという方法を使います。

　「$4x + 7y = 100$」を、x または y について整理する、つまり、「$x = \cdots$」「$y = \cdots$」という形に変形します。どちらにするかは、そのときによりますが、本問で求めるのは x（オンドリの数）なので、このようなときは y について整理することをお勧めします（理由は後述）。

　$4x$ を移項して、両辺を 7 で割って整理します。100 と $4x$ はともに 4 で割れるので、次のようにすることで、x の周りをスッキリさせておきましょう。

$$y = \frac{100 - 4x}{7} = \frac{4(25 - x)}{7}$$

　y は正の整数ですから、この分数は約分して分母が消えることになりますが、「4」と「7」は約分できませんから、「$25 - x$」と「7」が約分されることになり、「$25 - x$」は 7 で割り切れる、つまり、7 の倍数になります。$x \geqq 0$ ですから、「$25 - x$」の値は 25 以下で、このうち 7 の倍数は 21, 14, 7 の 3 通りが考えられますね。そうすると、「$25 - x$」が 21, 14, 7 になるときの x の値は、それぞれ、4, 11, 18 となり、求めるオンドリの数はこのうちのいずれかですが、選択肢にあるのは「4 羽」のみで、肢 1 が正解とわかります。

　ちなみにそれぞれの y の値は次のようになり、メンドリをできるだけ多く買う方法は $(x, y) = (4, 12)$ の場合であることが確認できますね。

$$x = 4 \text{ のとき、} \quad y = \frac{4 \times 21}{7} = 12$$

$$x = 11 \text{ のとき、} \quad y = \frac{4 \times 14}{7} = 8$$

$$x = 18 \text{ のとき、} \quad y = \frac{4 \times 7}{7} = 4$$

　補足ですが、x を求めるなら「$y = \cdots$」にすることをお勧めしたのは、こうすると、y が整数になるためには、x はどのような数になるだろう？ と考えることになり、ここで選択肢の利用などができることもあるからです。

　x の周りをスッキリさせておいたのも、x のことを考えやすくするためです。

　ただ、数字によっては、「$x = \cdots$」にしたほうが考えやすい場合もありますので、やりやすいほうを選択してください。

正解　1

PLAY 2　不定方程式から解くパターン　　東京都Ⅰ類 2008

　ある果物店で、もも，りんご及びなしの 3 商品を、ももを 1 個 300 円、りんごを 1 個 200 円、なしを 1 個 100 円で販売したところ、3 商品の販売総数は 200 個、3 商品の売上総額は 36,000 円であった。りんごの販売個数が 100 個未満であり、なしの売上金額が 3 商品の売上総額の 2 割未満であったとき、ももの売上金額として、正しいのはどれか。

1. 9,300 円
2. 9,600 円
3. 9,900 円
4. 10,200 円
5. 10,500 円

　PLAY 1 の類題ね。同じように方程式を立ててみて！

　ももを x 個、りんごを y 個、なしを $200 - x - y$（個）販売したとして、売上総額について方程式を立てます。

$$300x + 200y + 100\,(200 - x - y) = 36000$$

本問で求めるのは**もも**の**売上金額**ですが、ももは 1 個 300 円なので、選択肢の金額を 300 円で割ると、それぞれの個数は肢 1 〜肢 5 で 31 個〜 35 個とわかります。

これより、選択肢が利用できるかもしれませんから、PLAY 1 同様に、x を求めるので、y について整理します。

$$両辺を 100 で割って、3x + 2y + 200 - x - y = 360$$
$$2x + y = 160$$
$$y = 160 - 2x$$
$$y = 2\,(80 - x)$$

今回は分数式ではありませんので、x が 80 未満の整数であれば、y は正の整数になります。

これでは幅が広すぎますので、やはり選択肢から検討しましょう。既に確認したように、x の値は 31 〜 35 のいずれかですから、それぞれを、$y = 2\,(80 - x)$ に代入して、りんごの個数（y）と、なしの個数（$200 - x - y$）を求めると、次のようになります。

	もも（x）	りんご（y）	なし（$200 - x - y$）
肢 1	31	98	71
肢 2	32	96	72
肢 3	33	94	73
肢 4	34	92	74
肢 5	35	90	75

これより、問題の後半の条件を満たすものを探します。

まず、りんごの個数は、いずれも 100 個未満で OK ですね。なしの売上金額については、条件より、36,000 × 0.2 = 7,200（円）未満であり、1 個 100 円ですから 72 個未満となりますが、これを満たしているのは肢 1 のみです。

よって、正解は肢 1 です。

 正解 ▶ 1

#05 不等式
整数部分だけを見る！

頻出度 ★★☆☆☆ | 重要度 ★★★☆☆ | コスパ ★★★★☆

不等式を解いて、条件を満たす整数の解を求める問題です。頻出パターンがありますので、まずはその解法に慣れましょう。

PLAY 1 不等式の頻出パターン

特別区Ⅰ類 2018

　あるグループが区民会館で集会をすることになった。今、長椅子の1脚に3人ずつ座ると10人が座れなくなり、1脚に5人ずつ座ると使わない長椅子が3脚でき、使っている長椅子のうち1脚は4人未満になるとき、このグループの人数は何人か。

1. 52人　　　2. 55人　　　3. 58人　　　4. 61人　　　5. 64人

> 2本の不等式をそれぞれ解いて、共通する範囲にある整数を求めよう！

　長椅子の数を x として、このグループの人数を表しましょう。まず、1脚に3人ずつ座ると10人が座れなくなることから、グループの人数は、$3x$ 人より10人多いので、<u>$3x + 10$（人）</u>と表せます。

　これより、5人ずつ座った場合について考えると、長椅子は、使わないのが3脚で、4人未満のが1脚ですから、5人ずつ座っているのは $x - 4$（脚）となります。すなわち、$x - 4$（脚）に5人ずつと、あと1脚に1人以上4人未満が座っていることがわかり、グループの人数から次のような不等式が立ちます。

$$5(x - 4) + 1 \leqq 3x + 10 < 5(x - 4) + 4$$

「〜より多い」とかではなく、きっちり「10人」とわかっているよね。まずは、こういう条件から、人数などを式に表すんだ。

A＜B＜Cの不等式は、A＜Bと、B＜Cに分けて解くんだ。

$5(x-4)+1 \leqq 3x+10$ より、$5x-20+1 \leqq 3x+10$
$$2x \leqq 29 \quad \therefore x \leqq 14.5 \quad \cdots ①$$

$3x+10 < 5(x-4)+4$ より、$3x+10 < 5x-20+4$
$$-2x < -26 \quad \therefore x > 13 \quad \cdots ②$$

①, ②より、$13 < x \leqq 14.5$

不等式は、両辺にマイナスの数をかけたり、マイナスの数で割ったりすると、不等号の向きが変わるからね。

この範囲にある整数 x は 14 のみですから、長椅子の数は 14 脚とわかり、これを、$3x+10$ に代入して、グループの人数は、$3 \times 14 + 10 = 52$（人）となります。

よって、正解は肢 1 です。

正解 1

PLAY 2 不等式の頻出パターン

東京都Ⅰ類B 2012

公園内にあるすべてのプランターに、購入した球根を植える方法について検討したところ、次のア〜ウのことが分かった。

ア．1つのプランターに球根を 60 個ずつ植えると、球根は 150 個不足する。

イ．1つのプランターに球根を 40 個ずつ植えると、球根は 430 個より多く余る。

ウ．半数のプランターに球根を 60 個ずつ植え、残りのプランターに球根を 40 個ずつ植えると球根は余り、その数は 160 個未満である。

以上から判断して、購入した球根の個数として、正しいのはどれか。

1. 1,590 個
2. 1,650 個
3. 1,710 個
4. 1,770 個
5. 1,830 個

PLAY1 の類題ね。問題文の内容をよく考えて不等式を立ててみて！

プランターの数を x として、球根の数を表します。

まず、条件アより、球根の数は、$60x$ に 150 個足りないので、$60x - 150$（個）と表せます。

さらに、条件イより、球根の数は、$40x$ だと 430 個より多く余るので、$40x + 430$ より多いことがわかります。

ここまでで、次のような不等式が立ちます。

$$60x - 150 > 40x + 430$$

$$20x > 580$$
$$\therefore x > 29 \quad \cdots\text{①}$$

次に、条件ウについて、球根の数は、$60 \times \dfrac{1}{2} x + 40 \times \dfrac{1}{2} x = 30x + 20x = 50x$ より 160 個未満だけ余るので、$50x + 160$ より少ないことがわかります。

これより、次のような不等式が立ちます。

$$60x - 150 < 50x + 160$$

$$10x < 310$$
$$\therefore x < 31 \quad \cdots\text{②}$$

①，②より、$29 < x < 31$ とわかり、この範囲にある整数 x は 30 のみですから、プランターの数は 30 とわかります。

よって、球根の数は、$\underline{60 \times 30 - 150 = 1650}$（個）となり、正解は肢 2 です。

$60x - 150$ に代入するんだよ！

正解 2

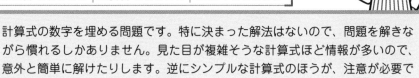

#06 覆面算
わかるところから埋めていく！

頻出度 ★☆☆☆☆ ｜ 重要度 ★★☆☆☆ ｜ コスパ ★★☆☆☆

計算式の数字を埋める問題です。特に決まった解法はないので、問題を解きながら慣れるしかありません。見た目が複雑そうな計算式ほど情報が多いので、意外と簡単に解けたりします。逆にシンプルな計算式のほうが、注意が必要ですね。

PLAY 1　割り算の覆面算

警視庁Ⅰ類2007

　下の式中の□に0〜9の整数を重複を許して当てはめ、式を完成させた場合、式中の上部にある□□□に入る3つの数の和はいくつか。

```
                 □ □ □
          □ 3 )□ □ 3 □ 6
                □ □
                  □ □ □ 4
                  □ 8 □
                    □ 8
                    □ □ □
                        0
```

1. 5　　　2. 6　　　3. 7　　　4. 8　　　5. 9

> 見た目ほど難しくはないよ！ 計算の手順通りに見ていって！

　まず、□を図1のようにA〜Tとします（「Ｉ」と「Ｏ」は、「1」と「0」との混同を防ぐため、ここでは使用しません）。

図1

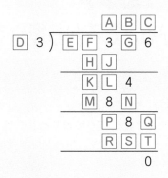

　すぐにわかるところとして、図2のように、Gを下に下ろしたのが4、6を
下に下ろしたのがQですから、G＝4，Q＝6です。

　さらに、最後は割り切れていますので、RST＝
P8Q＝P86となり、これはD3×Cの値になりま
す。これより、D3×Cの一の位が6となりますので、
3×Cの一の位が6で、C＝2がわかります。

九九の3の段から確認
するんだよ。

　よって、D3×2＝P86となりますが、D3は2桁の数ですから、2倍し
て200以上にはなりませんので、D3×2＝186に決まり、D3＝186÷2
＝93とわかります。

　これより、P＝1，D＝9，RST＝186となり、さらに、HJについてみ
ると、これは93×Aの値ですが、A≧2だと3桁になるので、A＝1，HJ
＝93がわかり、ここまでで図のようになります。

図2

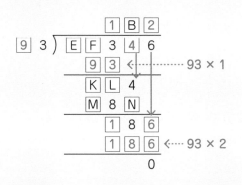

最後に、93×B＝M8Nについて見ると、4からNを引いて8となっているので、14−N＝8と考えられ、N＝6がわかります。これより、93×B＝M86となり、Bもまた2であることがわかりますね。

　よって、ABC＝122となり、その和は5で、正解は肢1です。

　なお、計算式は図3のようになります。

図3

```
             1 2 2
      9 3 ) 1 1 3 4 6
            9 3
            2 0 4
            1 8 6 ←‥‥‥‥‥ 93 × 2
            1 8 6
            1 8 6
                0
```

正解 1

覆面算って、キレイにはまったら、
気持ちイイよね！

　次の計算式のA〜Eには、それぞれ0〜9のうち異なる整数が当てはまる。Bに当てはまる整数として、最も妥当なのはどれか。ただし、同一の記号には同一の整数が当てはまるものとする。

$$
\begin{array}{r}
\text{A B C D}\\
+\ \text{D A B E}\\
\hline
\text{D E C A D}
\end{array}
$$

1. 1　　2. 3　　3. 5　　4. 7　　5. 9

> まず、すぐにわかるところがあるよね!?

　まず、足し算する2つの数はいずれも4桁ですが、その答えは5桁に上がっていますね。ここから、答えの頭の数字（万の位）のDは1とわかります。

　そうすると、一の位について、1＋Eの一の位が1ですから、E＝0ですね。ここまで、図1のように記入します。

> 4桁の数は 10000 未満だから、2つ足しても 20000 以上にはならないでしょ!?

図1

$$
\begin{array}{r}
\text{A B C 1}\\
+\ \text{1 A B 0}\\
\hline
\text{1 0 C A 1}
\end{array}
$$

　ここで、千の位について見ると、A＋1に百の位からの繰り上がりを加えて10になるわけですが、繰り上がりはあっても1ですから、Aは8または9となります。そうすると、百の位について、Aは8以上で、Bも2以上ですから、これを足すと10以上となり、千の位へ1繰り上がることがわかります。

> 0と1はEとDだからね。

　よって、A＝8となり、図2のように記入します。

図2

```
      8 B C 1
  +   1 8 B 0
  ─────────────
  1 0 C 8 1
```

　これより、十の位について見ると、C＋Bは8または18ですが、18だと9＋9しかありませんので、C＋B＝8に決まります。ここから、B＝8－Cとなり、これを百の位のBに代入すると、百の位の計算について次のような式が立ちます。

$$(8-C)+8=10+C$$

百の位からは千の位
への繰り上がりが1
あるから、B＋8＝
10＋Cだよ。

$$-2C=-6 \quad \therefore C=3$$
$$B=8-Cに代入して、B=5$$

よって、B＝5で、正解は肢3です。計算式は図3のようになりますね。

図3

```
      8 5 3 1
  +   1 8 5 0
  ─────────────
  1 0 3 8 1
```

正解　3

下の計算式において、アルファベットにはそれぞれ０〜７の異なる数字が入る。この計算式が成立するとき、Ｉに入る数字として、正しいのはどれか。ただし、Ｌ＝７とする。

```
    K O A L A
  +   L I O N
  ───────────
    P A N D A
```

1. 2　　2. 3　　3. 4　　4. 5　　5. 6

コアラとライオンを足してパンダか…。よくできているよな〜！

まず、一の位について、「Ａ＋Ｎ」の一の位がＡですから、Ｎ＝０とわかり、これとＬ＝７を記入して図１のようになります。

図1

```
    K O A 7 A
  +   7 I O 0
  ───────────
    P A O D A
```

残るアルファベットは、１〜６のどれかだね。

次に、十の位について、一の位からの繰り上がりはありませんので、「７＋Ｏ」の一の位はＤですが、Ｏ＝１, ２, ３の場合、Ｄ＝８, ９, ０となり、条件を満たしませんので、Ｏ＝４, ５, ６のいずれかとなり、ＯとＤの組合せは次の３通りとなります。

（Ｏ, Ｄ）＝（４, １）（５, ２）（６, ３）…①

①のいずれにおいても、十の位から百の位へ繰り上がりが１ありますので、百の位については、「１＋Ａ＋Ｉ」の一の位が０になるとわかります。
すなわち、１＋Ａ＋Ｉ＝10ですから、Ａ＋Ｉ＝９となり、１〜６でこれを満たす組合せは次の４通りとなります。

（Ａ, Ｉ）＝（３, ６）（４, ５）（５, ４）（６, ３）…②

百の位から千の位においても、繰り上がりが1ありますので、千の位について、「1＋O＋7」の一の位がAになります。

　しかし、Aは6以下の数ですから、次の桁への繰り上がりが1ありますので、1＋O＋7＝10＋Aとなります。

　これを整理して、O＝A＋2とわかりますが、①、②より、Oは4〜6、Aは3〜6のいずれかですから、これを満たす組合せは次の2通りとなります。

$$1＋O＋7＝10＋A$$
$$8＋O＝10＋A$$
$$\therefore O＝A＋2$$

$$(O,\ A)＝(5,\ 3)(6,\ 4)\ \cdots③$$

　これより、③のそれぞれについて、①、②を合わせると、O、A、D、Iの組合せは次表の2通りとなり、それぞれについて、残る数字を確認します。

	O	A	D	I	残り
(1)	5	3	2	6	1, 4
(2)	6	4	3	5	1, 2

　最後に、万の位について、千の位からの繰り上がりが1ありますので、1＋K＝Pとなり、表の(2)の場合は、1と2が残っていますから、K＝1，P＝2でOKですが、(1)の場合、1と4では条件を満たしません。

残る数字は、万の位のPとKだね。

　よって、(2)の組合せに決まり、図2のようになります。

図2

```
      1 6 4 7 4
  +     7 5 6 0
  ─────────────
    2 4 0 3 4
```

　これより、I＝5で、正解は肢4です。

#07 魔方陣
定番は覚えれば必ず解ける！

頻出度 ★★★☆☆ | 重要度 ★★★☆☆ | コスパ ★★★★☆

条件にしたがって数字を当てはめる問題です。出題頻度はあまり高くありませんが、最も典型的なタイプの問題は、ルールを覚えれば必ず解けますので、コスパ◎です。

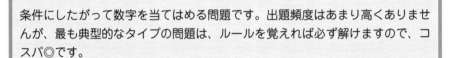

PLAY 1　魔方陣の最も典型的なパターン　　東京都Ⅰ類 2007

　下図は、1～16のそれぞれ異なる整数を、たて，よこ，対角線の和がいずれも等しくなるようにマス目に入れた一部を示したものである。A，Bにそれぞれ当てはまる整数の和として、正しいのはどれか。

4		15	
A			8
	7		
	2	3	B

1. 17　　　2. 18　　　3. 19　　　4. 20　　　5. 21

2通りの解法を紹介するよ。解法1では魔方陣の汎用的な解法を覚えてね。でも、このパターンの問題は、実際は解法2で解いて！

解法1

　まず、いずれの列の和も等しくなるようにとのことなので、その「1列の和」を求めます。1～16の和を「等差数列の和の公式」（#34基本事項②）より求め、これをたてまたはよこに4列に分割するといいですね。次のような計算になります。

$$\frac{16(1+16)}{2} \times \frac{1}{4} = 34$$

これより、たて，よこ，対角線の和がいずれも34になるように、空欄を図1のようにC〜Jとして、整数を当てはめます。

図1

4	C	15	D
A	E	F	8
G	7	H	I
J	2	3	B

1列のうち3か所に数字が入っていれば、残る1か所は34からその3つを引いて求められます。まずは、そのような列がないか探しますが、ありませんね。そうすると、2か所に数字が入っている列について、次のように式で表します。

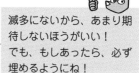

滅多にないから、あまり期待しないほうがいい！でも、もしあったら、必ず埋めるようにね！

$$4 + C + 15 + D = 34 \Rightarrow C + D = 15 \quad \cdots ①$$
$$J + 2 + 3 + B = 34 \Rightarrow J + B = 29 \quad \cdots ②$$
$$C + E + 7 + 2 = 34 \Rightarrow C + E = 25 \quad \cdots ③$$
$$15 + F + H + 3 = 34 \Rightarrow F + H = 16 \quad \cdots ④$$

ここで、すでに記入されている6個の整数を除いた数字、つまり、「使える数字」を書き上げてみます。

1, 5, 6, 9, 10, 11, 12, 13, 14, 16

これより、②を満たすJとBは13と16のいずれかですね。これを除いた数字で③を満たすCとEを探すと、11と14のいずれかですが、C = 11では、①を満たすDがありませんので、C = 14，E = 11で、①より、D = 1となり、こ
こまでで図2のようになります。

和が29というのは割と大きい数字なので、組合せが限られるでしょ!? このように、大きい数や小さい数に着目するといいね。

使った数字は、順次消していこう！

図2

4	14	15	1
A	11	F	8
G	7	H	I
J	2	3	B

さらに、残る数字で④を満たすFとHは、6と10のいずれかですが、ここで、対角線から次のようにわかります。

$$4 + 11 + H + B = 34 \Rightarrow H + B = 19$$

これらを満たすのは、H = 6, B = 13 となり、これより、F = 10, J = 16 も判明して、図3のようになります。

図3

4	14	15	1
A	11	10	8
G	7	6	I
16	2	3	13

残る、A, G, Iについては、次のように、簡単な計算でわかりますね。

$$A + 11 + 10 + 8 = 34 \Rightarrow A = 5$$
$$4 + 5 + G + 16 = 34 \Rightarrow G = 9$$
$$1 + 8 + I + 13 = 34 \Rightarrow I = 12$$

よって、AとBの和は、5 + 13 = 18 で、正解は肢2です。

使える数字は 1 〜 16 が各 1 個という、限定性を生かした解法だ。①〜④のような式を方程式として解ける場合もあるけど、使える数字から探したほうが一般的に楽みたい。解説のように書き上げて、使ったものから消していけば、最後のＡ，Ｇ，Ｉはていねいに計算しなくとも残った数字から探せるね。もちろん、本試験ではＡとＢがわかった時点でやめること！

　なお、本問はＢ＝ 13 がわかった時点で、選択肢の数字から 13 を引いて、Ａの値は 4，5，6，7，8 のいずれかだよね！？　でも、4，7，8 は最初から使われているし、Ｂと一緒にＨ＝ 6 もわかるから、Ａ＝ 5 が判明する。

　このように、片方がわかったら、選択肢からもう一方が簡単にわかることがよくあるから、ちょっと試してみて！

解法2

　本問のような魔方陣では、たとえば、図 1 の「15 と 2」のような、中央から対称な位置にある 2 数の和が、いずれも 17（「1 〜 16」の 1 と 16 の和）になる構成のものが多いので、この規則性に従っていることを期待して解くのが、最も早い方法といえるでしょう。

　そうすると、図 2 のように、Ｂと 4 が対称な位置にあることから、Ｂ＝ 17 － 4 ＝ 13 が推測でき、図のＸは、よこの列の合計から 34 －（2 ＋ 3 ＋ 13）＝ 16 となります。

> 1 列の和＝ 34 は、この解法でも必要だよ！

　また、Ａのすぐ下は、8 と対称な位置にありますから、17 － 8 ＝ 9 となり、たての列の合計から、Ａ＝ 34 －（4 ＋ 9 ＋ 16）＝ 5 がわかります。

図 1

4		15	
A			8
	7		
	2	3	B

図 2

4		15	
A			8
9	7		
X	2	3	13

　このような規則性は、本問のような 4 × 4 や、それ以上（5 × 5 など）の大きさの魔方陣には、絶対に当てはまるというものではないので注意してください。

> 3 × 3 の魔方陣は必ずこの規則性に従っているけどね。

ただ、過去の問題は、ほぼ100％当てはまっていましたので、期待して使っていいかと思います。

　この規則性に従って数字を埋めていき、同じ数字が重複したり、和が34にならなかったりという矛盾が起こらなければOKです。

　ちなみに、この規則性は、本問のように、たて，よこ，対角線のいずれの和も等しいという「本来の魔方陣」のみに当てはまる性質です。公務員試験には、魔方陣を応用した問題（この後に紹介するような変わった形のものや、たてとよこのみで、対角線は等しくなくてもいいものなど）も多く出題されていますが、そのような問題には当てはまるものではありません。

||| 正解▷2

PLAY 2　魔方陣の応用問題

　表のa〜iにはそれぞれ異なる自然数が入り、各行，各列，各対角線の3つの数の積はいずれも等しい。

　すなわち、$abc = def = ghi = adg = beh = cfi = aei = ceg$である。

　ここで、$a = 2$, $f = 1$, $g = 8$であるとすると、hの数値はいくらか。

a	b	c
d	e	f
g	h	i

1.　4　　　2.　16　　　3.　32　　　4.　64　　　5.　128

▷ PLAY1とはちょっとちがうけど、仕組みは一緒かな！

　条件より、図1にa, f, gの数値を記入し、これらを含む列に着目します。図のたて列①とよこ列②の積が等しいことから、$2 \times d \times 8 = d \times e \times 1$となり、$d \neq 0$なので両辺を$d$で割って、$2 \times 8 = e \times 1$となり、$e = 16$がわかります。

　これより、図2のよこ列③と対角線④の積から、$8 \times h \times i = 2 \times 16 \times i$となり、同様に$i$で割って、$8 \times h = 2 \times 16$より、$h = 4$となります。

　ここで、正解は肢1とわかりますね。

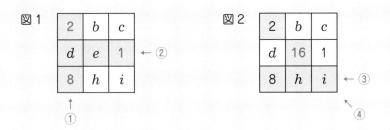

図1 / 図2

同様に、図3の⑤，⑥列より、$2 \times b = 8 \times 16$ より、$b = 64$ となり、この時点で、図4の⑦列より1列の3つの数の積は、$64 \times 16 \times 4$ とわかります。

ここで、これまでに使われている数字がいずれも2の累乗であることに気づくでしょう。つまり、各列の積は、$64 \times 16 \times 4 = 2^6 \times 2^4 \times 2^2 = 2^{12}$ と表せるわけです。

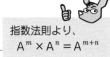

指数法則より、
$A^m \times A^n = A^{m+n}$

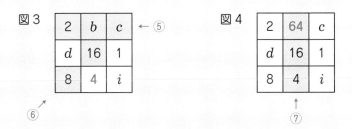

図3 / 図4

これより、図5のようにすべて2の累乗で表して、どの列も積が 2^{12} になるので、指数の和が12になるように残るところを埋めると、図6のように完成しますね。

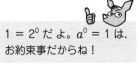

$1 = 2^0$ だよ。$a^0 = 1$ は、お約束事だからね！

図5

2^1	2^6	c
d	2^4	2^0
2^3	2^2	i

図6

2^1	2^6	2^5
2^8	2^4	2^0
2^3	2^2	2^7

正解 1

図6の指数部分に着目すると、0～8を1つずつ、いずれの列も和が等しくなるように配置する「普通の魔方陣」だよね。3×3の魔方陣なので、対称な位置にある指数の和（本問では8）がいずれも等しいという規則性も満たしていることがわかるでしょ!?

でも、本問は答えが割と簡単にわかるので、ここに気づく必要はないけどね。

PLAY 3　変わった形の魔方陣の問題　　　地方上級 2022

図の10個の〇に1～6，8～10，12の異なる整数を入れて、各直線上の四つの整数の和はいずれも24になるようにした。1，2，10，12が次の位置に入ることが分かっているとき、a に入る数はいくらか。

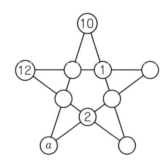

1. 3　　　2. 4　　　3. 5　　　4. 6　　　5. 8

厳密にいうと、「魔方陣」とはちょっとちがうけど、これも仲間のようなもの！ 使える数字が限定されているのは、PLAY 1と同じね。

図1のように、残る○を $b \sim f$ とします。

図1

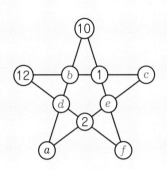

さらに、1 ～ 6，8 ～ 10，12 のうち、図の中にまだ使われていない数字を
書き出しておきます。

$$3 \quad 4 \quad 5 \quad 6 \quad 8 \quad 9$$

各直線上の4つの整数の和は24ですから、まず、4つのうち2つがわかっ
ている直線について、①～③のように式に整理します。

$$b + c = 11 \quad \cdots ①$$
$$d + f = 10 \quad \cdots ②$$
$$e + f = 13 \quad \cdots ③$$

①～③を満たす組合せを、まだ使われていない6つの数字から探すと次のよ
うになります。

① b と c → （3，8）（5，6）
② d と f → （4，6）
③ e と f → （4，9）（5，8）

これより、②の組合せは（4，6）の1通りに決まり
ますので、f は4か6のいずれかですから、③の組合
せは（4，9）に決まり、$f = 4$，$d = 6$，$e = 9$ とわか
ります。

そうすると、ここで残った数字は、（3，5，8）の3

さっきの6つの数字
のうち、この3つを
消してみて！

つですから、①の組合せは（3，8）に決まり、これを除くと、$a = 5$ とわかります。

　あとは、各直線の和が 24 になるように当てはめると、図 2 のようになります。

図 2

```
            (10)
             /\
    (12)──(3)──(1)──(8)
          (6)    (9)
             (2)
            /    \
          (5)    (4)
```

　よって、正解は肢 3 です。

　下の図のA～Iに、1～9の異なった整数を一つずつ入れ、A～Iを頂点とする六つの正方形において、頂点に入る数の和がいずれも20となるようにする。Aに3が入るとき、2が入る場所を全て挙げているものとして、妥当なのはどれか。

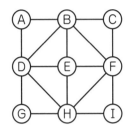

1.　B，F，H
2.　C，G
3.　C，G，I
4.　F，H
5.　G，I

本問も、魔方陣の仲間のような問題。まずは、真ん中の数を考えてみて！

　まず、1～9の和を、「等差数列の和の公式」より求めると、次のようになります。

$$\frac{9(1+9)}{2} = 45$$

　ここで、最も大きい正方形AGICと、次に大きい正方形BDHFに着目します（図1）。
　これらの正方形の頂点の和はそれぞれ20ですから、合わせた8頂点、すなわち、E以外の和は、20×2＝40となり、ここから、<u>E＝45－40＝5</u>とわかります。

5は、1～9の中央値だね。真ん中には真ん中の数が入るのは、魔方陣の基本かな！もちろん、ルールにもよるけどね。

図1

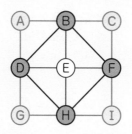

そうすると、条件より、A＝3ですから、AとEを含む正方形ADEBから、次のようにわかります。

$$B + D = 20 - (A + E) = 20 - (3 + 5) = 20 - 8 = 12 \quad \cdots ①$$

さらに、このBとDを含む正方形BDHFから、次のようにわかります。

$$H + F = 20 - (B + D) = 20 - 12 = 8 \quad \cdots ②$$

これより、このH，Fと、さらにEを含む正方形EHIFから、次のようにわかります。

$$I = 20 - (E + H + F) = 20 - (5 + 8) = 7$$

ここで、1～9で、まだ入る場所がわかっていない数字を書き出します。

わかっているのは、3，5，7だよ。

```
1   2   4   6   8   9
```

このうち、①を満たすBとDは（4，8）の組合せ、②を満たすHとFは（2，6）の組合せとわかり、残るCとGが1と9のいずれかとなります。

ここで、肢4の正解がわかるよね。

これより、（B，D）＝（4，8）（8，4）のいずれかで、次のように場合分けをして確認します。

（1）（B，D）＝（4，8）の場合

図2のように記入すると、正方形BEFCについて、C＋F＝20−（4＋5）＝11となり、これを満たすCとFは、<u>C＝9，F＝2に決まります。</u>

これより、H＝6，G＝1とわかり、図3のように成立します。

図2

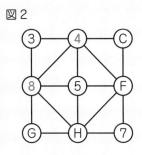

図3

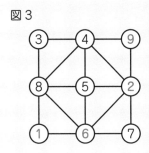

（2）（B，D）＝（8，4）の場合

同様に、図4のように記入すると、C＋F＝20−（8＋5）＝7となり、C＝1，F＝6に決まり、図5のように成立します。

図4

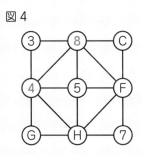

図5

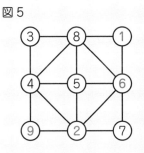

よって、図3，5の2通りが成立し、2が入る場所はFまたはHで、正解は肢4です。

正解　4

#08 仕事算
基準は自分で決める！

頻出度 ★★★☆☆ ｜ 重要度 ★★★☆☆ ｜ コスパ ★★★★☆

仕事算の問題のほとんどは具体的な数字（仕事量）が与えられていませんので、適当な基準を自分で決めることになります。多くの問題は「全体の仕事量を1」とおいて解きますが、問題によって考えるようにしましょう。

PLAY1 全体の仕事量を1とおくパターン　　　　裁判所事務官 2002

ある仕事をするのにA1人では4時間、B1人では6時間、C1人では10時間かかる。この仕事をAが2.5時間、Bが1時間して、残りをCがするとき、Cが仕事を終えるのにかかる時間に最も近いのは、次のうちどれか。

1. 1時間30分
2. 1時間50分
3. 2時間10分
4. 2時間30分
5. 2時間50分

> まずは典型的な問題の解法を覚えよう！

　仕事算の問題のほとんどは、具体的な仕事量が与えられていないので、適当な数値において考えます。

荷物を10トン運ぶとか、コピーを300枚とるとかね！

　本問では、全体の仕事量を1とおいてみましょう。

そうすると、1時間でできる仕事量は、Aが $\frac{1}{4}$ 、Bが $\frac{1}{6}$ 、Cが $\frac{1}{10}$ と表せますね。これより、Aが2.5時間、Bが1時間で行った仕事量は、次のように表せます。

$$\frac{1}{4} \times 2.5 + \frac{1}{6} \times 1 = \frac{5}{8} + \frac{1}{6} = \frac{15 + 4}{24} = \frac{19}{24}$$

そうすると、残りの仕事量は、これを全体の1から引いて、$1 - \dfrac{19}{24} = \dfrac{5}{24}$
ですから、この仕事をCが行うとかかる時間は、これをCの1時間当たりの仕事量で割って、次のようになります。

$$\frac{5}{24} \div \frac{1}{10} = \frac{5}{24} \times 10 = \frac{25}{12} = 2\frac{1}{12}$$

$\dfrac{1}{12}$ 時間 ＝ 5分ですから、2時間5分とわかり、最も近いのは肢3ですね。

このように、全体を「1」とおいて、A〜Cの1時間当たりの仕事量を表すと分数になりますが、全体を4，6，10の最小公倍数である「60」とおくと、1時間当たりの仕事量は、60を4，6，10で割って、それぞれ15，10，6と表せます。好きなほうを選んでください。

正解　3

そうだね。でも、どんな問題でも、そういう数字が見つかるとは限らないけどね。

全体を「60」にすると、分数を使わなくてすむよね!?

PLAY 2　全体の仕事量を 1 とおくパターン

　満水のタンクを空にするために、複数のポンプで同時に排水する。ポンプＡ，Ｂ及びＣでは 16 分、ＡとＢでは 24 分、ＡとＣでは 30 分かかる。今、ＢとＣのポンプで排水するとき、排水にかかる時間はどれか。

1. 18 分　　　2. 20 分　　　3. 24 分　　　4. 28 分　　　5. 32 分

PLAY 1 の類題だよ。方程式を立ててみよう！

　満水のタンクの水量（全体の仕事量）を 1 とおいて、Ａ，Ｂ，Ｃの 1 分当たりの排水量（仕事量）をそれぞれ $a \sim c$ とします。

　Ａ，Ｂ及びＣで 16 分かかるということは、1 分当たり $\frac{1}{16}$ だけ排水できるので、次の①のような方程式が立ちます。同様に、ＡとＢ、ＡとＣについて②，③のような方程式が立ちますね。

$$a + b + c = \frac{1}{16} \cdots ① \qquad a + b = \frac{1}{24} \cdots ② \qquad a + c = \frac{1}{30} \cdots ③$$

①に②を代入して、

$$\frac{1}{24} + c = \frac{1}{16} \qquad c = \frac{1}{16} - \frac{1}{24} = \frac{3-2}{48} = \frac{1}{48} \quad \cdots ④$$

①に③を代入して、

$$\frac{1}{30} + b = \frac{1}{16} \qquad b = \frac{1}{16} - \frac{1}{30} = \frac{15-8}{240} = \frac{7}{240} \quad \cdots ⑤$$

⑤＋④より、

$$b + c = \frac{7}{240} + \frac{1}{48} = \frac{7+5}{240} = \frac{12}{240} = \frac{1}{20}$$

　これより、ＢとＣでは 1 分当たり $\frac{1}{20}$ だけ排水できるので、空にするには 20 分かかることがわかります。

　よって、正解は肢 2 です。

もちろん、計算はどういう手順でも OK！気づけば、①×2 －②－③が速いかな！

正解 ▶ 2

　ある作業をA，B，Cの3名で行う。1日に行う仕事量の割合がA：B：C＝3：3：2であり、3名が休まず仕事をすると30日で終了することが分かっている。今、作業の終了までにAが5日、Bが3日、Cが4日休むとき、この作業に要する日数はどれか。

1. 33 日　　　2. 34 日　　　3. 35 日　　　4. 36 日　　　5. 37 日

全体を1とおくより楽に計算できる方法があるよ！

　本問も全体の仕事量を1とおいて、それを30日で割り、さらにA～Cの仕事量の割合で配分すると、それぞれの1日当たりの仕事量が表せます。

　しかし、そんな面倒なことをしなくても、せっかく、A：B：C＝3：3：2と言ってくれているのですから、A，B，Cの1日当たりの仕事量を、それぞれ3，3，2とおいてみましょう。

　そうすると、3人合わせて1日当たり3＋3＋2＝8だけの仕事ができますので、全体の仕事量は8×30＝240と表せます。

　すなわち、全体を1などに仮定して1日当たりなどを表す場合もあれば、1日当たりなどを仮定して全体を表すほうが楽な場合もあり、何をいくらとおけばやりやすいかは、問題によって異なるわけですね。速く楽に解ける方法を選択できるようにしましょう。

全体を1とおいてうまくいく問題が、圧倒的に多いけどね。

　ところで、本問については、全体の仕事量まで出す必要はないですね。3人が休むことでできなかった分の仕事をするために、何日延長する必要があるかを求めればいいでしょう。

　そうすると、A，B，Cがそれぞれの休みである5日，3日，4日でできなかった仕事量は、3×5＝15，3×3＝9，2×4＝8で、その合計は15＋9＋8＝32ですから、これを補うのに、32÷8＝4（日）かかり、全部で34日とわかります。

　よって、正解は肢2です。

正解　2

　A係とB係が協力して 30 日間の予定で大規模な調査を行った。A係はB係の 2 倍の作業能力があったが、20 日間の作業を終えた時点で、A係が他の仕事に能力を割かれてしまい、作業能力がちょうど半分になってしまった。残った両係の職員全員で今までの 20％増の超過勤務をするならば、作業が完了するのは当初予定されていた日の何日後か。

1. 2 日後　　　2. 3 日後　　　3. 4 日後　　　4. 5 日後　　　5. 6 日後

　PLAY 3 の類題だよ。何をいくらにするか考えて！

　最初の 20 日間について、B係の 1 日当たりの作業量を 1 とおくと、A係のそれは 2 と表せますね。

　これより、両係で 1 日当たり 2 ＋ 1 ＝ 3 だけの作業ができるので、30 日間で行う予定の作業量は 3 × 30 ＝ 90 となり、20 日間では 3 × 20 ＝ 60 だけ終えていることになります。

　そうすると、残る作業量は 90 － 60 ＝ 30 ですが、ここで、A係の能力が半分の 1 になり、両係とも 20％の超過勤務を行うので、それぞれ 1 日当たり 1.2 だけの作業を行い、両係で、1.2 ＋ 1.2 ＝ 2.4 の作業を行うことになります。

　よって、残りの作業にかかる日数は、30 ÷ 2.4 ＝ 12.5 となり、全部で 20 ＋ 12.5 ＝ 32.5（日）かかることがわかります。

　よって、予定の 30 日より 2.5 日の超過となりますから、3 日後に完了することになり、正解は肢 2 です。

正解　2

「30 ÷ 2.4」が整数にならなくても、あせることないゾ！
最後の日は、半日分の仕事で終わるってことサ！

A，Bの2人で倉庫整理を行うと、ある日数で終了することが分かっている。この整理をAだけで行うと、2人で行うときの日数より4日多くかかり、Bだけで行うと9日多くかかる。今、初めの4日間は2人で整理を行い、残りはBだけで整理を終えたとき、この倉庫整理にかかった日数はどれか。ただし、A，Bそれぞれの1日当たりの仕事量は一定とする。

1. 7日　　　2. 8日　　　3. 9日　　　4. 10日　　　5. 11日

> 本問は、仕事算としては変わった問題だけど、何度も出題されている定番問題！

　本問は、題材としては仕事算ともいえますが、実際は比の問題として考えたほうがいいでしょう。過去に何度も出題されているパターンですので、解法を覚えてください。
　まず、全体の仕事量を図1のような線分図で表します。2人で行うと x 日かかるとして、それぞれ x 日で、Aは（ア）の部分、Bは（イ）の部分の仕事を行うとします。

図1

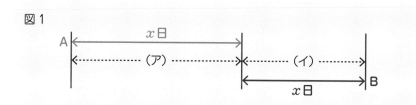

　そうすると、Aだけで行うと4日多くかかるということは、AがBの分である（イ）も行うと、そこに4日かかるということで、同様にBがAの分である（ア）を行うと、そこに9日かかるということがわかりますね（図2）。

図2

これより、（ア）と（イ）の仕事量の比は、Aがかかる日数から $x : 4$ と表せ、同様にBがかかる日数から $9 : x$ とも表せますので、ここから次のような方程式が立ちます。

$$x : 4 = 9 : x$$

外項の積＝内項の積より、
$$x^2 = 36 \quad \therefore x = 6$$

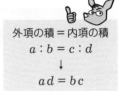

外項の積＝内項の積
$$a : b = c : d$$
$$\downarrow$$
$$a\,d = b\,c$$

　よって、2人で行うと6日かかり、Aだけで行うと $6 + 4 = 10$（日）、Bだけで行うと $6 + 9 = 15$（日）かかるとわかります。

　ここで、全体の仕事量を1とすると、1日当たりで、2人では $\dfrac{1}{6}$、Bだけでは $\dfrac{1}{15}$ の仕事ができますので、初めの4日間に2人で $\dfrac{1}{6} \times 4 = \dfrac{2}{3}$ を行うと、残り $\dfrac{1}{3}$ にBだけでは、$\dfrac{1}{3} \div \dfrac{1}{15} = \dfrac{1}{3} \times 15 = 5$（日）かかるので、かかった日数は $4 + 5 = 9$（日）となり、正解は肢3です。

正解 ▶ 3

解法を覚えれば、カンタンね！

同じような問題は、「速さ」でも出題されているよ。
#20 PLAY 4と合わせて見ておくといいよ。

#09 ニュートン算
パターンを覚える！

頻出度 ★★☆☆☆ ｜ 重要度 ★★☆☆☆ ｜ コスパ ★★★★★

仕事算の仲間ですが、仕事中に仕事量が変化するのが特徴です。
出題パターンは決まっていますので、解法を覚えてください。

PLAY 1　ニュートン算の典型的なパターン　東京都Ⅰ類B 2011

　　ある施設に設置されたタンクには、常に一定の割合で地下水が流入しており、
このタンクにポンプを設置して排水すると、3台同時に使用したときは21分、
4台同時に使用したときは15分でそれぞれタンクが空となる。この場合、こ
のタンクを7分で空にするために必要なポンプの台数として、正しいのはどれ
か。ただし、排水開始前にタンクに入っていた水量はいずれも等しく、ポンプ
の毎分の排水量はすべて等しくかつ一定である。

1.　6台　　　2.　7台　　　3.　8台　　　4.　9台　　　5.　10台

> 方程式の立て方と意味を理解しよう！

　　仕事算と同様に考えて、1台のポンプが1分
間で排水する量を1とします。そうすると、3
台のポンプが21分間で排水する量は3 × 21
= 63、4台のポンプが15分で排水する量は4
× 15 = 60となりますが、この違いは、一定
の割合で地下水が流入しているからですね。時
間がかかれば、その間に流入した地下水の分だ
け排水する量が多くなるわけです。

> 最近のニュートン算の問題で
> は、仕事量の一部が具体的に
> 与えられている（満水の量は
> ○トンなど）こともあるので
> 注意！　その場合は「△△を
> 1とする」とか自分で決める
> ことはできないからね。

　　このように、仕事をしている間にも、一定の
割合で仕事が増加（または減少）するのがニュートン算の特徴で、この増加分
を考慮して解くわけですが、ほとんどの問題は、「最初にある仕事量 ＋ 増加分
＝行った仕事量」について方程式を立てて解くことができます。
　　では、最初のタンクの水量（最初の仕事量）をa、そして、流入する地下水
の量（増加分）を1分当たりbとします。

そうすると、3 台のポンプが 21 分間で排水する量は、最初の a と、21 分間で流入した 21 b の合計ですので、次のように方程式が立ちます。

$$a + 21b = 63 \quad \cdots ①$$

同様に、4 台のポンプが 15 分間で排水する量について、次のようになります。

$$a + 15b = 60 \quad \cdots ②$$

①－②より、
$$\begin{array}{r} a + 21b = 63 \\ -)\ a + 15b = 60 \\ \hline 6b = 3 \quad \therefore b = 0.5 \end{array}$$

$b = 0.5$ を①に代入して、$a + 21 \times 0.5 = 63$　　$\therefore a = 52.5$

これより、最初のタンクの水量は 52.5、流入する地下水の量は 1 分当たり 0.5 となります。

ここで、これを 7 分で空にするときに必要なポンプの台数を x とします。ここで排水する量は、最初の 52.5 と 7 分間で流入する 0.5×7 の合計であり、x 台のポンプで 7 分間に排水する量は $7x$ ですから、同様に方程式を立てます。

$$52.5 + 0.5 \times 7 = 7x$$

$$52.5 + 3.5 = 7x$$
$$56 = 7x$$
$$\therefore x = 8$$

よって、8 台とわかり、正解は肢 3 です。

 正解 3

　ある水槽で、満水時に、排水口を開けるとともに排水ポンプを 3 台使用すると 16 分で水槽の水は空になり、排水口を開けるとともに排水ポンプを 2 台使用すると 20 分で水槽の水が空になる。

　ここで、排水口を閉じたまま排水ポンプを 1 台使用する場合、満水の水槽が空になるまでの時間として最も妥当なのはどれか。

　ただし、排水口及び排水ポンプからの排水量は、それぞれ水槽の水の量にかかわらず常に一定の数値を示すものとする。また、1 台あたりの排水ポンプからの排水量はどれもすべて同じとする。

1. 40 分　　　2. 50 分　　　3. 60 分　　　4. 70 分　　　5. 80 分

方程式の立て方は PLAY1 と同じだよ！

　PLAY 1 とちがって、本問では、排水口からも水が排出される、つまり、仕事中に仕事量が減少していくタイプになります。

　そうすると、ポンプが排水する量は、最初の水の量から排水口から排出された量を除いた分となりますね。

　では、ここでも、ポンプ 1 台が 1 分間で排水する量を 1 とします。満水時の水の量を a、排水口から 1 分間に排出される水の量を b とすると、ポンプ 3 台で 16 分間で排水する水の量は 3×16 ですが、16 分間で排水口から $16b$ だけ排水されていますので、次のような方程式が立ちます。

$$a - 16b = 3 \times 16 \quad \cdots ①$$

同様に、ポンプ 2 台での 20 分間での排水量について、次のようになります。

$$a - 20b = 2 \times 20 \quad \cdots ②$$

$$
\begin{aligned}
①-②より、\quad a - 16b &= 48 \\
-)\ a - 20b &= 40 \\
\hline
4b &= 8 \quad \therefore b = 2
\end{aligned}
$$

$b = 2$ を②に代入して、$a - 20 \times 2 = 40$　　∴ $a = 80$

これより、満水時の水の量（$a = 80$）は、ポンプ 1 台が 1 分で排出する水の量（1）の 80 倍とわかりますので、排水口を閉じたままこれを 1 台のポンプで排水すると、80 分かかることになります。

よって、正解は肢 5 です。

正解 5

Challenge ニュートン算の応用問題　国家総合職 2019

常に一定の量の湧水が流れ込んでいる貯水池がある。この貯水池は満水となると、湧水が流れ込んでいるまま、複数の同一性能の排水ポンプを使って貯水池の水の量が空になるまで排水することにしている。6 台のポンプを使った場合は 350 分を要し、5 台のポンプを使った場合は 450 分を要する。

ところが、貯水池の内壁にヒビが入ったため、貯水池の水の量が容量の 5 割を超えているときは、常に一定の量の水が漏水するようになった。この状態で 5 台のポンプを使って、満水から空になるまで排水したところ、435 分を要した。このとき、内壁のヒビからの 1 分当たりの漏水量は、ポンプ 1 台の 1 分当たりの排水量の何倍か。

ただし、貯水池の漏水は、内壁のヒビのみで起こるものとする。

1. 0.15 倍
2. 0.20 倍
3. 0.25 倍
4. 0.30 倍
5. 0.35 倍

まずは普通に解けるところまで解いてしまおう！

まず、ヒビが入る前の条件については、典型的なニュートン算の解法が使えますね。

ポンプ 1 台が 1 分間で排水する量を 1、満水の量を a、1 分当たりの湧水の量を b として、ポンプ 6 台と 5 台の場合で、それぞれ次のような方程式が立ちます。

$$a + 350b = 6 \times 350 \quad \cdots ①$$
$$a + 450b = 5 \times 450 \quad \cdots ②$$

①−②より、　　$a + 350b = 2100$
　　　　　　$-)\ a + 450b = 2250$
　　　　　　　　$-100b = -150$　　$\therefore b = 1.5$

$b = 1.5$ を①に代入して、$a + 350 \times 1.5 = 2100$　　$\therefore a = 1575$

　これより、満水の量は 1575、1 分当たりの湧水の量は 1.5 とわかります。
　ここから、ヒビが入った後の状況を考えます。ヒビによる漏水は水量が 5 割 ＝半分を超えているときですので、半分以下の部分については影響しません。
　5 台のポンプでは、漏水がなければ 450 分で排水 するので、次図のイの部分にかかる時間は 450 ÷ 2 ＝ 225（分）です。そうすると、アの部分にかかっ た時間は 435 − 225 = 210（分）とわかりますね。

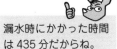

漏水時にかかった時間 は 435 分だからね。

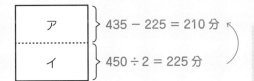

$435 - 225 = 210$ 分

$450 \div 2 = 225$ 分

漏水が影響する上半分と、 影響しない下半分に分け て考えるのがポイント！

　これより、1 分間で漏水する量を x とすると、アの部分について、5 台のポ ンプが 210 分間で排水した量は、満水の量（1575）の半分と 210 分間の湧水 の量の合計から 210 分間で漏水した量を引いた量なので、次のような方程式 が立ちます。

$1575 \div 2 + 1.5 \times 210 - 210x = 5 \times 210$
$787.5 + 315 - 210x = 1050$
$-210x = -52.5$
$\therefore x = 0.25$

　よって、1 分当たりの漏水量は 0.25 で、ポンプ 1 台の 1 分当たりの排水量 は 1 ですから、前者は後者の 0.25 倍とわかり、正解は肢 3 です。

正解　3

ここでご紹介したニュートン算の問題はいずれも給排水の題材だけど、その他にも以下のような題材が過去に出題されているよ。いずれもパターンは同じだから落ち着いて方程式を立ててね！

○何頭かの家畜が牧草を食べていく問題

　初めに生えている牧草＝最初の仕事量

　後から生えてくる牧草＝増加分

　家畜が食べた牧草＝行った仕事量

○いくつかの窓口で行列に並ぶ人々にチケットなどを売る問題

　初めの行列の人数＝最初の仕事量

　後から行列に加わる人数＝増加分

　窓口でチケットを売った人数＝行った仕事量

#10 平均算
合計に着目する！

頻出度 ★★☆☆☆ ｜ 重要度 ★★★☆☆ ｜ コスパ ★★★☆☆

たとえば、何人かの得点の平均点は、「全員の合計 ÷ 人数」で求めます。そうすると、平均点に人数をかけると「合計」がわかりますね。平均算の問題の多くは、この「合計」に着目して方程式を立てます。
「平均」は他の分野でもよく登場しますので、扱いに慣れておきましょう。

基本事項

てんびん算

てんびんの原理の確認です。次の図で、てんびんのよこ棒（「ウデ」といいます）の両端（a, b の位置）に、重さがそれぞれ x, y のおもりがぶら下がっており、c の位置を支点としてつり合っています。

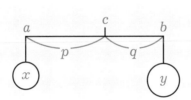

てんびんのウデは
数直線と考えてね。

この状態において、支点 c から a, b それぞれまでの距離（p, q）と x, y をかけた値は、左右で一致する、つまり、$px = qy$ となります。これより、次の関係が成り立ちます。

$$x : y = q : p$$

つまり、左と右で、おもりの比とウデの長さの比が逆比になるわけですね。

　ある試験の合格者の平均点が 62 点であり、不合格者の平均点は 42 点であった。

　また、受験者全体の平均点は 46 点であった。この試験の合格率（受験者全体に占める合格者の割合）は何％か。

1. 15%　　　2. 18%　　　3. 20%　　　4. 24%　　　5. 25%

方程式と「てんびん算」の解法を覚えよう！　本問は超カンタン！

解法 1

　「平均点」というのは、「得点の合計 ÷ 人数」ですよね。しかし、多くの問題では、「得点の合計」より「平均点」の情報が与えられます。ですから、公式を変形して「平均点 × 人数 = 得点の合計」と使うことが多いです。

　本問では、まず、合格者と不合格者のそれぞれの合計点を表します。そうすると、それらを合わせたものが受験者全体の合計点になりますね。平均点についてはいずれもわかっていますので、人数を文字で表しましょう。合格者の人数を x 人、不合格者の人数を y 人とすると、受験者全体の人数は $x + y$（人）ですから、次のような方程式が立ちます。

$$62x + 42y = 46\,(x + y)$$

$$62x + 42y = 46x + 46y$$
$$16x = 4y \quad \therefore y = 4x$$

　これより、$x : y = 1 : 4$ となり、合格者 : 不合格者 : 受験者全体 = 1 : 4 : 5 がわかります。

　よって、受験者全体に占める合格者の割合は、$\dfrac{1}{5} = 20\％$ で、正解は肢 3 です。

　本問のような問題は、「てんびん算」（基本事項参照）で解くこともできます。図1のように、てんびんのウデの両端に合格者と不合格者の<u>平均点</u>を取り、おもりにそれぞれの<u>人数（比）</u>をおくと、<u>支点の位置が受験者全体の平均点</u>となります。

支点は、左右のバランスが取れたところ！
合格者と不合格者を合わせてバランスの取れたところが、受験者全体の平均点になるんだね。

図1

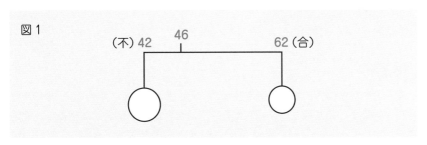

　図より、支点からのウデの長さを計算すると、図2のように、左：右＝4：16＝1：4となり、おもりはその逆比で4：1ですから、合格者：不合格者＝1：4がわかりますね。

図2

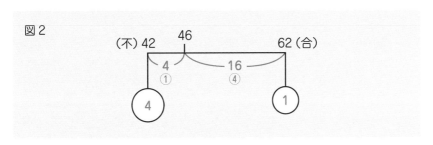

　ここから先は、「解法1」と同じです。

正解 ③

PLAY 2 平均算のスタンダードな問題

　ある企業が昇進試験として語学試験を行ったところ、受験者の 3 割が合格点を取った。合格者の平均点は合格基準点より 12 点高く、不合格者の平均点は合格基準点より 18 点低かった。受験者全員の平均点が 54 点であるとき、合格者の平均点はいくらか。

1. 71 点　　　2. 73 点　　　3. 75 点　　　4. 77 点　　　5. 79 点

基本は PLAY 1 と同じだよ！

解法 1

　本問でも、合格者と不合格者に分けて考えますが、まず、平均点については、合格基準点との差が与えられていますので、合格基準点を x 点とすると、合格者は $x + 12$（点）、不合格者は $x - 18$（点）と表せます。また、人数については、合格者 3 割に対して不合格者 7 割ですから、受験者を y 人とすると、合格者は $0.3y$ 人、不合格者は $0.7y$ 人と表せますね。

　これより、それぞれの得点の合計を表し、合格者の得点の合計 + 不合格者の得点の合計 = 受験者全員の得点の合計で、次のように方程式が立ちます。

$$(x + 12) \times 0.3y + (x - 18) \times 0.7y = 54y$$

両辺に 10 をかけて、
$$3y(x + 12) + 7y(x - 18) = 540y$$
$$3xy + 36y + 7xy - 126y = 540y$$
$$10xy = 630y$$
$$\therefore x = 63$$

　よって、合格基準点は 63 点なので、合格者の平均点は $63 + 12 = 75$（点）となり、正解は肢 3 です。

アドバイス

　方程式を解いたところでyは消えるけど、$y \neq 0$なので、初めから両辺をyで割って消してしまってもかまわないよ。

　また、人数をyとおかなくとも、合：不：受験者＝3：7：10なので、$3(x + 12) + 7(x - 18) = 54 \times 10$としても、方程式は成り立つしね。

解法2

　本問も、「てんびん算」で解くことができます。てんびんのウデに合格者と不合格者それぞれの平均点を取り、おもりにそれぞれの人数（比）をおいて、図1のように表します。

図1

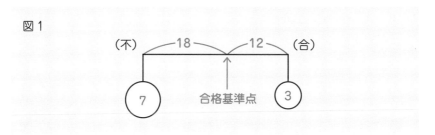

　合格者の平均点と不合格者の平均点の差（ウデの端から端までの長さ）は、12 ＋ 18 ＝ 30（点）となり、これを左：右＝3：7＝9点：21点に分けるところに支点がきます。

　支点の位置は、受験者全員の平均点（54点）ですから、図2のように、54点との差を計算して、合格者の平均点がわかります。

図2

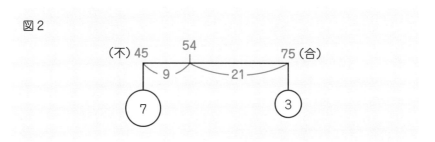

正解 3

Challenge 平均算の応用問題

　ある年にＡ国とＢ国を旅行した者の平均消費額を調査した。Ａ国を旅行した者は 800 人、Ｂ国を旅行した者は 1,000 人であり、次のことが分かっているとき、Ａ国とＢ国の両方を旅行した者は何人か。

- ○　Ａ国を旅行した者のＡ国での平均消費額は、9 万円であった。
- ○　Ａ国を旅行したがＢ国は旅行しなかった者のＡ国での平均消費額は、15 万円であった。
- ○　Ｂ国を旅行した者のＢ国での平均消費額は、12 万円であった。
- ○　Ｂ国を旅行したがＡ国は旅行しなかった者のＢ国での平均消費額は、18 万円であった。
- ○　Ａ国とＢ国の両方を旅行した者のＡ国での平均消費額とＢ国での平均消費額の合計は、15 万円であった。

1. 200 人
2. 300 人
3. 400 人
4. 500 人
5. 600 人

> 国家一般職は 2018 年にも同様の問題が出ているよ。ちょっと面倒だけど、PLAY 1，2 と同じように方程式を立ててみよう！

　条件を見ると、Ａ国とＢ国を旅行した人がいて、1，3 番目の条件より、それぞれの国での平均消費額がわかっています。また、2，4 番目の条件より、Ａ国のみ、Ｂ国のみを旅行した人の平均消費額もわかっていますね。そうすると、問題は両方を旅行した人についてですが、まず、この人数を x 人としましょう。さらに、この人たちのＡ国での平均消費額を y 万円とすると、5 番目の条件より、Ｂ国での平均消費額の合計は $15 - y$（万円）と表せますので、Ａ国，Ｂ国それぞれでの消費額の合計で方程式を立てます。

　まず、Ａ国での消費額ですが、Ａ国を旅行した人数は 800 人で、そのうち x 人はＢ国も旅行していますので、Ａ国のみを旅行した人数は、$800 - x$（人）と表せます。

　また、平均消費額は、1，2 番目の条件より、全体では 9 万円、両方を旅行した人は y 万円、Ａ国のみを旅行した人は 15 万円ですね。

　これより、両方を旅行した人のＡ国での消費額の合計＋Ａ国のみ旅行した人の消費額の合計＝Ａ国での消費額より、次のような方程式が立ちます。

$$xy + 15(800 - x) = 9 \times 800 \quad \cdots ①$$

また、3，4番目の条件より同様に、B国での消費額の合計について、次のような方程式が立ちます。

$$x(15 - y) + 18(1000 - x) = 12 \times 1000 \quad \cdots ②$$

①より、$xy + 12000 - 15x = 7200$
$\qquad\quad xy - 15x = -4800 \quad \cdots ①'$

②より、$15x - xy + 18000 - 18x = 12000$
$\qquad\quad -xy - 3x = -6000 \quad \cdots ②'$

①'＋②'より、
$$\begin{array}{r} xy - 15x = -4800 \\ +)\;-xy - 3x = -6000 \\ \hline -18x = -10800 \end{array} \qquad \therefore x = 600$$

$x = 600$ を①'に代入して、$600y - 15 \times 600 = -4800$
$\qquad\qquad\qquad\qquad\quad 600y = 4200 \qquad \therefore y = 7$

以上より、両方を旅行したのは 600 人、その人たちの A 国での平均消費額は 7 万円、B 国での平均消費額は 15 － 7 ＝ 8（万円）となり、正解は肢 5 です。

 正解 ▶ 5

　ある学生が8月の1か月間、数学の夏期講習を受講した。この学生が申し込んだプランでは、任意参加の数学の理解度チェックテストが1日1回実施され、学生は最大で31回受けることができる。

　この学生が受けた理解度チェックテストの点数はそれぞれ異なっており、最も点数の高かった回と最も点数の低かった回の点数差は、ちょうど56点であった。また、この学生が受けた全ての理解度チェックテストの点数について、最も点数の高かった回を除いた場合の平均点は54.7点、最も点数の低かった回を除いた場合の平均点は57.5点であった。このとき、この学生が受けた理解度チェックテストの回数は何回か。

1.　15回　　　2.　17回　　　3.　19回　　　4.　21回　　　5.　23回

一般的な平均算とは少し違うけど、このタイプの問題もときどき出題されているので、解法を理解しておこう！

　この学生が受けたチェックテストの回数を x 回とします。

　まず、最も点数が高かった回を除いた場合、平均点は54.7点で、回数は1回減って $x-1$ （回）になりますから、この場合の合計点は次のようになります。

$$54.7\,(x-1)\ 点 \quad \cdots①$$

　同様に、最も点数が低かった回を除いた場合の平均点は57.5点なので、この場合の合計点は次のようになります。

$$57.5\,(x-1)\ 点 \quad \cdots②$$

　ここで、最も高かった点数を a、最も低かった点数を b とし、その2回を除く点数の合計を c とすると、①は $b+c$、②は $a+c$ と表せ、その差は a と b の差で、条件より56点とわかります。

　これより、②－①＝ 56 となりますので、次のように方程式を立てます。

①は全回の合計から a を引いた数、同様に②は b を引いた数だからね。

大きいのは②のほうだよ。②－①＝ $a-b$ だからね。

$57.5\,(x - 1) - 54.7\,(x - 1) = 56$

$2.8\,(x - 1) = 56$

$x - 1 = 20$

$\therefore x = 21$

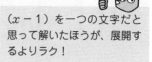

$(x - 1)$ を一つの文字だと
思って解いたほうが、展開す
るよりラク!

よって、チェックテストの回数は 21 回となり、正解は肢 4 です。

正解 4

#11 年齢算
WhoとWhenが大事！

頻出度 ★★☆☆☆ ｜ 重要度 ★★☆☆☆ ｜ コスパ ★★★☆☆

現在および過去や未来の年齢について考える問題です。誰のいつの年齢なのかを見失わないようにしましょう。1年でみんな平等に1歳ずつ歳をとりますよ。

PLAY1 年齢算の典型的な問題

特別区Ⅰ類 2006

両親と3姉妹の5人家族がいる。両親の年齢の和は、現在は3姉妹の年齢の和の3倍であるが、6年後には3姉妹の年齢の和の2倍になる。また、4年前には父親と三女の年齢の和が、母親，長女及び次女の年齢の和と等しかったとすると、現在の母親，長女及び次女の年齢の和はどれか。

1. 42　　　2. 44　　　3. 46　　　4. 48　　　5. 50

現在の年齢を x で表して、まずは6年後の年齢の関係で方程式を立ててみよう！

まず、前半の条件について、現在の3姉妹の年齢の和を x とすると、両親の年齢の和は $3x$ と表せます。

6年後には、両親は2人で12、3姉妹は3人で18だけ年齢の和は大きくなり、このときの年齢の和について、次のように方程式を立てます。

$$3x + 12 = 2(x + 18)$$

$$3x + 12 = 2x + 36$$
$$\therefore x = 24$$

よって、現在の3姉妹の年齢の和は24、両親の年齢の和は $3 \times 24 = 72$ となり、5人の年齢の和は $72 + 24 = 96$ とわかります。

これより、後半の問題を検討します。4年前は、みんな4歳ずつ若かったわけですから、5人の年齢の和は $96 - 4 \times 5 = 76$ ですが、このとき、父親と三女のグループと、母親、長女及び次女のグループで年齢の和が等しかったということは、

年齢算はこのように、前半で得たことをもとに、後半を解くという流れが多いね！

5人の年齢の和の76を半分に分けた $76 \div 2 = 38$ が、1つのグループの年齢の和になることがわかります。

　したがって、現在の母親、長女及び次女の年齢の和は、$38 + 4 \times 3 = 50$ となり、正解は肢5です。

正解 5

6年後って、何してるかなあ…？

サボテンのままでしょ…

PLAY 2 年齢算の少し変わった問題

　誕生日の日付が同じであるAとBがおり、AはBより年下である。Aが現在のBと同じ年齢になるとき、BはAの年齢の 1.2 倍になる。また、Bが現在のAと同じ年齢のとき、2人の年齢の和は 42 歳であった。このとき、AとBの年齢の差はいくらか。

1. 4　　2. 6　　3. 8　　4. 10　　5. 12

　ちょっと変わっているけど難しくはない！ 何を x としたらいいか考えてみよう！

　Aが現在のBと同じ年齢になるときの条件に着目し、現在のBの年齢を x とします。そうすると、Aの年齢が x になったとき、Bの年齢はその 1.2 倍の $1.2x$ になるわけですから、2人の年齢の差は、$1.2x - x = 0.2x$ と表せます。

　これより、現在のAの年齢は、Bより $0.2x$ 低いので、$x - 0.2x = 0.8x$ と表せますね。

　そうすると、Bが現在のAと同じ年齢のときの条件について、Bの年齢が $0.8x$ のとき、Aの年齢はBよりさらに $0.2x$ 低いので、$0.8x - 0.2x = 0.6x$ と表せ、このときの2人の年齢の和について次のような方程式が立ちます。

$$0.8x + 0.6x = 42$$

両辺に 10 をかけて、$8x + 6x = 420$
$$14x = 420 \quad \therefore x = 30$$

　これより、2人の年齢の差は、$0.2 \times 30 = 6$ とわかり、正解は肢2です。

 正解 2

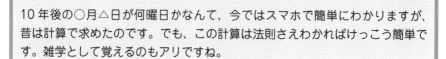

#12 暦算
日付も曜日も計算で求める!

頻出度 ★★☆☆☆ | 重要度 ★★☆☆☆ | コスパ ★★★★☆

10年後の○月△日が何曜日かなんて、今ではスマホで簡単にわかりますが、昔は計算で求めたのです。でも、この計算は法則さえわかればけっこう簡単です。雑学として覚えるのもアリですね。

PLAY 1　うるう年を考える問題

西暦2016年は4年に1度のうるう年で、この年の2月29日は月曜日である。次にうるう年になる西暦2020年7月24日の曜日として、最も妥当なのはどれか。

1. 火曜日　　2. 水曜日　　3. 木曜日　　4. 金曜日　　5. 土曜日

> 暦算でうるう年がポイントになる問題は多いので、ここで知識を整理しておこう!

まず、2016年の2月29日が月曜日であることから、同年の7月24日の曜日を調べるため、この日が2月29日から何日後であるかを求めます。

2月29日は2月の末日なので、そこから、3〜6月の4か月間で、31 + 30 + 31 + 30 = 122日あり、122日後に6月末日を迎え、さらに、7月24日まで24日ありますので、122 + 24 = 146日後に7月24日を迎えることになります。

そうすると、146 = 7 × 20 + 6より、2月29日から20週間後のさらに6日後ですから、7月24日の曜日は、月曜日から6つ先の日曜日とわかります。

これより、そこからちょうど4年後の2020年7月24日の曜日を調べます。

通常の1年は、365 = 7 × 52 + 1より、52週間と1日ですから、ちょうど1年後の7月24日は、52週間後のさらに1日後なので、曜日は1つ先にずれて、月曜日となります。

そうすると、4年後の場合、曜日は4つ先にずれることになりますが、その4年間にはうるう年があるため、通常の年にはない2月29日があるので、さ

> 2016年もうるう年だけど、この4年間にあるのは、2020年の2月29日のほうだよ。

らに1つ先へずれ、図のように、合計5つ先へずれて、金曜日とわかります。

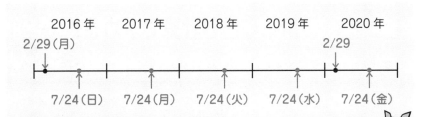

2016年2月29日(月)から曜日が5つ先へずれて2020年2月29日は土曜日。
さらに6つ先へずれて2020年7月24日は金曜日という順で求めてもOK!
2月29日は特別な日だけど、ちょうど4年後なら、他の日と同様に5つ先へず
れるだけ!

よって、正解は肢4です。

正解　4

2020年7月24日は、東京2020の
開会式の予定だったのね…。

　A，B，C，D，E，Fの6人は小学校1年生から6年生で、6人の年齢は異なるが、6人とも誕生日は10月31日である。

　次のア〜オのことがわかっているとき、Cは何年生か。ただし、うるう年は4年に一度あるものとする。

　ア　6人の誕生した年の10月31日の曜日はすべて異なっていたが、火曜日はなかった。
　イ　Aは6年生で、Aの誕生した年の10月31日は日曜日であった。
　ウ　BはFより学年が2つ下である。
　エ　Dの誕生した年は、元日と大みそかの曜日が異なっていた。
　オ　Eの誕生した年の10月31日は土曜日であった。

1．1年生　　　2．2年生　　　3．3年生　　　4．4年生　　　5．5年生

> 本問もポイントはうるう年！ PLAY1 で理解した曜日のずれ方を確認してみよう！

　生まれた順は6年生 → 1年生ですから、この順で表を書いて、A〜Fと誕生した年の10月31日の曜日を記入していきます。

　条件イより、Aは6年生で、誕生した年の10月31日は日曜日ですから、その翌年以降の10月31日の曜日は、通常は1つ先にずれます。

曜日のずれ方は、PLAY1 で確認したよね！

　しかし、条件アより、火曜日はなかったので、月曜日の次は水曜日となり、2つ先にずれていますので、ここにはうるう年があったとわかりますね。

　そうすると、5年生が誕生した年の10月31日は月曜日で、4年生が誕生した年の10月31日は水曜日となり、この間に「2月29日」があったわけですから、4年生が誕生した年がうるう年とわかります。

　うるう年は4年に1回ですから、そこから先の3年は通常の年なので、各人が誕生した年の10月31日の曜日は、表1のようになります。

表1

	6年生	5年生	4年生	3年生	2年生	1年生
	A					
10月31日の曜日→	日	月	水	木	金	土

　ここで、条件エについて考えると、通常の年は、元日の364日後（＝52週間後）が大みそかなので、これらの日は同じ曜日になりますが、これが異なっていたということは、この年はうるう年だったとわかります。これより、Dが4年生となりますね。

　さらに、条件オより、Eは1年生ですから、残る学年で条件ウを満たすBとFの組合せを考えると、Bは3年生で、Fは5年生となり、残るCは2年生とわかります（表2）。

表2

	6年生	5年生	4年生	3年生	2年生	1年生
	A	F	D	B	C	E
10月31日の曜日→	日	月	水	木	金	土

　よって、正解は肢2です。

正解 2

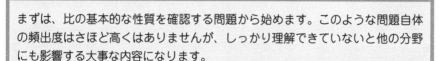

#13 比と割合① 比の基本的な性質を使って!

まずは、比の基本的な性質を確認する問題から始めます。このような問題自体の頻出度はさほど高くはありませんが、しっかり理解できていないと他の分野にも影響する大事な内容になります。

基本事項

①最も簡単な整数比

たとえば、整数 $x,\ y$ について、$3x = 2y$ のとき、$x = \dfrac{2}{3}\,y$ より、$x:y = 2:3$ となります。これを満たす $(x,\ y)$ は、$(2,\ 3)(4,\ 6)(6,\ 9)\cdots$ などがありますが、同じ数で割って、「2」と「3」という「最も簡単な整数比」（これ以上簡単にならない比）になるのですから、x は常に 2 の倍数、y は常に 3 の倍数になりますね。

これより、次のようにまとめます。

$$ax = by \ \Rightarrow \ x:y = b:a \ \Rightarrow \ x\ は\ b\ の倍数、y\ は\ a\ の倍数$$
$$（ただし、b:a\ は最も簡単な整数比）$$

②比の合成

たとえば、A：B＝3：4、B：C＝6：7のとき、Bを4と6の最小公倍数12に揃えることで、2つの比は合成できます。Bを12にするわけですから、A：B＝9：12、B：C＝12：14となり、次のように1つの比になります。

```
A：B      ＝ 3：4
    B：C  ＝     6：7
─────────────────────
A：B：C  ＝ 9：12：14
```

PLAY 1　割合から人数を求める問題

　ある資格試験の受験者数は、55％が男性で 45％が女性であった。受験者全体の 75％が合格し、不合格者のうち 60％は男性であった。男性合格者と男性不合格者の差が 250 人であったとき、女性合格者は何人か。

1. 300 人　　2. 350 人　　3. 400 人　　4. 450 人　　5. 500 人

> まずは、割合についての超基本的な問題から！

　条件より、受験者全体の 75％が合格したので、不合格者は全体の 25％です。

　そして、その 25％のうちの、さらに 60％が男性なので、男性不合格者の全体に対する割合は、次のようになります。

$$25\% \times 0.6 = 15\%$$

そうすると、女性不合格者は、25 － 15 ＝ 10（％）となりますね。

ここまでを表 1 のようにまとめます。

表 1

	男　性	女　性	合　計
合　格　者			75％
不合格者	15％	10％	25％
合　　計	55％	45％	100％

これより、合格者については、男女それぞれで、表 2 のようにわかります。

表 2

	男　性	女　性	合　計
合　格　者	40％	35％	75％
不合格者	15％	10％	25％
合　　計	55％	45％	100％

合計から不合格者を引くんだよ！

表 2 より、男性合格者と男性不合格者の差は 40 − 15 = 25（％）で、条件より、これが 250 人ですから、女性合格者は 35％なので、350 人とわかります。

　よって、正解は肢 2 です。

25％ = 250 人ということは、100％ = 1000 人ってことだよね。

PLAY 2　最も簡単な整数比から求める問題

東京都Ⅰ類 A 2020

　ある町の A 高校及び B 高校の生徒について調べたところ、次のことが分かった。

　ア　A 高校の生徒数と B 高校の生徒数の合計は、300 人以下である。
　イ　A 高校の生徒数と B 高校の生徒数の比は、9：8 である。
　ウ　A 高校及び B 高校の全ての生徒は、文系又は理系のどちらか一方を志望している。
　エ　A 高校及び B 高校の文系を志望する生徒数の合計と、理系を志望する生徒数の合計の比は、7：6 である。

　以上から判断して、A 高校の文系を志望する生徒数と B 高校の理系を志望する生徒数の差として、正しいのはどれか。

1.　11 人　　　2.　12 人　　　3.　13 人　　　4.　14 人　　　5.　15 人

「9：8」や「7：6」は「最も簡単な整数比」だから、ここから人数が求められるぞ！

　まず、条件イより、A 高と B 高の生徒数の比は 9：8 で、9 + 8 = 17 ですから、A 高：B 高：全体 = 9：8：17 となります。そして、これは「最も簡単な整数比」（基本事項①）ですから、A 高，B 高の生徒数はそれぞれ 9 の倍数，8 の倍数で、全体の生徒数は 17 の倍数になります。

　同様に、条件エより、両校の文系志望と理系志望の生徒数の比は 7：6 で、7 + 6 = 13 ですから、全体の生徒数は 13 の倍数になります。

これより、全体の生徒数は、17 と 13 の公倍数とわかり、最小公倍数は 17 × 13 = 221 ですから、221 の倍数となりますね。221 の倍数は無限にありますが、条件アを満たすのは 221 人のみとわかります。

ここから、それぞれの生徒数は以下のように計算できます。

17 と 13 は共に割れる数がないので、最小公倍数はそのままかけるだけ！
公倍数は、最小公倍数の倍数だよね！

$$A高 → 221 × \frac{9}{17} = 117 （人） \qquad B高 → 221 × \frac{8}{17} = 104 （人）$$

$$文系 → 221 × \frac{7}{13} = 119 （人） \qquad 理系 → 221 × \frac{6}{13} = 102 （人）$$

では、求める「A高の文系」と「B高の理系」の差ですが、それぞれの人数については、与えられた条件からでは特定できませんね。しかし、差はわかるはずですから、ここで、「A高の文系」の生徒数を x 人とおいて、「B高の理系」の生徒数を x で表すと、次のようになります。

たとえば、「A高の文系」が 30 人の場合、50 人の場合、…と代入すると、いずれも成立するでしょ!? でも、それぞれの場合の「B高の理系」の人数を計算すると、差は一定になるはず。試しにやってみて！

A高の生徒数より、A高の理系 → $117 - x$ （人）
↓
理系の人数より、　B高の理系 → $102 - (117 - x) = x - 15$ （人）

これより、「A高の文系」の生徒数より、「B高の理系」の生徒数のほうが 15 人少ないとわかり、正解は肢 5 です。

正解　5

　ある土地をA，Bの領域に分け、Aの領域にマンションを建て、Bの領域に駐車場を作った。マンションは土地全体の40%、Aの領域の60%を占めており、駐車場は土地全体の20%を占めている。このとき、駐車場がBの領域に占める割合として正しいのはどれか。

1. 40%　　　2. 50%　　　3. 60%　　　4. 70%　　　5. 80%

比を合成する練習をしよう！

解法1

　まず、比を使って解いてみましょう。条件より、土地全体：マンション ＝ 100 : 40 = 5 : 2 で、Aの領域：マンション ＝ 100 : 60 = 5 : 3 ですから、共通するマンションの比の値を、2と3の最小公倍数6に揃えて、2種類の比を次のように合成（基本事項②）します。

$$
\begin{array}{l}
土地全体　　　　　：マンション ＝ 5　　：2\\
\underline{\qquad Aの領域：マンション ＝ \qquad 5：3}\\
土地全体：Aの領域：マンション ＝ 15：10：6
\end{array}
$$

　これより、土地全体を15、Aの領域を10、マンションを6とすると、Bの領域は 15 − 10 = 5 と表せます。

　また、駐車場は土地全体の20%なので、15 × 0.2 = 3 と表せますから、Bの領域に占める駐車場の割合は 3 ÷ 5 = 0.6 より、60%とわかります。

　よって、正解は肢3です。

解法2

　次に、方程式での解法を紹介します。A，Bの領域をそのままA，Bとおきます。そうすると、土地全体はA＋Bと表せますね。また、マンションは土地全体の40%で、Aの領域の60%ですから、これより、次のように方程式を立てます。

$$0.4(A + B) = 0.6A$$

両辺に10をかけて、4A + 4B = 6A

$$-2A = -4B \quad \therefore A : B = 4 : 2 = 2 : 1$$

　これより、Aの領域を2、Bの領域を1とすると、土地全体は2＋1＝3となり、駐車場は3×0.2＝0.6となります。よって、駐車場がBの領域に占める割合は、0.6÷1＝0.6より、60％ですね。後半の流れは「解法1」と同様です。

正解　3

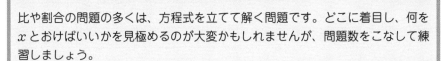

#14 比と割合② 方程式を立てて解く！

頻出度 ★★★★☆ ｜ 重要度 ★★★★☆ ｜ コスパ ★★★☆☆

比や割合の問題の多くは、方程式を立てて解く問題です。どこに着目し、何を x とおけばいいかを見極めるのが大変かもしれませんが、問題数をこなして練習しましょう。

PLAY 1 方程式を立てる問題

警視庁Ⅰ類 2015

　ある職場では、男性のうち、既婚者と未婚者の比は 3：7 であった。また、既婚者の女性の人数は 15 人で、未婚者の女性の人数は既婚者の総人数より 5 人多く、既婚者の総人数と未婚者の総人数の比は 1：3 であった。この職場の総人数として、正しいのはどれか。

1. 204 人
2. 256 人
3. 308 人
4. 360 人
5. 412 人

> 文章から式を立てる練習だよ。条件を表にまとめるとわかりやすいかも。

　既婚者と未婚者、男性と女性について、表を作成して条件を整理します。

　まず、男性について、既婚者と未婚者の比が 3：7 ですから、既婚者を $3x$ 人、未婚者を $7x$ 人と表し、既婚者の女性 15 人を記入して、表 1 のようになります。

表 1

	男性	女性	総人数
既婚者	$3x$	15	
未婚者	$7x$		

さらに、既婚者の総人数と未婚者の総人数の比が 1 : 3 なので、既婚者を y 人、未婚者を $3y$ 人と表すと、条件より、未婚者の女性の人数は $y + 5$（人）と表せ、表 2 のように全ての欄が埋まりますね。

表 2

	男性	女性	総人数
既婚者	$3x$	15	y
未婚者	$7x$	$y + 5$	$3y$

そうすると、既婚者と未婚者のそれぞれについて、男性 + 女性 = 総人数で、次のような方程式が立ちます。

$$3x + 15 = y \quad \cdots ①$$
$$7x + y + 5 = 3y \quad \cdots ②$$

②より、$7x - 2y = -5$
①を代入して、$7x - 2(3x + 15) = -5$
$$7x - 6x - 30 = -5$$
$$\therefore x = 25$$
$x = 25$ を①に代入して、$3 \times 25 + 15 = y$
$$\therefore y = 90$$

求めるこの職場の総人数は、$y + 3y = 4y$ ですから、これに $y = 90$ を代入して、$4 \times 90 = 360$（人）とわかり、正解は肢 4 です。

 正解 4

PLAY 2 方程式を立てる問題

　A社，B社及びC社の3つの会社がある。この3社の売上高の合計は、10年前は5,850百万円であった。この10年間に、売上高は、A社が9%、B社が18%、C社が12%それぞれ増加し、増加した金額は各社とも同じであったとすると、現在のC社の売上高はどれか。

1. 1,534百万円
2. 1,950百万円
3. 2,184百万円
4. 2,600百万円
5. 2,834百万円

本問は定番問題！ 解法をマスターしよう！

　A〜C社の10年前の売上高をそれぞれ a 〜 c とすると、この10年間の増加金額は同じですから、次のような式が立ちます。

$$\frac{9}{100}a = \frac{18}{100}b = \frac{12}{100}c$$

　それぞれに100をかけて、$9a = 18b = 12c$ ────

$9a = 12c$ より、$a = \frac{4}{3}c$

$18b = 12c$ より、$b = \frac{2}{3}c$

いきなりこの式でもOK！

求めるのはC社なので、c を使った式にしてみよう。

　これより、10年前の3社の売上高の合計について、次のような方程式が立ちます。

$$\frac{4}{3}c + \frac{2}{3}c + c = 5850$$

両辺に 3 をかけて、$4c + 2c + 3c = 5850 \times 3$
$$9c = 5850 \times 3$$
$$\therefore c = 1950$$

よって、C 社の 10 年前の売上高は 1,950 百万円
で、現在は 12 ％増加して、$1950 \times 1.12 = 2184$
（百万円）となり、正解は肢 3 です。

求めるのは現在だよ！
肢 2 を選ばないように
注意！

||| 正解 ▶ 3

PLAY 3 方程式を立てる問題
国家専門職 2022

ある牧場では、ヒツジとヤギの 2 種類の家畜を飼育しており、屋外ではヒツジの数はヤギの数の 5 倍で、2 種類の家畜の合計は 1,000 匹未満であった。また、屋内でもこの 2 種類の家畜を飼育しており、ヒツジの数はヤギの数のちょうど $\frac{1}{4}$ であった。

いま、屋内で飼育している 2 種類の家畜を全て屋外に出して、以前から屋外で飼育している家畜に合流させることとした。その結果、2 種類の家畜の合計は 1,000 匹を超え、ヒツジの数はヤギの数の 4 倍となった。このとき、当初、屋内で飼育していたヒツジの数として最も妥当なのはどれか。

1. 10 匹　　　2. 11 匹　　　3. 12 匹　　　4. 13 匹　　　5. 14 匹

ヒツジとヤギの数を文字で表して、方程式を立ててみよう！

条件より、屋外について、ヒツジとヤギの比は 5：1 ですから、ヒツジの数を $5x$、ヤギの数を x とします。同様に、屋内について、ヒツジとヤギの比は 1：4 ですから、ヒツジの数を y、ヤギの数を $4y$ とします。

そうすると、屋外と屋内を合流させたとき、ヒツジとヤギの比は 4：1 ですから、ここから、次のような方程式が立ちます。

$$(5x + y) : (x + 4y) = 4 : 1$$

外項の積＝内項の積より、$5x + y = 4(x + 4y)$
$$5x + y = 4x + 16y$$
$$\therefore x = 15y$$

これより、$x = 15y$ を代入して、屋外と屋内のヒツジとヤギの比は次のように表せます。

	（屋外ヒツジ）	:	（屋外ヤギ）	:	（屋内ヒツジ）	:	（屋内ヤギ）
=	$5x$	:	x	:	y	:	$4y$
=	$75y$	:	$15y$	:	y	:	$4y$

これより、屋外の合計は $90y$、屋外と屋内すべての合計は $95y$ となり、条件より、前者は 1,000 未満で後者は 1,000 を超えますので、<u>これを満たす整数 y を探すと</u>、次のようになります。

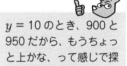
$y = 10$ のとき、900 と 950 だから、もうちょっと上かな、って感じで探すと見つかるよ！

　屋内の合計　→　$90 \times 11 = 990$
　全ての合計　→　$95 \times 11 = 1045$

すなわち、$y = 11$ となり、これをそれぞれに代入して、次のようにわかります。

（屋外ヒツジ）	（屋外ヤギ）	（屋内ヒツジ）	（屋内ヤギ）
825 匹	165 匹	11 匹	44 匹

よって、求める数は 11 匹で、正解は肢 2 です。

 正解 ▶ 2

　ある二つの都市Ａ，Ｂは、毎年度初めに住民の統計調査を行っており、昨年度は、Ａに住むＢ出身者が15万人であり、また、Ｂの総人口に占めるＢ出身者の割合は74％であることが分かった。その後、今年度の統計調査までに、①Ａに住むＢ出身者のうち3万人がＢへ転居し、また、②Ａ，Ｂ以外の都市に住むＢ出身でない者のうち47万人がＢへ転居した。この結果、今年度のＡの総人口は昨年度の95％となり、今年度のＢの総人口に占めるＢ出身者の割合は70％となった。このとき、今年度の統計調査によると、Ａの総人口とＢの総人口の差は何万人か。

　ただし、①及び②以外を原因とする、Ａ，Ｂの人口変動はないものとする。

1. 769万人
2. 775万人
3. 781万人
4. 787万人
5. 793万人

> 問題文は読みにくいけど、情報をていねいに整理して、方程式を立ててみて！

　昨年度のＡ，Ｂそれぞれの総人口を a 万人，b 万人として、今年度の総人口を考えます。

　まず、Ａの人口の変動を確認すると、①により3万人減っただけですね。これによって、総人口が95％になったわけですから、昨年度の総人口の5％が3万人に当たることになり、次のように方程式が立ちます。

$$0.05a = 3$$

両辺に100をかけて、$5a = 300$
$$\therefore a = 60$$

　よって、Ａの昨年度の総人口は60万人で、今年度は、60 − 3 = 57（万人）とわかります。

　次に、Ｂの人口の変動について、まず、総人口は、①でＡから3万人、②でその他の都市から47万人が転居してきましたので、合計で50万人増えたこ

とになり、今年度の総人口は、$b + 50$（万人）となります。

　また、B出身者の人数は、昨年度は b 万人のうちの 74% ですから、$0.74b$ 万人でしたが、①により 3 万人増えて、今年度は、$0.74b + 3$（万人）となりますね。

②の 47 万人は B 出身者じゃないからね。

　そうすると、今年度の B の総人口の 70% が B 出身者であることから、次のように方程式が立ちます。

$$0.7(b + 50) = 0.74b + 3$$

両辺に 100 をかけて、$70(b + 50) = 74b + 300$
$$70b + 3500 = 74b + 300$$
$$-4b = -3200$$
$$\therefore b = 800$$

　よって、B の昨年度の総人口は 800 万人で、今年度は、$800 + 50 = 850$（万人）とわかります。

　これより、今年度の A と B の総人口の差は、$850 - 57 = 793$（万人）となり、正解は肢 5 です。

正解▶ 5

#15 利益算
100円でよければそうする!

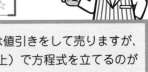

頻出度 ★★★☆☆ | 重要度 ★★★★☆ | コスパ ★★★☆☆

商品を仕入れて販売する問題が主流です。ほとんどは値引きをして売りますが、最終的な利益が与えられていれば、利益（または売上）で方程式を立てるのが定石です。近年は少し変わった問題も出題されていますが、難易度はさほど高くはありません。

PLAY 1　100円と仮定できるパターン　　　　　　国家Ⅱ種 2010

　ある商品を 120 個仕入れ、原価に対し 5 割の利益を上乗せして定価とし、販売を始めた。ちょうど半数が売れた時点で、売れ残りが生じると思われたので、定価の 1 割引きにして販売した。販売終了時刻が近づき、それでも売れ残りそうであったので、最後は定価の半額にして販売したところ、売り切れた。全体としては、原価に対し 1 割 5 分の利益を得た。このとき、定価の 1 割引きで売れた商品は何個か。

1. 5 個　　　2. 15 個　　　3. 25 個　　　4. 45 個　　　5. 55 個

> 具体的な金額が与えられていないので、原価 100 円として計算してみよう! 解説では、とりあえず文字においてみるけど、これはこれで参考にして!

　利益算のほとんどは、方程式で解くことになります。本問も、売上を式に表して、「売上－原価＝利益」または「売上＝原価＋利益」で方程式を立てましょう。

　わからないのは、原価と 1 割引きで売れた個数（求めるもの）ですね。1 個当たり原価を x 円、1 割引きで y 個売れたとすると、それぞれの売価と売れた個数は次のように表せます。

定価　　⇒ 原価の 1.5 倍 ⇒ $1.5x$ 円 … $120 \times 0.5 = 60$（個）
1 割引き ⇒ $1.5x \times (1 - 0.1) = 1.35x$（円）… y 個
半額　　⇒ $1.5x \times 0.5 = 0.75x$（円）… $120 - 60 - y = 60 - y$（個）

それぞれの売価と個数をかけたものの合計が売上となりますね。また、原価の総額は、$120x$ 円で、全体の利益はその 15％なので、原価と利益を合わせて $120x \times 1.15$（円）と表せますので、売上について次のように式が立ちます。

$$1.5x \times 60 + 1.35x \times y + 0.75x(60 - y) = 120x \times 1.15$$

$$90x + 1.35xy + 45x - 0.75xy = 138x$$
$$0.6xy = 3x$$
$$\therefore y = 5$$

これより、1割引きで売れた商品は5個とわかり、正解は肢1です。

ところで、この方程式は、文字が x, y と2個ありましたが、式は1本でした。このままでは解は特定できないのでは？ という不安もあったかと思いますが、最後に x が消えてくれましたので、y が求められましたね。

では、x の値はどうやって求めるのか？ ということですが、結論からいうと、それは不可能ですね。なぜなら、本問の問題文には「金額」が全く出てきていませんので、これでは求めようがありません。つまり、この商品の原価は100円でも1億円でもいくらでもいいわけで、特定しないから、x は消えたのです。

このことが最初からわかっていれば、わざわざ x などにおかなくとも、<u>100円でもいい</u>ですよね。原価を100円とおいたなら、定価は $100 \times 1.5 = 150$（円）、1割引きで $150 \times 0.9 = 135$（円）、半額は $150 \times 0.5 = 75$（円）と表せますので、1割引きで y 個売れたとすると、次のような方程式になります。

「仕事算」で「全体を1」とおいたのと同じだよね。

$$150 \times 60 + 135y + 75(60 - y) = 100 \times 120 \times 1.15$$

$$9000 + 135y + 4500 - 75y = 13800$$
$$60y = 300$$
$$\therefore y = 5$$

手順は一緒ですが、文字が1つだけなので多少は楽になりますね。

正解 1

ある店で 120 本のジュースを仕入れて、原価に 25％の利益を見込んで定価をつけた。1 日目は定価で売り、2 日目は定価の 1 割引で売ったところ、2 日目にすべて売り切れた。その結果、全体としては原価の 2 割の利益となった。このとき、1 日目に売れたジュースの本数として、最も妥当なのはどれか。

1. 68 本   2. 69 本   3. 70 本   4. 71 本   5. 72 本

本問も具体的な金額は与えられていないので、100 円でいいかな？

本問も金額を示す条件が全くないので、適当な金額を仮定しましょう。100 円でいいですかね？ では、ジュース 1 本の原価を 100 円とすると、その 25％の利益を上乗せして、定価は 125 円です。1 日目は定価通り 125 円で売りましたが、2 日目は 1 割引にしましたね。125 円の 1 割は 12.5 円です。ちょっと嫌な数字になりました。

もちろん、仮定とおいた数字ですから整数にならなくてもいいので、このまま進めても構いません。しかし、やっぱり嫌だと思ったら、原価を 200 円にするといいでしょう。その 25％は 50 円ですから、定価は 250 円で、その 1 割は 25 円です。少しマシですね。

では、ここでは原価を 200 円とおいて、次のような金額に仮定します。

定価 ⇒ 250 円   1 割引 ⇒ 250 × 0.9 = 225（円）

ここで、定価で売れた本数を x 本とすると、1 割引で売れた本数は 120 − x（本）と表せます。全体の利益は原価の 2 割ですから、売上は原価の 1.2 倍で、ここから、次のような方程式が立ちます。

$$250x + 225(120 - x) = 200 \times 120 \times 1.2$$

両辺を 25 で割って、$10x + 9(120 - x) = 8 \times 120 \times 1.2$
$$10x + 1080 - 9x = 1152$$
$$\therefore x = 72$$

よって、1 日目に売れた本数は 72 本で、正解は肢 5 です。

正解 5

定価で売ると1個につき400円の利益が出る商品がある。この商品を定価の10%引きで11個売ったときの利益は、定価の5%引きで6個売ったときの利益に等しい。この商品の定価として、最も妥当なのはどれか。ただし、消費税は考えないものとする。

1. 2,100円
2. 2,200円
3. 2,300円
4. 2,400円
5. 2,500円

本問は金額の条件があるので、100円とかにはできないよ！

本問には「400円」という金額がありますので、適当な金額におくことはできませんね。

10%引きで11個と5%引きで6個の利益が等しいところで方程式を立てましょう。利益を表すために、原価か定価を表す必要がありますが、本問ではこの差が400円ですから、どちらか片方を x におけばいいですね。

では、求める定価を x 円とします。原価は $x - 400$（円）と表せます。定価の10%引き（＝90%）と、5%引き（＝95%）でそれぞれ11個と6個を売ったときの利益（＝売上 − 原価）について、次のような方程式が立ちます。

$$0.9x \times 11 - 11(x - 400) = 0.95x \times 6 - 6(x - 400)$$

両辺に100をかけて、
$$90x \times 11 - 1100(x - 400) = 95x \times 6 - 600(x - 400)$$
$$990x - 1100x + 440000 = 570x - 600x + 240000$$
$$-80x = -200000$$
$$\therefore x = 2500$$

よって、定価は2,500円となり、正解は肢5です。

正解 5

#16 剰余系
「余り」を理解する！

頻出度 ★★★★☆ | 重要度 ★★★★☆ | コスパ ★★★★☆

整数をある数で割ったときの「余り」に関する問題で、解法パターンは決まっています。
整数全般の問題にも関わる大事な分野ですから、理解を深めておきましょう。

基本事項

①公倍数と余り

　たとえば、「3で割っても5で割っても2余る数」というのは、3でも5でも割り切れる数（＝3と5の公倍数）より2だけ大きい数なので、「3と5の公倍数＋2」という形で表せます。

　3と5の公倍数は、最小公倍数15の倍数ですから、$15n$（nは整数）と表すと、$15n + 2$という式にすることもできますね。

　また、たとえば、「3で割って1余る数」は、余りの1に、あと2を加えれば、ちょうど3で割り切れますので、「3で割って2不足する数」ということもできます。

　そうすると、たとえば、「3で割っても5で割っても2不足する数」は「3と5の公倍数 − 2」という形で表すことができます。

　さらに、「3で割ると2余り、5で割ると3余る数」のように、余りも不足も一致しない場合は、それぞれの条件を満たす数を書き上げてみると、

　　①3で割ると2余る数　⇒　2, 5, 8, 11, 14, 17, 20, 23, 26, …

　　②5で割ると3余る数　⇒　3, 8, 13, 18, 23, 28, 33, …

となり、共通する最小の数は8ですね。

　そして次は23ですが、これは8に3と5の最小公倍数15を足した数とわかります。そうすると、次はさらに15を足した「38」であることが推測でき、この数は「8＋15の倍数」で表せるとわかります。

①は3ずつ、②は5ずつ増えていくからね。

　すなわち、条件を満たす最小の数をまず探して、これに割る数の公倍数を足した数として表すことができます。

ここまでをまとめると、それぞれ次のようになります。

　余りが一致する場合　　⇒　割る数の公倍数＋余り
　不足が一致する場合　　⇒　割る数の公倍数－不足
　いずれも不一致の場合　⇒　割る数の公倍数＋条件を満たす最小の数

②余りの性質

　たとえば、「5 で割って 2 余る数」と「5 で割って 4 余る数」の和を、5 で割った余りを考えます。この 2 数をそれぞれ $5m + 2$, $5n + 4$（m, n は整数）と表すと、次のようになります。

$$5m + 2 + 5n + 4 = 5m + 5n + 6 = 5(m + n + 1) + 1$$

　これより、余りは 1 となります。つまりは、$2 + 4 = 6$ を 5 で割った余りを求めればいいわけですよね。

　同様に、この 2 数の積を 5 で割った余りを求めると、次のようになります。

$$(5m + 2)(5n + 4) = 25mn + 20m + 10n + 8$$
$$= 5(5mn + 4m + 2n + 1) + 3$$

　これより、余りは 3 となります。これは、$2 \times 4 = 8$ を 5 で割った余りを求めればいいわけです。

　以上より、次のように確認できます。

　　「x で割って a 余る数 ＋ x で割って b 余る数」を x で割った余り
　　　　　　　⇒　$a + b$ を x で割った余り
　　「x で割って a 余る数 × x で割って b 余る数」を x で割った余り
　　　　　　　⇒　$a \times b$ を x で割った余り

10で割って2余り、15で割って7余り、24で割って16余る自然数のうち、5桁の数はいくつあるか。

1. 710個
2. 730個
3. 750個
4. 770個
5. 790個

剰余系の最も典型的な問題で、本問は「不足が一致」のパターン。
条件を満たす数を式で表してみて！

　それぞれの「余り」を見ると、2，7，16で一致していませんので、「不足」を確認します。

　「10で割って2余る数」は、余りの2にあと8加えれば、ちょうど10で割れるので、「10で割って8不足する数」となります。

「不足」は割る数と余りの差だよね！

　同様に「15で割って7余る数」「24で割って16余る数」も、あと8加えればそれぞれ割り切れますので、この自然数は「10で割っても15で割っても24で割っても、8不足する数」とわかり、「10，15，24の公倍数 − 8」と表せます（基本事項①）。

　まず、10，15，24の最小公倍数を求めると、次のようになりますね。

```
2 ) 10  15  24
3 )  5  15  12
5 )  5   5   4
     1   1   4   ⇒  2 × 3 × 5 × 1 × 1 × 4 = 120
```

　これより、この自然数を $120n - 8$（n は整数）と表し、5桁の範囲で不等式を立てると、次のようになります。

$$10000 \leqq 120n - 8 \leqq 99999$$

－8 を左右へ移項する

$$10008 \leqq 120n \leqq 100007$$

全ての辺を 120 で割る

$$\frac{10008}{120} \leqq n \leqq \frac{100007}{120}$$

$$83\frac{48}{120} \leqq n \leqq 833\frac{47}{120}$$

必要なのは整数部分だけだから、細かいところまで出す必要はないよ！

よって、整数 n の範囲は、$84 \leqq n \leqq 833$ とわかり、これを満たす n の個数は、$833 - 83 =$ 750（個）となります。

よって、正解は肢 3 です。

1 ～ 833 の 833 個のうち、1 ～ 83 の 83 個が NG という意味だよ！

正解 3

PLAY 2 公倍数と余りの問題

国家Ⅱ種2011

500 以下の自然数のうち、3 で割ると 1 余り、かつ、7 で割ると 3 余る数は何個あるか。

1. 18 個　　2. 20 個　　3. 22 個　　4. 24 個　　5. 26 個

PLAY1 と同じタイプの問題だけど、今度は「どちらも不一致」のパターン。このパターンは意外と多いから、解法をマスターして！

余りは一致していませんね。不足も前者は 2、後者は 4 で一致しません。すなわち、どちらも不一致のタイプ（基本事項①）となります。

では、両方の条件を満たす最小の数を求めましょう。それぞれを書き出して探すと次のようになります。

①3 で割ると 1 余る数 ⇒ 1, 4, 7, 10, 13, 16, …

②7 で割ると 3 余る数 ⇒ 3, 10, 17, …

ここで、最小は 10 とわかりました。そうすると、このあと両方に共通する数は、これに 3 と 7 の公倍数、すなわち 21 の倍数を加えた数となり、この自然数は「21 の倍数 + 10」と表せます。

　これより、$21n + 10$（n は整数）と表して、1 〜 500 の範囲でこれを満たす n の個数を、不等式を立てて求めます。

$$1 \leqq 21n + 10 \leqq 500$$
$$-9 \leqq 21n \leqq 490$$
$$-\frac{9}{21} \leqq n \leqq \frac{490}{21}$$
$$-\frac{3}{7} \leqq n \leqq \frac{70}{3}$$
$$-\frac{3}{7} \leqq n \leqq 23\frac{1}{3}$$

> ここがマイナスでも気にする必要はないよ！ $21n + 10$ は自然数（1 以上の整数）なので、これを満たすように式を立てたわけだからね。

　$-\frac{3}{7}$ は、0 から -1 の間の数ですから、これを満たす整数 n は 0 以上 23 以下で、0 を含めて 24 個とわかります。

　よって、正解は肢 4 です。

正解　4

PLAY 3　公倍数と余りの問題

警視庁 I 類 2021

　6 で割ると 4 余り、7 で割ると 3 余り、11 で割ると 9 余る正の整数のうち、最も小さい数の各位の和として、最も妥当なのはどれか。

1. 9　　　2. 10　　　3. 11　　　4. 12　　　5. 13

> PLAY1 と同様に条件は 3 つあるけど、3 つ全てを満たす数を式で表すのは大変かな。でも、2 つなら何とかなるかも！

　本問も余りは一致していませんが、不足を見ると、2, 4, 2 で、2 つは一致しています。

　これより、まず、不足が一致する 2 つの条件に着目すると、「6 で割っても

11 で割っても 2 不足する数」とわかり、6 と 11 の最小公倍数は 66 ですから、「66 で割ると 2 不足する数」となります（基本事項①）。

そうすると、これと「7 で割ると 3 余る」の両方を満たす数を考えるわけですが、この場合は余りも不足も不一致なので、条件を満たす最小の数を探すことになります。

これより、まず、「66 で割ると 2 不足する数」を満たす数を書き出すと次のようになります。

これがわかれば、本問のお仕事はほぼ終わりだからね。

　　　① 66 で割ると 2 不足する数　⇒　64，130，196，262，328，…

ここで、本来であれば、「7 で割ると 3 余る数」のほうも書き出して、共通する数を探すのですが、こちらは「3，10，17，24，…」と小刻みに並ぶので、①に追いつくのが大変です。

このような場合は、次のように、①の数を 7 で割って 3 余るかどうかを確認したほうが早いですね。

　　　　64 を 7 で割った余り　⇒　1
　　　130 を 7 で割った余り　⇒　4
　　　196 を 7 で割った余り　⇒　0
　　　262 を 7 で割った余り　⇒　3

ここで、すべての条件を満たす最小の数は 262 とわかりました。求めるのはこの数の各位の和なので、2 ＋ 6 ＋ 2 ＝ 10 となり、正解は肢 2 です。

正解▶ 2

53 × 57 × 59 × 61 を 7 で割ったときの余りとして、正しいのはどれか。

1. 0　　2. 1　　3. 2　　4. 3　　5. 4

基本事項②の「余りの性質」を確認してみて。けっこう当たり前のことよ！

53, 57, 59, 61 をそれぞれ 7 で割った余りは、次のようになります。

$$53 = 7 \times 7 + 4 \quad \rightarrow \quad 余り 4$$
$$57 = 7 \times 8 + 1 \quad \rightarrow \quad 余り 1$$
$$59 = 7 \times 8 + 3 \quad \rightarrow \quad 余り 3$$
$$61 = 7 \times 8 + 5 \quad \rightarrow \quad 余り 5$$

これより、求める余りは次のようになります（基本事項②）。

$$4 \times 1 \times 3 \times 5 = 60 \quad \rightarrow \quad 60 = 7 \times 8 + 4 \quad \rightarrow \quad 余り 4$$

よって、正解は肢 5 です。

正解 5

PLAY 5 一の位の性質の問題　　　　　警視庁Ⅰ類 2005

3 の 50 乗から 3 の 20 乗を引いた数の一の位の数はどれか。

1. 4　　2. 5　　3. 6　　4. 7　　5. 8

「一の位」の数は、整数を「10 で割った余り」だね。このタイプの問題は規則性を覚えれば簡単に解ける！「解法 1」で理解を深め、実際は「解法 2」で解くんだ！

一の位の数は「10で割った余り」ですから、余りの性質（基本事項②）より次のように求めます。

まず、すぐにわかるところで次の①と②を確認します。

次に、①×②を10で割った余りを、それぞれの余りの積（$9 \times 7 = 63$）を10で割って求めます（③）。

さらに、③×③を10で割った余りを同様に求め（④）、以下同じ手順で、求める 3^{20} や 3^{50} を10で割った余りを求めます。

③×③でなくても、③×②で 3^8 でもOK！
なんでもいいから 3^{20} と 3^{50} に成長させればいいわけだ！

① $3^2 = 9$ を10で割った余り　　　　　$\Rightarrow$ 9

② $3^3 = 27$ を10で割った余り　　　　$\Rightarrow$ 7

③ $3^5 = 3^2 \times 3^3$ を10で割った余り　$\Rightarrow 9 \times 7 = 63$ を10で割った余り $\Rightarrow$ 3

④ $3^{10} = 3^5 \times 3^5$ を10で割った余り　$\Rightarrow 3 \times 3 = 9$　を10で割った余り $\Rightarrow$ 9

⑤ $3^{20} = 3^{10} \times 3^{10}$ を10で割った余り $\Rightarrow 9 \times 9 = 81$ を10で割った余り $\Rightarrow$ 1

⑥ $3^{40} = 3^{20} \times 3^{20}$ を10で割った余り $\Rightarrow 1 \times 1 = 1$　を10で割った余り $\Rightarrow$ 1

⑦ $3^{50} = 3^{40} \times 3^{10}$ を10で割った余り $\Rightarrow 1 \times 9 = 9$　を10で割った余り $\Rightarrow$ 9

よって、3の50乗の一の位は9、3の20乗の一の位は1ですから、前者から後者を引いた数の一の位は、$9 - 1 = 8$ となり、正解は肢5です。

「解法1」を参考にして、3の累乗を10で割った余り（一の位）を順に並べると、次のようになります。

3^1	$\Rightarrow$ 3	3^6	$\Rightarrow$ 9
3^2	$\Rightarrow$ 9	3^7	$\Rightarrow$ 7
3^3	$\Rightarrow$ 7	3^8	$\Rightarrow$ 1
3^4	$\Rightarrow$ 1	3^9	$\Rightarrow$ 3
3^5	$\Rightarrow$ 3	3^{10}	$\Rightarrow$ 9

ここで、(3, 9, 7, 1) の4つの数が循環していることがわかりますね。

この性質を利用すると、3の50乗の一の位は、$50 = 4 \times 12 + 2$ より、この4数の循環を12回繰り返し、さらに2番目の数なので、9となり、3の20

乗の一の位は、20 = 4 × 5 より、循環 5 回目の最後の数である 1 であること
がわかります。

　このように、ある数 a の累乗をある数 b で割った余りは、必ずいくつかの数
が循環する性質がありますので、「解法 1」の方法でこの循環の 1 サイクルを
調べ、その規則性から解くことができます。

正解 ▶ 5

Challenge 一の位の性質の問題　　国家専門職 2020

　1 から 10 までの整数をそれぞれ 2020 乗した。得られた 10 個の数値の一
の位の数字は何種類あるか。

1．3 種類　　　2．4 種類　　　3．5 種類　　　4．6 種類　　　5．7 種類

PLAY 5 の応用ね！ ゴリゴリ解いてみよう！

　PLAY 5 の「解法 2」の方法を使って、1 ～ 10 の累乗の一の位の循環サイク
ルを調べます。1 サイクルの数字がわかれば、2020 番目も求められます
ね。

（1）1 の 2020 乗の一の位
　1 は何乗しても 1 ですから、2020 乗の一の位も「1」です。

（2）2 の 2020 乗の一の位
　$2^1 = 2$、$2^2 = 4$、$2^3 = 8$ ですね。$2^4 = 16$ より、一の位は 6、さらに 2 を
かけて、2^5 の一の位は 2 とわかり、スタートに戻ります。
　よって、（2，4，8，6）の 4 つの数字が循環しますので、2020 ÷ 4 = 505
余り 0 より、2020 乗の一の位は、4 つの数字の最後の「6」となります。

（3）3 の 2020 乗の一の位
　3 の累乗は、PLAY 5 より、（3，9，7，1）の 4 つが循環しますので、2020
乗の一の位も、4 つの数字の最後の「1」となります。

（4）4 の 2020 乗の一の位
　同様に、一の位の数字を調べると、（4，6）の 2 つが循環します。2020 ÷
2 の余りも 0 ですから、2020 乗の一の位は「6」です。

（5）5の2020乗の一の位

　同様に、一の位の数字を調べると、5の累乗の一の位はいずれも5で、2020乗の一の位も「5」です。

（6）6の2020乗の一の位

　同様に、6の累乗の一の位もいずれも6で、2020乗の一の位も「6」です。

（7）7の2020乗の一の位

　同様に、一の位の数字を調べると、（7, 9, 3, 1）の4つが循環しますので、2020乗の一の位も、4つの数字の最後の「1」です。

（8）8の2020乗の一の位

　同様に、一の位の数字を調べると、（8, 4, 2, 6）の4つが循環しますので、2020乗の一の位も、4つの数字の最後の「6」です。

（9）9の2020乗の一の位

　同様に、一の位の数字を調べると、（9, 1）の2つが循環しますので、2020乗の一の位の数字は「1」です。

（10）10の2020乗の一の位

　一の位は常に0ですから、2020乗の一の位の数字は「0」です。

　以上より、それぞれの2020乗の一の位に現れた数字は、0, 1, 5, 6の4種類で、正解は肢2です。

正解 2

#17 規則性
手を動かしてみる！

頻出度 ★★☆☆☆ ｜ 重要度 ★★★☆☆ ｜ コスパ ★★☆☆☆

文字通り「規則性」を考える問題ですが、頭で考えるより、手を動かしてみたほうが早いことが多いです。ここは、解けると気持ちいいですよ。

PLAY1 規則性のサイクルを考える問題

裁判所職員 2014

2つの照明器A，Bはともに時刻 t から、次のような一定のパターンで明滅する。Aは、2分間点灯されたのちに3分間消灯する。一方、Bは、1分間消灯したのちに3分間点灯する。時刻 t から60分が経過するまでに、この2つの照明器A，Bが同時に消灯している時間の総計として最も適当なものはどれか。

1. 6分間　　2. 7分間　　3. 8分間　　4. 9分間　　5. 10分間

何分かで繰り返すよ。そのサイクルを考えてみよう！

点灯＋消灯で、Aは5分サイクル、Bは4分サイクルですね。そうすると、最小公倍数である20分で、A，Bともに初めの状態に戻り、あとは同じように繰り返すことになります。
　ここで、初めから20分間の様子を、点灯を○、消灯を×として書き上げると、次のようになります。

	1	2	3	4	5	6	7	8	9	10	11	12	13	14	15	16	17	18	19	20
A	○	○	×	×	×	○	○	×	×	×	○	○	×	×	×	○	○	×	×	×
B	×	○	○	○	×	○	○	○	×	○	○	○	×	○	○	○	×	○	○	○

これより、この20分間で同時に消灯しているのは3分間で、60分でこれを3周繰り返しますから、総計で3×3＝9（分間）とわかります。
　よって、正解は肢4です。

正解 4

数字が書かれた偶数枚のカードを左から一列かつ昇順に並べて、次の①, ②, ③の規則に従った並べ替え(以下「シャッフル」という。)を行う。

① カードの列の中央で左右二組に分ける。

② 左の組, 右の組の順に各組の左端から交互に一枚ずつカードを取る。

③ 取った順に左から一列に並べていく。

例えば、$\boxed{1}$ から $\boxed{6}$ の 6 枚のカードの列に対して、シャッフルを 1 回行うと、次のような並びになる。

$$\boxed{1}\ \boxed{4}\ \boxed{2}\ \boxed{5}\ \boxed{3}\ \boxed{6}$$

ここで、$\boxed{1}$ から $\boxed{16}$ の 16 枚を昇順に並べたカードの列に対して、シャッフルを行うごとに左から数えて 4 番目の位置にあるカードを記録する。シャッフルを 50 回続けて行ったとき、$\boxed{13}$ が現れた回数として正しいのはどれか。

1. 11 回   2. 12 回   3. 13 回   4. 14 回   5. 15 回

> マジで 50 回とかありえないから! どこかで繰り返すことを期待して手を動かすしかないか…。

与えられた規則に従って、シャッフルを何度か行うと、次のようになりますね。

	1	2	3	4	5	6	7	8		9	10	11	12	13	14	15	16

⇩

1回目   1 9 2 10 3 11 4 12 | 5 13 6 14 7 15 8 16

⇩

2回目   1 5 9 13 2 6 10 14 | 3 7 11 15 4 8 12 16

⇩

3回目   1 3 5 7 9 11 13 15 | 2 4 6 8 10 12 14 16

⇩

⇩

| 4回目 | 1 2 3 4 5 6 7 8 | 9 10 11 12 13 14 15 16 |

これより、4回のシャッフルで元に戻ることがわかります。

そうすると、シャッフルを50回行うと、$50 = 4 \times 12 + 2$ より、このサイクルを12周と2回行うことになりますね。

4番目の位置に「13」が現れるのは、4回のサイクルの2回目だけなので、12周の中で12回現れ、さらにその2回後、すなわち50回目のシャッフルでもう1回で、合計13回現れることになります。

よって、正解は肢3です。

正解 3

#18 濃度
てんびん算を使いこなす！

頻出度 ★★★☆☆ ｜ 重要度 ★★★★☆ ｜ コスパ ★★★★☆

食塩水などの濃度を扱う問題で、移し替えなどの操作を行います。単純な操作であれば、方程式でも楽に解けますが、複数回の操作があると結構大変です。#10で使った「てんびん算」を使える問題が多く、早く解くためにはこれを使いこなすことが必須です。

PLAY1　混合液を混ぜ合わせるパターン　　東京消防庁Ⅰ類2014

薬品Ｘと薬品Ｙを1:9の割合で含む混合薬Ｐが500ｇ、薬品Ｘと薬品Ｙを7:3の割合で含む混合薬Ｑが1000ｇある。この2種類の混合薬を使って、薬品Ｘと薬品Ｙを9:11の割合で含む混合薬Ｒを作る。このとき、作ることができる混合薬Ｒの最大量として最も妥当なのはどれか。

1. 400ｇ
2. 600ｇ
3. 800ｇ
4. 1000ｇ
5. 1200ｇ

食塩水の「食塩の濃度」と同様に、ＸかＹのどちらかの濃度を％で表そう。簡単に計算できる比になっているよね。

解法1

本問の薬品ＸとＹのような2つの物質の混合物は、食塩水と同様に、どちらか片方の濃度（全体に対する割合）を計算します。

ここでは、薬品Ｘの濃度を求めることにしましょう。計算すると、次のように確認できますね。

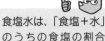

食塩水は、「食塩＋水」のうちの食塩の割合が「濃度」だよね！

$$混合薬P \ \rightarrow \ \frac{1}{1+9} \times 100 = 10 \ (\%)$$

$$混合薬Q \ \rightarrow \ \frac{7}{7+3} \times 100 = 70 \ (\%)$$

$$混合薬R \ \rightarrow \ \frac{9}{9+11} \times 100 = 45 \ (\%)$$

これより、PとQを合わせてRを作るとき、P，Qそれぞれの量を p，q とすると、薬品Xの量について、次のような方程式が立ちます。

$$\frac{10}{100}p + \frac{70}{100}q = \frac{45}{100}(p+q)$$

両辺に100をかけて、
$10p + 70q = 45(p+q)$
$10p + 70q = 45p + 45q$
$35p = 25q$
$\therefore \ p : q = 25 : 35 = 5 : 7$

初めから分母を省略してこの式でもOK！

すなわち、PとQは5：7の割合で使うことになります。

条件より、Pは500gしかありませんので、Rの最大量は、P を 500 g と Q を 700 g 使って、合計 1200 g とわかり、正解は肢5です。

Qは余るけど、仕方ないよね！

解法2

「解法1」と同様に、P〜Rの薬品Xの濃度を調べ、P，Qの割合をてんびん算（＃10 基本事項）で求めます。

本問のように、濃度の異なる2つの液体などを混ぜ合わせる場合、てんびんのウデの両端にそれぞれの濃度、おもりにその量をおくと、混ぜ合わせてできる液体の濃度が支点になります。

次の図のように、P，Qを左右におくと、支点がRの濃度になるわけですね。

このとき、左右のウデの長さの比は、35：25 = 7：5ですから、おもり（混合薬の量）の比は、逆比の5：7とわかります。

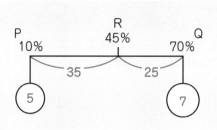

あとは、「解法1」と同様です。

正解 5

PLAY2 複数の移し替えを行うパターン

濃度の異なる食塩水が、容器A，Bにそれぞれ600g，400g入っている。はじめに容器Aから容器Bへ食塩水200gを移し、よくかき混ぜた後に容器Bから容器Aへ食塩水200gを戻してよくかき混ぜたら、容器Aには濃度10％の食塩水ができた。その後、容器A，容器Bの食塩水を全てよく混ぜ合わせたら濃度8.4％の食塩水ができた。はじめに容器Aに入っていた食塩水の濃度はいくらか。

1. 11%　　　2. 12%　　　3. 13%　　　4. 14%　　　5. 15%

> ちょっと複雑に見えるけど、3回目の操作から遡って考えてみて。それぞれの操作で、方程式でもてんびん算でも解けるよ。

初めの容器A，Bの食塩水の濃度を、それぞれa%，b%、Aから200g移したあとのBの濃度をb'%とします。

食塩水を混ぜ合わせる操作は、全部で3回ですから、次のように整理します。

① a% 200g ＋ b% 400g → b'% 600g
② a% 400g ＋ b'% 200g → 10% 600g
③ 10% 600g ＋ b'% 400g → 8.4% 1000g

②のAの量は①の残り、③のBの量も②の残りで、いずれも 600 − 200 ＝ 400（g）

①〜③で、最も情報が多い③に着目すると、b' を求めることができますね。b' がわかれば、②から a を求めることできます。求めるのは a ですから、これ以上は必要ありませんが、a と b' がわかれば、①から b も求められますので、方程式とてんびん算の両方で確認しましょう。

解法1

　まず、方程式で確認します。③のそれぞれの食塩水に含まれる食塩の量の関係で、次のような方程式を立てます。

$$\frac{10}{100} \times 600 + \frac{b'}{100} \times 400 = \frac{8.4}{100} \times 1000$$

$$60 + 4b' = 84$$
$$4b' = 24 \quad \therefore b' = 6$$

次に、$b' = 6$ を②に代入して、次のように方程式を立てます。

$$\frac{a}{100} \times 400 + \frac{6}{100} \times 200 = \frac{10}{100} \times 600$$

$$4a + 12 = 60$$
$$4a = 48 \quad \therefore a = 12$$

初めの A は 12 ％で、肢 2 が正解！ 本番ではここでおしまい！

さらに、$a = 12$，$b' = 6$ を①に代入して、次のように方程式を立てます。

$$\frac{12}{100} \times 200 + \frac{b}{100} \times 400 = \frac{6}{100} \times 600$$

$$24 + 4b = 36$$
$$4b = 12 \quad \therefore b = 3$$

　以上より、初めの A の濃度は 12％、B の濃度は 3％とわかり、正解は肢 2 です。

次に、てんびん算で求めます。③について、図1のように、おもりの比は 400：600 ＝ 2：3 ですから、ウデの長さの比は 3：2 になります。

右のウデの長さは 10 － 8.4 ＝ 1.6 ですから、左のウデの長さは $1.6 \times \dfrac{3}{2}$ ＝ 2.4 となり、$b' = 8.4 - 2.4 = 6$ がわかります。

そうすると、②について、図2のように、おもりの比は 200：400 ＝ 1：2 で、ウデの長さの比は 2：1 になります。左のウデの長さは 10 － 6 ＝ 4 ですから、右のウデの長さは $4 \times \dfrac{1}{2}$ ＝ 2 となり、$a = 10 + 2 = 12$ がわかります。

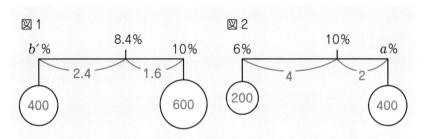

図1　　　　　　　　　　　　　図2

これより、①について、図3のように、おもりの比は 400：200 ＝ 2：1 で、ウデの長さの比は 1：2 となり、右のウデの長さは 12 － 6 ＝ 6 ですから、左のウデの長さは $6 \times \dfrac{1}{2}$ ＝ 3 となり、$b = 6 - 3 = 3$ がわかります。

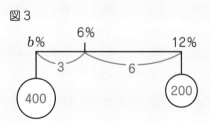

図3

正解　2

　ある濃度の砂糖水があり、これを 2 つの容器 A，B に体積の比が 2 : 1 になるように分けた。さらに、それぞれの容器に水を 100 mL ずつ注いでよく混ぜ合わせたところ、A の容器の濃度は 15％、B の容器の濃度は 10％になった。初めの砂糖水の濃度はいくらであったか。

1. 20％　　　2. 24％　　　3. 25％　　　4. 27％　　　5. 30％

本問はちょっと変わっている。てんびん算ではストレートに解けないけど、選択肢を利用するといいかな！

解法1

　砂糖水の濃度を x％、容器 A，B に分けた砂糖水の量をそれぞれ $2y$ mL，y mL とします。100mL の水を注ぐ前と後で、含まれる砂糖の量は変化しませんから、この砂糖の量で次のような式が立ちます。

容器 A の砂糖水に含まれる砂糖の量について

$$\frac{x}{100} \times 2y = \frac{15}{100}\,(2y + 100)$$

> 水を注いだ後の砂糖水の量は $2y + 100$（mL）で、濃度は15％になったんだよね。

両辺に 100 をかけて、$x \times 2y = 15\,(2y + 100)$
$$2xy = 30y + 1500$$
両辺を 2 で割って、$xy = 15y + 750$　…①

容器 B の砂糖水に含まれる砂糖の量について

$$\frac{x}{100} \times y = \frac{10}{100}\,(y + 100)$$

両辺に 100 をかけて、$x \times y = 10\,(y + 100)$
$$xy = 10y + 1000$$　…②

①と②の左辺は同じですから、右辺も等しくなり、次のようになります。

$$15y + 750 = 10y + 1000$$
$$5y = 250 \quad \therefore y = 50$$

②に $y = 50$ を代入して、$50x = 10 \times 50 + 1000$
$$50x = 1500 \quad \therefore x = 30$$

これより、初めの砂糖水の濃度は 30％となり、正解は肢 5 です。

解法 2

「解法 1」と同様に、初めの砂糖水の濃度を x％として、A，Bそれぞれについててんびん図を描くと、図 1 のようになります。

図 1

水の濃度は「0％」だよ。

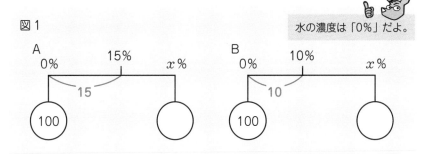

　図 1 では、いずれにおいても、ウデの長さの比、おもりの比がわかりません。ここから先は、「解法 1」同様に、砂糖水の量を $2y$，y とおいて、てんびん図から式を立てる方法もありますが、図の求める部分に選択肢を代入できれば、そのほうが簡単なことが多いので、ここでは、その解法をご紹介します。

　本問では、求めるのは x ですから、ここに選択肢を代入し、AとBの右のおもりの比が 2：1 になれば成立です。

　たとえば、肢 1 の 20％を代入すると、図 2 のように、Aのウデの長さの比は 15：5 ＝ 3：1 ですから、おもりの比は 1：3 で、右のおもりは 300 になります。同様に、Bは 10：10 ＝ 1：1 より、右のおもりも 100 となり、A：B ＝ 2：1 になりません。

図2

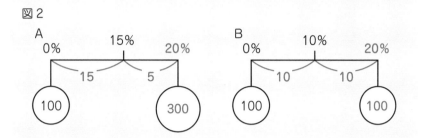

　では、その他の選択肢を代入してみますが、肢2の「24％」はちょっと計算が面倒になりそうですね。そして、このような数字から、Ａ：Ｂが「2：1」というきれいな数字になるとも思えません。

　そう考えると、代入したときの計算が楽なのは、肢3，肢5くらいですが、肢5のほうが楽そうですから、これを代入してみましょう。図3のように、Ａのおもりの比は1：1で、右も100、Ｂのおもりの比は2：1で、右は50になり、Ａ：Ｂ＝2：1になります。

選択肢の代入は楽なものから！ これは、どの分野でも通じる鉄則！
特に、濃度の問題は、きれいな数字が答えになっていることが多いからね。

図3

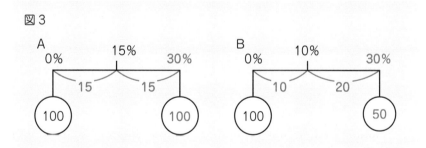

正解　5

144

ビーカーに入った濃度10%の食塩水200gに対して、次のA～Dの順番で操作を行ったところ、濃度4.5%の食塩水200gができた。

A　ある重さの食塩水をビーカーから捨てる。
B　Aで捨てた食塩水と同じ重さの純水をビーカーに加え、よくかき混ぜる。
C　Aで捨てた食塩水の5倍の重さの食塩水をビーカーから捨てる。
D　Cで捨てた食塩水と同じ重さの純水をビーカーに加え、よくかき混ぜる。

以上から判断して、Aで捨てた食塩水の重さとして、正しいのはどれか。

1. 12g　　2. 14g　　3. 16g　　4. 18g　　5. 20g

本問はちょっと難しいんだけど、これは定番問題！　特に東京都で何度も出題されているよ。でも、過去の問題はほとんどが選択肢代入法で解けるので、まずその方法で解いてみて！

解法1

本問は、先にてんびん算で解きます。

まず、Aで捨てた食塩水の量をxgとします。そうすると、残りは$200 - x$（g）ですから、Bの操作で、これに純水xgを混ぜ合わせ、できた食塩水の濃度はy％として、図1のようなてんびん図が描けます。

Bの操作で、ビーカーの食塩水の量は200gに戻っていますので、Cでは、そこから$5x$gを捨て、残りは$200 - 5x$（g）ですから、Dの操作で、これに純水$5x$gを混ぜ合わせ、濃度が4.5％になったところで、図2のようなてんびん図が描けます。

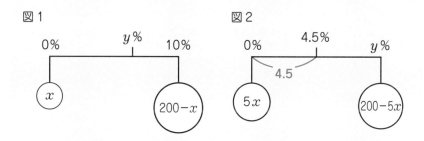

図1

0%　　　y％　　10%

x　　　$200-x$

図2

0%　　　4.5%　　　y％

4.5

$5x$　　　$200-5x$

しかし、本問もここから先は、てんびん図に記入できるところがありませんので、PLAY3「解法2」と同様に、求めるところ（x）に選択肢を代入してみ

ましょう。本問の選択肢で計算が楽そうなのは、圧倒的に肢5ですね。これから入れてみます。

まず、図1の x に20を代入すると、右のおもり（200 − x）は180となり、おもりの比は20：180 ＝ 1：9ですから、図3のように、ウデの長さを9：1に分けて、y は9％となります。

これを、図2の y に代入し、$5x$ に 5 × 20 ＝ 100を代入すると、右のおもりも 200 − 100 ＝ 100 となり、おもりの比は1：1ですね。そうすると、図4のように、ウデの長さを1：1に分けて、ちょうど4.5％でつり合うことがわかり、成立します。

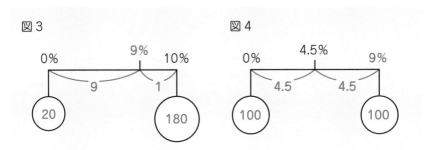

図3   図4

よって、正解は肢5です。

解法 2

一応、方程式による解法も紹介しておきますので、興味があれば読んでください。

「解法1」と同様に、Aで捨てた食塩水の量を x g、Bでできた食塩水の濃度を y ％とし、同様に、BとDの混ぜ合わせの関係で方程式を立てます。

まず、Bの操作ですが、Aの残りの食塩水の濃度は10％、量は 200 − x（g）で、これに純水を混ぜてできた食塩水の濃度は y ％、量は200gです。純水を混ぜても食塩の量は変化しませんので、食塩の量について、次のような方程式が立ちます。

$$\frac{10}{100}(200 - x) = \frac{y}{100} \times 200 \quad \cdots ①$$

また、Dの操作についても同様に、次のような方程式が立ちます。

$$\frac{y}{100}(200 - 5x) = \frac{4.5}{100} \times 200 \quad \cdots ②$$

これを解いて、次のようになります。

①の両辺に 100 をかけて、$10(200 - x) = 200y$
両辺を 10 で割って、$\quad 200 - x = 20y$
$\qquad\qquad\qquad \therefore x = 200 - 20y \quad \cdots ①'$

②の両辺に 100 をかけて、$y(200 - 5x) = 4.5 \times 200$
$\qquad\qquad\qquad 200y - 5xy = 900$
両辺を 5 で割って、$\quad 40y - xy = 180$
①' を代入して、$\quad 40y - y(200 - 20y) = 180$
$\qquad\qquad\qquad 40y - 200y + 20y^2 = 180$
両辺を 20 で割って、$\quad y^2 - 8y - 9 = 0$
左辺を因数分解して、$\quad (y - 9)(y + 1) = 0$
$\qquad\qquad\qquad \therefore y = 9, \; y = -1$

因数分解の公式は、
次ページ参照

$y > 0$ より、$y = 9$ を①' に代入して、$x = 200 - 20 \times 9 = 20$

よって、Aで捨てた食塩水は 20 g で、正解は肢 5 です。

正解 5

展開と因数分解の公式

$$(x+a)(x+b)=x^2+(a+b)x+ab$$
$$(x\pm y)^2=x^2\pm 2xy+y^2$$
$$(x+y)(x-y)=x^2-y^2$$
$$(ax+b)(cx+d)=acx^2+(ad+bc)x+bd$$

練習問題

◆次の式を展開してください。

① $(x+7)(x-4)$　② $(x-6)^2$
③ $(x+9)(x-9)$　④ $(2x-5)(3x-8)$

◆次の式を因数分解してください。

⑤ $x^2+10x+9$　⑥ $x^2+14x+49$
⑦ x^2-121　⑧ $10x^2+3x-4$

【解答】

① $x^2+3x-28$　② $x^2-12x+36$
③ x^2-81　④ $6x^2-31x+40$
⑤ $(x+1)(x+9)$　⑥ $(x+7)^2$
⑦ $(x+11)(x-11)$　⑧ $(2x-1)(5x+4)$

#19 速さ①
基本公式から方程式を立てる!

「速さ，時間，距離」の問題で、まずは、基本公式から方程式を立てる問題から始めます。このような問題の頻出度はあまり高くはありませんが、基本公式は速さの問題の軸ですから、しっかり確認してください。

基本事項

速さの基本公式

たとえば、「時速80km」というのは、1時間で80km進むスピードということですから、1時間で80km、2時間で160km、3時間で240km進みます。

すなわち、速さと時間をかけたら、進んだ距離になるわけですね。これより基本公式「速さ×時間＝距離」が得られ、これを変形して、次のような公式になります。

$$距離 = 速さ \times 時間 \qquad 速さ = \frac{距離}{時間} \qquad 時間 = \frac{距離}{速さ}$$

PLAY1 基本公式から方程式を立てる問題 地方上級 2010

毎時60kmで走ると、1Lのガソリンで12km走り、毎時100kmで走ると、1Lのガソリンで10km走る自動車がある。いま、この自動車で、A地点からB地点へ向かうのに、途中まで毎時60kmで走り、そこから毎時100kmで走ったところ、全部で5時間かかり、30Lのガソリンを使用した。このとき、AB間の距離はいくらか。

1. 340km　　2. 350km　　3. 360km　　4. 370km　　5. 380km

中学校の教科書によくあるパターン。方程式を立ててみて!

ＡＢ間を、毎時 60 km で走った距離と毎時 100 km で走った距離に分けて、それぞれの距離を x km，y km とします。線分図に表すと次のようになりますね。

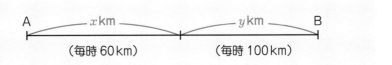

A ——— x km ——— （毎時 60 km）——— y km ——— B

　それぞれの区間について、距離 ÷ 速さより、時間を表すことができます。かかった時間は全部で 5 時間ですから、次のような方程式が立ちます。

$$\frac{x}{60} + \frac{y}{100} = 5 \quad \cdots ①$$

> 方程式を立てるときは、単位が揃っているか確認しよう！
> 本問は、「時間」「km」で揃っているね。

　また、使用するガソリンについては、毎時 60 km のとき、1 L で 12 km 走るわけですから、x km 走るときは $\frac{x}{12}$ L を使用し、同様に、毎時 100 km のときは、$\frac{y}{10}$ L を使用します。ガソリンの使用量は全部で 30 L なので、次のような方程式が立ちますね。

$$\frac{x}{12} + \frac{y}{10} = 30 \quad \cdots ②$$

　①，②を解いて、x, y を求めます。

　　①の両辺に 300 をかけて、$5x + 3y = 1500$　$\cdots①'$
　　②の両辺に 60 をかけて、　$5x + 6y = 1800$　$\cdots②'$

　　②′ー①′より、　　$5x + 6y = 1800$
　　　　　　　　　　ー）$5x + 3y = 1500$
　　　　　　　　　　　　　$3y = 300$　　∴ $y = 100$

　　$y = 100$ を①′に代入して、　$5x + 300 = 1500$
　　　　　　　　　　　　　　　　　$5x = 1200$　　∴ $x = 240$

　これより、ＡＢ間の距離は 240 + 100 = 340（km）とわかり、正解は肢 1 です。

正解 1

PLAY 2 基本公式から方程式を立てる問題　　

　A，Bの2人が自転車でそれぞれ一定の速さで進んでおり、Bの速さのほうがAの速さより1m/sだけ速い。いま、Aが全長90mのトンネルに進入し、その4秒後にBもトンネルに入った。さらに、Aがトンネルを抜け出た3秒後にBもトンネルを抜け出たとすると、Aの速さはいくらか。

1. 5m/s　　　2. 6m/s　　　3. 7m/s　　　4. 8m/s　　　5. 9m/s

> 今度は2次方程式になるかな。因数分解の公式は大丈夫？

　Aの速さを x m/s とすると、Bの速さはそれより1m/sだけ速いので、$x + 1$（m/s）と表せます。2人がそれぞれ90m進む（トンネルを抜ける）のにかかった時間について見ると、Bは、Aの4秒後に進入して、Aの3秒後に抜け出たので、トンネルを抜けるのにかかった時間はBのほうが1秒短いことがわかります。

　これより、「Aがかかった時間 ＝ Bがかかった時間 ＋ 1秒」について、次のように方程式が立ちます。

$$\frac{90}{x} = \frac{90}{x + 1} + 1$$

単位は、「秒」と「m」で
揃っているね。

　両辺に $x(x + 1)$ をかけて、
$$90(x + 1) = 90x + x(x + 1)$$
$$90x + 90 = 90x + x^2 + x$$
$$x^2 + x - 90 = 0$$
$$(x + 10)(x - 9) = 0$$
$$\therefore x = -10, \ x = 9$$

因数分解の公式は、148
ページ。

　$x > 0$ より、$x = 9$ に決まり、Aの速さは9m/s、Bの速さは10m/sとわかり、正解は肢5です。

正解　5

#20 速さ②
比を使って解く！

速さの基本公式に基づいた、速さ，時間，距離の間の比の関係に着目した問題で、速さの問題では最も頻出度の高いところです。比を使いこなせると、数的推理全体のパワーアップにつながりますよ。

基本事項

速さと比の関係

　速さと時間と距離の間には、大変密接な関係があることは、基本公式でわかりますね。そうすると、ここからさらに、次のようなことがいえます。

ⅰ）速さが等しいとき、時間と距離は比例する

　たとえば、時速80kmという一定の速さで走り続けたとき、2倍の時間走れば2倍の距離を、5倍の時間走れば5倍の距離を、というように、時間と距離は比例の関係にあります。

　したがって、速さが等しい（一定である）とき、かかった時間が、2：3なら、進んだ距離も2：3になり、時間と距離の比は同じになるわけです。

ⅱ）時間が等しいとき、速さと距離は比例する

　たとえば、時速40kmで走るとき、1時間で進む距離は40kmですが、2倍の速さの時速80kmで走ると、同じ1時間で80kmと、2倍の距離を進めます。すなわち、一定の時間で進む距離は、2倍の速さで走れば2倍の距離を、5倍の速さで走れば5倍の距離を、というように、速さと距離は比例の関係にあります。

　したがって、時間が等しいとき、速さが2：3なら、進んだ距離も2：3になり、速さと距離の比は同じになるわけです。

ⅲ）距離が等しいとき、速さと時間は反比例する

　たとえば、160kmの距離を進むとき、時速40kmで走れば4時間かかりますが、2倍の速さの時速80kmで走ると、半分の2時間で済みます。すなわち、一定の距離を進むとき、2倍の速さで走れば半分の時間で、5倍の速さで走れば5分の1の時間で、というように、速さと時間は反比例の関係にあります。

　したがって、距離が等しいとき、速さが2：3なら、かかる時間は3：2になり、速さと時間は逆比になるわけです。

　　AとBは同一地点から 30km 先の目的地に向けて出発することにした。A はBより 15 分早く自転車で出発したが、移動の途中でバイクに乗ったBに追い越され、結局、AはBより目的地に 10 分遅れて到着することとなった。

　　Bのバイクの速さがAの自転車の速さの 1.5 倍であったとするとAの速さは時速何 km か。

　　ただし、2 人とも同じ経路を終始一定の速さで走り続けたものとする。

1.　時速 12km
2.　時速 16km
3.　時速 20km
4.　時速 24km
5.　時速 28km

> まず、方程式による解法と、比を使った解法を比べてみよう！

解法 1

　　Aの速さを時速 x km とすると、Bの速さはその 1.5 倍ですから、時速 $1.5x$ km と表せます。AはBより 15 分早く出発し、10 分遅れて到着したので、25 分長くかかったことになりますから、これより、「Aがかかった時間 ＝ Bがかかった時間 ＋ 25 分」について、次のように方程式が立ちます。

速さの単位が「時速○ km」なので、「時間」と「km」に揃えるよ！
$25 \text{分} = \dfrac{25}{60}$ 時間だね。

$$\frac{30}{x} = \frac{30}{1.5x} + \frac{25}{60}$$

両辺に $60x$ をかけて、$1800 = 1200 + 25x$
$$25x = 600$$
$$\therefore x = 24$$

　　よって、Aの速さは時速 24km となり、正解は肢 4 です。

2人の進んだ距離はともに30kmで、AとBの速さの比は、1：1.5 = 2：3です。距離が等しいとき、速さと時間は反比例しますから、かかる時間の比は、A：B = 3：2となります。

ここで、Aのほうが25分長くかかったということは、「3：2」の3と2の差である「1」に当たるのが25分となりますので、A，Bがかかった時間はそれぞれ次のようになります。

Aのかかった時間 ⇒ 25分 × 3 = 75分 = 1時間15分
Bのかかった時間 ⇒ 25分 × 2 = 50分

これより、距離 ÷ 時間から、Aの速さを求めます。

$$30\,(km) \div 1\frac{15}{60}\,(時間) = 30 \div \frac{5}{4} = 30 \times \frac{4}{5} = 24\,(km/時)$$

正解 4

でも、速さの問題は、
比を使いこなせるように
なったほうがいいよ。
ぜったい！

比って、何か苦手…。
私は、方程式のほうが
好きなんだけどな…。

A〜Cの3人が、X町からY町へ同じ道を通って行くことになった。まずA
が徒歩で出発し、次に30分遅れてBがランニングで出発し、最後にCがBよ
り1時間遅れて自転車で出発した。その結果、Cが、出発後30分でAを追い
越し、さらにその30分後にBを追い越したとき、AとCの距離が6kmであっ
たとすると、Bの速さはどれか。ただし、3人の進む速さは、それぞれ一定と
する。

1. 時速7km
2. 時速8km
3. 時速9km
4. 時速10km
5. 時速11km

> 本問は定番問題で、特に特別区では何度も出題されている。比を
> 使う練習にはもってこいの問題！

　まず、CがAを追い越した場面について考えます。CはAより1時間30分
遅れて出発し、その30分後にAを追い越していますので、Aが出発してから
2時間かけて歩いた距離を、Cは30分で進んだことになります。すなわち、
同じ距離にかかる時間の比が、A：C＝2時間：30分＝4：1なので、Aと
Cの速さの比は、その逆比で、次のようになります。

　　　　　Aの速さ：Cの速さ　＝　1：4　…①

　同様に、CがBを追い越した場面について考えると、Bが2時間かけて走っ
た距離を、Cは1時間で進んだので、同じ距離にかかる時間の比は、B：C＝
2：1から、速さの比は次のようになります。

　　　　　Bの速さ：Cの速さ　＝　1：2　…②

　①，②の共通する「Cの速さ」は、①では「4」、②では「2」ですから、最
小公倍数の4に揃えて、次のように合成（#13 基本事項②）しておきます。

　　　　　Aの速さ：Bの速さ：Cの速さ　＝　1：2：4　…③

ここで、図のように、CがAを追い越した地点をP、Bに追いついた地点を
Qとし、CがQ地点に来たときのAの位置をRとします。

　CはP地点でAを追い越し、それから30分間でQ地点まで進んだわけで
すが、その同じ30分間で、AはR地点まで進んでいます。そうすると、2人
が同じ時間で進んだPQ間とPR間の距離の比は、2人の速さの比と同じで、
4：1とわかります。

　すなわち、PR間とRQ間の比は、1：（4－1）
＝1：3となり、条件よりRQ＝6kmなので、
PR＝2kmですから、Aは30分で2km歩い
たことになります。

Cは、30分で2＋6＝8
（km）進んでいるので、こ
こからCの速さも求められ
るね。

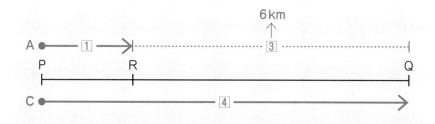

　これより、Aは1時間では4km歩くことになり、時速4kmとわかり、
AとBの速さの比は、③より1：2ですから、Bの速さはAの2倍の時速
8kmで、正解は肢2です。

正解　2

　A〜Cの3人が、スタートから20km走ったところで折り返し、同じ道を戻ってゴールする40kmのロードレースを行った。今、レースの経過について、次のア〜ウのことが分かっているとき、CがゴールしてからBがゴールするまでに要した時間はどれか。ただし、A〜Cの3人は同時にスタートし、ゴールまでそれぞれ一定の速さで走ったものとする。

　　ア．Aは、16km走ったところでCとすれ違った。
　　イ．Bが8km走る間に、Cは24km走った。
　　ウ．AとBは、スタートから3時間20分後にすれ違った。

1．5時間20分
2．5時間40分
3．6時間
4．6時間20分
5．6時間40分

　　比の使い方、少し慣れてきたかな？　

　条件アより、Aは16km走ったところ、すなわち、折り返し点の4km手前でCとすれ違っています。3人は同時にスタートしていますから、図1でわかるように、同じ時間でCは、20 ＋ 4 ＝ 24（km）を走ったことがわかります。

図1

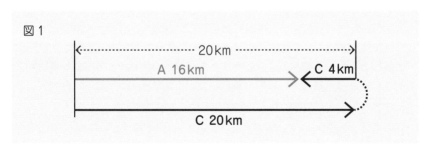

　これより、AとCの速さの比は、同じ時間で進む距離の比より、16：24 ＝ 2：3とわかります。
　さらに、条件イより、BとCの速さの比は、8：24 ＝ 1：3となり、3人の速さの比は、A：B：C ＝ 2：1：3となります。
　そうすると、AとBについて、速さの比は2：1ですから、スタートしてすれ違うまでに2人が走った距離の比も2：1となり、図2でわかるように、2

人合わせて 40km 走ったところですれ違うことになります。

図2

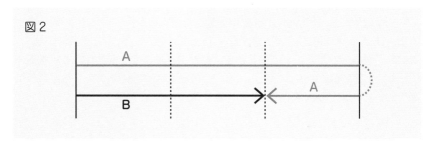

よって、条件ウより、Bは 40km の $\frac{1}{3}$ を走るのに 3 時間 20 分かかったことになり、全行程にかかった時間は、3 時間 20 分 × 3 = 10 時間とわかります。

また、Cは、Bの 3 倍の速さで走りますので、かかった時間は、Bの $\frac{1}{3}$ の 3 時間 20 分となり、2 人の時間の差は、10 時間 − 3 時間 20 分 = 6 時間 40 分とわかります。

よって、正解は肢 5 です。

正解 5

PLAY 4 比を使って解くパターン

X区役所とY区役所を結ぶ道路がある。この道路を、Aは徒歩でX区役所からY区役所へ向かい、BはAの出発の 10 分後に自転車でY区役所を出発してX区役所へと向かった。2 人が出会った時点から、Aは 25 分後にY区役所に到着し、Bは 8 分後にX区役所へ到着した。2 人が出会ったのは、AがX区役所を出発した時点から何分後か。ただし、2 人の速度は常に一定とする。

1. 15 分後
2. 20 分後
3. 25 分後
4. 30 分後
5. 35 分後

本問は、超定番問題！ 同じタイプがいろんな試験で何度も出題されているので、解法を覚えてしまおう！

本問は、過去に何度も出題されている定番問題ですので、問題と解法パターンを覚えてください。

＃8 PLAY5も同じパターンだよ！

　問題のパターンは、2人が両端からスタートし、すれ違ったあと、さらに目的地まで到達するというものです。すれ違うまでと、そのあとの2段階に分けて考えますが、比を使って解くのが最も早いでしょう。

　まず、2人が出会った地点をPとして、ＸＹ間を次のように図に表します。ＡがＸＰ間にかかった時間を t 分とすると、Ｂは10分遅れて出発していますので、Ａより10分少ない時間でＹＰ間を進んだことになり、$t - 10$（分）と表せます。

　さらに、Ａは残りのＰＹ間に25分、ＢはＰＸ間に8分かかっているので、2人がそれぞれの区間にかかった時間を記入して、次のようになります。

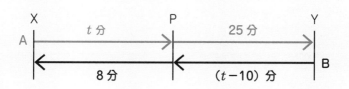

　Ａ，Ｂはそれぞれ一定の速度で進みますから、距離は時間に比例します。すなわち、ＸＰ間の距離とＹＰ間の距離の比は、Ａがかかった時間より $t : 25$ と表せ、また、Ｂがかかった時間より、$8 : (t - 10)$ と表すこともでき、ここで次のような方程式が立ちます。

$$t : 25 = 8 : (t - 10)$$

外項の積＝内項の積より、
$$t(t - 10) = 25 \times 8$$
$$t^2 - 10t - 200 = 0$$
$$(t + 10)(t - 20) = 0$$
$$\therefore t = -10, \ t = 20$$

　$t > 0$ より、$t = 20$ となり、Ａが出発してからＢと出会うのにかかった時間は20分で、正解は肢2です。

正解 ▶ 2

Challenge 比を使って解くパターン

　上司Aと部下B，Cが会議で研究成果を発表するため，職場から会場まで移動することになった。A，Bは会議の冒頭から出席できるよう，時速30kmで移動する乗用車で出発し，Cは自分たちの発表時間に間に合うよう，発表用の資料と大型模型を載せた時速15kmで移動するトラックでA，Bと同時に出発した。途中，Cが運んでいる資料の内容を確認する必要が生じたため，AはBを降ろしてから乗用車で引き返し，Cから資料を受け取った後，再度，乗用車で会場へ向かった。また，Bは乗用車を降りると同時に，会議の開始時間に間に合うよう，時速10kmで会場へ走って向かった。A，Bが，職場を出発してから30分後に同時に会場に到着したことが分かっているとき，職場から会場までの道のりはいくらか。

　ただし，A，B，Cは同じ経路をそれぞれ移動手段ごとに一定の速さで移動することとし，Bを乗用車から降ろすのにかかる時間及びAがCから資料を受け取るのにかかる時間は無視できるものとする。

1．5km 　　2．10km 　　3．15km 　　4．20km 　　5．25km

もう１問、比の問題ね！ いい問題だからチャレンジしてみて！

　Aが引き返した地点をP、Cから資料を受け取った地点をQとします。

　まず、AとCが同時に出発して再び出会うまでの同じ時間について見ると、両者の速さの比は、30：15＝2：1ですから、移動した距離の比も2：1になります。

　すなわち、AはCの2倍の距離を移動していますが、図1のように、その差はPQ間の往復の分ですから、Cが移動した距離とPQ間の往復が同じ距離とわかり、<u>PQ間の距離を①とすると、職場からQまでの距離は②と表せます。</u>

②は①の2倍という意味ね！

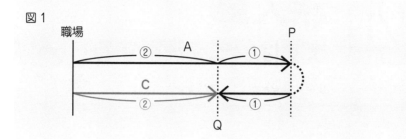

図1

次に、AがBを降ろしてから同時に会場に到着するまでの同じ時間について見ると、両者の速さの比は 30：10 ＝ 3：1 ですから、移動した距離の比も 3：1 になります。

すなわち、AはBの3倍の距離を移動していますが、図2のように、その差もPQ間の往復の分（＝②）ですから、Bが走った距離は①とわかります。

> 3：1で、差が②だから、③と①ってことだよ。

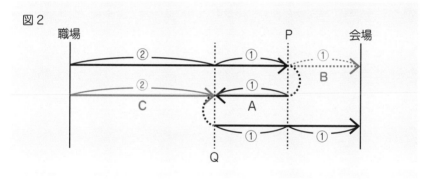

図2

これより、Aが移動した距離は、図2より、② ＋ ① ＋ ① ＋ ① ＋ ① ＝ ⑥で、ここに 30 分を要したわけですが、職場から会場までの距離は、② ＋ ① ＋ ① ＝ ④ですから、途中で引き返すことなく移動すれば、$30 \times \frac{4}{6} = 20$（分）（＝ $\frac{1}{3}$ 時間）で到着したことになります。

よって、職場から会場までの距離は、時速 30 km × $\frac{1}{3}$ 時間 ＝ 10 km となり、正解は肢2です。

正解 ▶ 2

#21 旅人算
まずは公式を理解する！

頻出度 ★★☆☆☆ ｜ 重要度 ★★★★☆ ｜ コスパ ★★★☆☆

「旅人算」という問題で、「出会い算」と「追いかけ算」があります。公式を使って解く場合もありますが、同時に出発して出会うまでという「同じ時間」のことなので、比を使ったほうが早い場合もあります。いずれにしろ、公式は大事ですから理解してください。

基本事項

①旅人算：出会い算の公式

　たとえば、図のような 500 m 離れた 2 地点間を、A が毎分 60 m、B が毎分 40 m で、それぞれ両端から相手の方向へ同時に出発すると、1 分間で、A は 60 m、B は 40 m 進みますので、2 人合わせて 60 ＋ 40 ＝ 100（m）進むことになり、500 m の距離を進むには、500 ÷ 100 ＝ 5（分）かかります。すなわち、5 分後に 2 人は出会うことになります。

$$A \rightarrow \qquad \leftarrow B$$
$$\underbrace{}_{500m}$$

　これより、次のような公式が成り立ちます。

$$出会うのにかかる時間 = \frac{2人の間の距離}{2人の速さの和}$$

 時間 ＝ 距離／速さ のかたちだね。

②旅人算：追いかけ算の公式

　同様に、500 m 離れた 2 地点間から、2 人が次の図のように同じ方向へ同時に出発した場合、1 分間で、A は 60 m だけ B のほうへ近づきますが、B は 40 m 離れていきますので、その差である 60 － 40 ＝ 20（m）だけ、2 人の間の距離は縮まります。

　そうやって 1 分間で 20 m ずつ差を縮めて行くと、500 ÷ 20 ＝ 25（分）で、A は B に追いつくことになりますね。

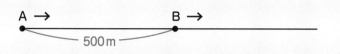

これより、次の公式が成り立ちます。

$$追いつくのにかかる時間 = \frac{2人の間の距離}{2人の速さの差}$$

③旅人算：速さの「差：和」の関係

出会い算と追いかけ算の公式から、「2人の間の距離」
については次のように表せます。

距離＝時間 × 速さ
のかたちだね。

2人の間の距離 ＝ 出会うのにかかる時間 × 2人の速さの和
2人の間の距離 ＝ 追いつくのにかかる時間 × 2人の速さの差

ここで、「2人の間の距離」が等しい場合、次の関係が成り立ちます。

出会うのにかかる時間 × 2人の速さの和
　＝ 追いつくのにかかる時間 × 2人の速さの差

さらに、これを変形すると、次のような関係がわかります。

出会うのにかかる時間：追いつくのにかかる時間
　＝2人の速さの差：2人の速さの和

$ax = by$ の と き、
$a:b = y:x$（#13
基本事項①）に、上
の式を当てはめると
わかるでしょ!?

前述の例で確認すると、AとBが出会うのに5分、
AがBに追いつくのに25分で、その比は5：25 ＝
1：5ですから、2人の速さの差：和＝（60 − 40）：（60 ＋ 40）＝ 1：5と
一致しますね。

PLAY 1 旅人算の問題

あるベルトコンベアーの上を荷物が流れている。今、A，Bの2人がベルトコンベアーの横を荷物の流れとは逆方向に歩いている。ある荷物とBがすれ違い、その2分後にAが先ほどBとすれ違った荷物とすれ違い、さらにその4分後にAがBに追いついた。Aの速さが分速40m、Bの速さが分速25mであるとき、ベルトコンベアーの速さとして正しいのはどれか。ただし、A，B，ベルトコンベアーとも常に一定の速さで移動している。

1. 5m/分
2. 10m/分
3. 15m/分
4. 20m/分
5. 25m/分

Aと荷物の出会い算、AとBの追いかけ算だね。

　ある荷物とBがすれ違った時点での、Aと荷物の間の距離（＝AとBの間の距離）は、そこから 2 ＋ 4 ＝ 6（分後）にAがBに追いついたことから、追いかけ算の公式より、次のようにわかります。

$$6(40 - 25) = 90 \text{ (m)}$$

　Aと荷物は、そこから2分後に出会うので、荷物の速さ（＝ベルトコンベアーの速さ）を分速 v m とすると、出会い算の公式より、次のような方程式が立ちます。

$$2(40 + v) = 90$$
$$40 + v = 45 \quad \therefore v = 5$$

　よって、ベルトコンベアーの速さは分速5mとなり、正解は肢1です。

 正解 1

1 周 75 m の円形の道路を、ある同じ地点から A は分速 45 m の速さで時計回りに、B は分速 30 m の速さで反時計回りに同時に歩き出した。A と B が出会ったとき、そこから A は同じく時計回りに、B は向きを変えて時計回りに、それぞれ今までと同じ速さで歩き続ける。

次に A が B に追いついたとき、A はそのまま時計回りに、B は向きを変えて反時計回りにやはり同じ速さで歩き続ける。このことを繰り返していくとき、A と B が最初に出発した地点で次に出会うのは、出発してから何分後か。

1. 24 分後　　2. 25 分後　　3. 27 分後　　4. 30 分後　　5. 36 分後

円形の道路だけど、まっすぐな道と同じように公式が使えるからね。

A と B が反対方向へ歩いて出会うまでの時間は、<u>出会い算の公式</u>より、75 ÷（45 ＋ 30）＝ 1（分）となりますので、スタート地点を図 1 の S 地点とすると、そこから時計回りに <u>45 m</u> の①地点で 2 人は出会うことになります。

下の図 1 を、S 地点で切ってまっすぐに伸ばすと、A と B の出会い算になるのがわかるね。

A は 1 分間で 45 m 歩くからね。

図 1

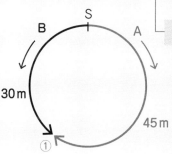

このあと、①地点から 2 人は同じ時計回りに歩きますから、先を歩く A が、次に B に追いつくのは 1 周差をつけたときなので、追いかけ算の公式より、75 ÷（45 － 30）＝ 5（分）後とわかります。A が 5 分間で歩く距離は、45 × 5 ＝ 225（m）ですから、225 ÷ 75 ＝ 3 より、①地点から<u>ちょうど 3 周</u>したところで追いついたことに

A と B の速さの比は、45：30 ＝ 3：2 だから、A が 3 周、B が 2 周したところだね。

なりますね。

そうすると、スタートから合計6分後、①地点から2人は再び反対方向に歩き始め、1分後に、時計回りにさらに45m先の図2の②地点で出会い、そこから同じ方向に歩いて5分後にまた反対方向に歩くことを繰り返します。

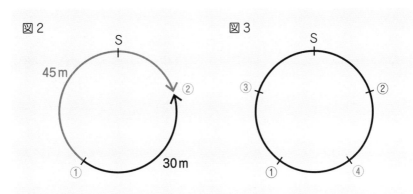

図2

図3

45m

30m

②地点は、S地点から15mの地点なので、図3のように、1周75mを15m間隔で5等分すると、AとBの行動は次のようになります。

スタート	S地点から反対方向へ歩く
1分後	①で出会い、同方向へ歩く
6分後	①で追いつき、反対方向へ歩く
7分後	②で出会い、同方向へ歩く
12分後	②で追いつき、反対方向へ歩く
13分後	③で出会い、同方向へ歩く
18分後	③で追いつき、反対方向へ歩く
19分後	④で出会い、同方向へ歩く
24分後	④で追いつき、反対方向へ歩く
25分後	S地点で出会う

よって、次に出発地点で出会うのは25分後となり、正解は肢2です。

正解 2

PLAY 3 旅人算の問題

　線路沿いの道を一定の速度で歩いている人が、前方から来る電車に 10 分毎に出会い、後方から来る電車に 15 分毎に追い越された。いずれの向きの電車も、それぞれ電車の長さは等しく、速度及び運転の間隔は等しく一定であるとき、電車の運転の間隔として、正しいのはどれか。

1. 12 分
2. 12 分 15 秒
3. 12 分 30 秒
4. 12 分 45 秒
5. 13 分

> 「速さの差：和」の関係を利用すると早いよ。「解法 2」で確認してね！

解法1

　電車の速さを分速 a、歩いている人の速さを分速 b とします。また、電車の運転間隔が等しいということですから、一定の距離を隔てて運転されており、この間隔を L とします。

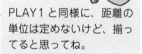

PLAY1 と同様に、距離の単位は定めないけど、揃ってると思ってね。

　まず、この人が、前方から来る電車に 10 分毎に出会うことについて考えます。
　図 1 のように、この人が今、前方から来る電車Ⅰの先頭と出会ったとします。そうすると、このあと 10 分後に、L だけ前方にいる電車Ⅱの先頭と出会うことになりますね。

図 1

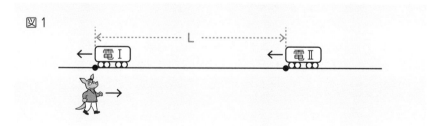

　これより、この場面は、「この人と電車Ⅱの出会い算」として考えることができ、両者の間の距離は L、出会うまでの時間は 10 分で、公式より次の式が成り立ちます。

$$L = 10\,(a + b) \quad \cdots (\text{i})$$

次に、15分ごとに追い越されたことについて考えます。

図2のように、この人が今、後方から来る電車Ⅲの先頭に追い越されたとして、その15分後に、Lだけ後方にいる電車Ⅳの先頭に追い越されることになります。

図2

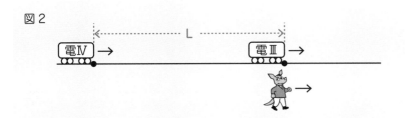

これより、この場面は「この人と電車Ⅳの追いかけ算」で、両者の距離はL、追いつくまでの時間は15分として、次の式が成り立ちます。

$$L = 15\,(a - b) \quad \cdots (\text{ii})$$

（ⅰ），（ⅱ）の左辺は同じですから、右辺も等しくなり、次のようになります。

$$10\,(a + b) = 15\,(a - b)$$
$$10a + 10b = 15a - 15b$$
$$5a = 25b$$
$$a = 5b \quad \therefore \quad a : b = 5 : 1$$

これより、電車とこの人の速さの比が5：1とわかりましたので、この人と電車Ⅱの出会い算で、図3のように、この人が10分間で歩く距離を①とすると、電車が10分間で走る距離は⑤となり、電車の間隔（L）は⑥と表せます。

図3

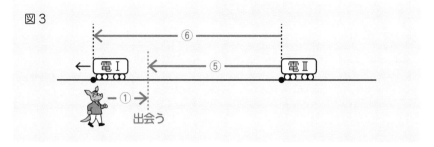

　電車は⑤の距離に 10 分かかるので、⑥の距離には 12 分かかることになり、これが電車の運転の間隔とわかりますね。

　よって、正解は肢 1 です。

解法 2

　本問は、「解法 1」からわかるように、同じ距離（電車の間隔）を隔てた 2 者の出会い算と追いかけ算ですから、「速さの差：速さの和」の関係（基本事項③）が成り立ちます。

　かかった時間の比は、10 分：15 分＝ 2：3 ですから、次のようになります。

$$(a - b) : (a + b) = 2 : 3$$

　外項の積 ＝ 内項の積より、　$3(a - b) = 2(a + b)$
$$3a - 3b = 2a + 2b$$
$$a = 5b \quad \therefore a : b = 5 : 1$$

　ここから先は、「解法 1」と同じです。

 正解 1

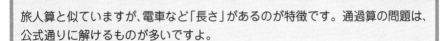

#22 通過算
まずは公式を理解する！

頻出度 ★★★☆☆ | 重要度 ★★★☆☆ | コスパ ★★★★☆

旅人算と似ていますが、電車など「長さ」があるのが特徴です。通過算の問題は、公式通りに解けるものが多いですよ。

基本事項

①通過算：列車どうしがすれ違う場合の公式

図のように、反対方向から来た列車AとBが、互いの先頭が同じ地点に差しかかったとき（図の上の状態）から、互いの最後尾が離れるとき（図の下の状態）までに、AとBの進んだ距離を考えます。

これが「すれ違う」ということ！

それぞれの列車の先頭の移動距離を見ると、図の色の付いた矢印の長さだけ進んだことがわかり、それぞれの進んだ距離の和は、両方の列車の長さの和に当たることがわかります。

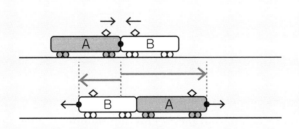

これより、AとBがすれ違うのにかかる時間を t とすると、次の関係が成り立ちます。

両者の長さの和＝Ａが進んだ距離＋Ｂが進んだ距離

$\quad\quad\quad\quad\quad$＝Ａの速さ×$t$＋Ｂの速さ×$t$

$\quad\quad\quad\quad\quad$＝$t$×（Ａの速さ＋Ｂの速さ）

$$\Downarrow$$

両者の長さの和＝すれ違うのにかかる時間×両者の速さの和

すれ違うのにかかる時間＝$\dfrac{両者の長さの和}{両者の速さの和}$

②通過算：列車が列車を追い越す場合の公式

　図のように、列車Ａの先頭が、<u>同方向に進む列車</u><u>Ｂの最後尾に追いついたとき（図の上の状態）から、</u><u>Ａの最後尾がＢの先頭と離れるとき（図の下の状態）</u><u>まで</u>に、ＡとＢの進んだ距離は、やはり矢印の長さになり、ＡとＢの進んだ距離の差は、両方の列車の長さの和になります。

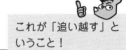

これが「追い越す」ということ！

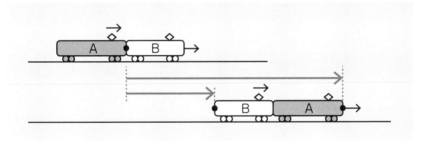

　これより、ＡがＢを追い越すのにかかる時間をtとすると、次の関係が成り立ちます。

両者の長さの和＝Ａが進んだ距離－Ｂが進んだ距離

$\quad\quad\quad\quad\quad$＝Ａの速さ×$t$－Ｂの速さ×$t$

$\quad\quad\quad\quad\quad$＝$t$×（Ａの速さ－Ｂの速さ）

$$\Downarrow$$

両者の長さの和＝追い越すのにかかる時間×両者の速さの差

追い越すのにかかる時間＝$\dfrac{両者の長さの和}{両者の速さの差}$

③通過算：速さの「差：和」の関係

旅人算同様に、両者の長さの和が等しい場合、次の関係が成り立ちます。

すれ違うのにかかる時間：追い越すのにかかる時間
＝両者の速さの差：両者の速さの和

PLAY1 通過算の問題

　ある車両数で編成され、一定の速さで走っている電車Aの前面が、それと同一方向に時速 42 km で走っている 13 両編成の電車Bの最後尾に追い付いてから、電車Aの最後尾が電車Bの前面を完全に追い越すまでに 60 秒を要した。また、この電車Aが、それとは逆の方向から時速 54 km で走って来た 9 両編成の列車Cとすれ違うとき、それぞれの車両の前面が出会ってから最後尾が完全にすれ違うまでに 12 秒を要した。この電車Aの車両数として、妥当なものはどれか。ただし、いずれの車両も 1 両の長さは 20 m とし、車両の連結部分の長さは考えないものとする。

1. 11 両　　　2. 12 両　　　3. 13 両　　　4. 14 両　　　5. 15 両

本問は、まず、単位を揃えよう！ 通過算はこの作業が必要なことがよくあるよ。

　速さは「時速」で、時間は「秒」で与えられていますので、単位を揃えます。一般的には、速さの単位に揃えるのが楽なのですが、本問の場合、「60 秒」や「12 秒」を「時間」に直すと、大変細かい数字になるので、速さを「秒速」に直します。すなわち、「1 時間当たり」を「1 秒当たり」に直すのですから、1 時間 ＝ 60 × 60（秒）

$60 秒 = \dfrac{1}{60}$ 時間

$12 秒 = \dfrac{1}{300}$ 時間

で割るわけですが、そうすると「km」のままでは、やはり細かい数字になりますので、1000 倍して「m」に直すと、電車BとCの速さはそれぞれ次のようになります。

B　時速 42km = 秒速 $\dfrac{42000}{60 \times 60}$ (m) = 秒速 $\dfrac{35}{3}$ m

C　時速 54km = 秒速 $\dfrac{54000}{60 \times 60}$ (m) = 秒速 15m

　次に、電車の長さを考えます。求める電車Aの車両数を x とすると、各電車の長さは次のように表せますね。

A　$20x$m　　B　$20 \times 13 = 260$ (m)　　C　$20 \times 9 = 180$ (m)

　ここで、電車Aの速さを秒速 a m とすると、通過算の公式より、電車Aが電車Bを追い越す場合について次の①のように、電車Aと電車Cがすれ違う場合について②のように、それぞれ方程式が立ちます。

$$20x + 260 = 60\left(a - \dfrac{35}{3}\right) \quad \cdots ①$$
$$20x + 180 = 12(a + 15) \quad \cdots ②$$

　①より、$20x + 260 = 60a - 700$
　　　　　$20x - 60a = -960$
　　　　　$x - 3a = -48 \quad \cdots ①'$

　②より、$20x + 180 = 12a + 180$
　　　　　$20x - 12a = 0$
　　　　　$5x - 3a = 0 \quad \cdots ②'$

　①' − ②' より、　　$x - 3a = -48$
　　　　　　　$\underline{-)\ 5x - 3a = \quad\ 0}$
　　　　　　　　$-4x \qquad\ = -48$　　$\therefore x = 12$

$x = 12$ を②' に代入して、$60 - 3a = 0$　　$\therefore a = 20$

　よって、電車Aの車両数は 12 両とわかり、正解は肢 2 です。

|||正解▶ 2

　直線の道路を走行中の長さ18mのトラックを、トラックと同一方向に走行中の長さ2mのオートバイと長さ5mの自動車が、追い付いてから完全に追い抜くまでに、それぞれ$\dfrac{8}{3}$秒と$\dfrac{46}{5}$秒かかった。オートバイの速さが自動車の速さの1.4倍であるとき、オートバイの時速として、正しいのはどれか。ただし、トラック，オートバイ，自動車のそれぞれの速さは走行中に変化しないものとする。

1. 45km/時
2. 54km/時
3. 63km/時
4. 72km/時
5. 81km/時

> 本問も、通過算の公式通りに方程式を立てよう！ ちょっと計算が面倒だけど、ガンバって！

　求めるのはオートバイの速さですが、自動車の速さを秒速xmとしましょう。オートバイの速さは秒速$1.4x$mと表せますね。また、トラックの速さもわからないので、これを秒速ymとします。

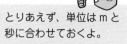
とりあえず、単位はmと秒に合わせておくよ。

　そうすると、オートバイと自動車それぞれがトラックを追い抜く場合について、通過算の公式より、次のように方程式が立ちます。

$$2 + 18 = \frac{8}{3}(1.4x - y) \quad \cdots ①$$
$$5 + 18 = \frac{46}{5}(x - y) \quad \cdots ②$$

①×3より、　　　$20 \times 3 = 8 (1.4x - y)$

両辺を4で割って、　$15 = 2 (1.4x - y)$

左右を入れ替えて、　$2.8x - 2y = 15$　…①′

②×5より、　　　$23 \times 5 = 46 (x - y)$

両辺を23で割って、$5 = 2 (x - y)$

左右を入れ替えて、　$2x - 2y = 5$　…②′

①′ − ②′ より、

$$
\begin{array}{r}
2.8x - 2y = 15 \\
-)\ \ 2x - 2y =\ \ 5 \\
\hline
0.8x\ \ \ \ \ \ \ \ = 10
\end{array}
\qquad \therefore x = 12.5
$$

②′ に $x = 12.5$ を代入して、$25 - 2y = 5$

$$-2y = -20 \quad \therefore y = 10$$

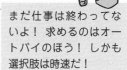

これより、自動車の速さは秒速 12.5 m とわかりましたので、オートバイの速さは 12.5 × 1.4 = 17.5（m/秒）となり、これを時速に直します。1 時間 = 60 × 60（秒）ですから、これをかけて、さらに 1000 で割って「m」から「km」に直すと、次のようになります。

> まだ仕事は終わってないよ！ 求めるのはオートバイのほう！ しかも選択肢は時速だ！

秒速 17.5 m = 時速 17.5 × 60 × 60（m）= 時速 63000 m = 時速 63 km

よって、正解は肢 3 です。

 正解 ③

#23 流水算
上りと下りの速さを理解する!

頻出度 ★★★★☆ | 重要度 ★★★★☆ | コスパ ★★★★☆

速さの問題の仲間ですが、これまでのように、速さ，時間，距離の関係に着目するだけでなく、「上り」と「下り」の速さなど、速さどうしの関係も考えて解くことになります。
今までの問題と比べると、やや特殊ですが、とっつきやすいかもしれません。

基本事項

一定の速さで水が流れる川があり、この川の流れに沿って下る船、または、川の流れに逆らって上る船の速さを考えます。

たとえば、静水上（流れのない水上）で、分速500mで進む船が、分速100mで水が流れる川を下るとき、静水上の速さ（船自体の速さ）に、川の流れの速さ（「流速」といいます）が加わって、実際は分速600mの速さで進むことができます。しかし、逆に上るときは、流速が逆向きに加わり、流速の分だけ押し戻されることになりますので、分速400mの速さでしか進めません。

ここから、次の公式がわかります。

下りの速さ ＝ 静水上の速さ ＋ 流速
上りの速さ ＝ 静水上の速さ － 流速

上の公式で、下りと上りの速さを足し合わせると、「＋流速」と「－流速」が消えて、静水時の速さ×2となりますので、これを2で割る、すなわち、平均を取ると静水上での速さが求められます。また、下りの速さから上りの速さを引くと、流速×2となりますので、これを2で割ると流速が求められます。まとめると、次のようになりますね。

静水上の速さ ＝（下りの速さ ＋ 上りの速さ）÷ 2
流　速　　 ＝（下りの速さ － 上りの速さ）÷ 2

　ある川に沿って、20km 離れた上流と下流の 2 地点間を往復する船がある。今、上流を出発した船が、川を下る途中でエンジンが停止し、そのまま 24 分間川を流された後、再びエンジンが動き出した。この船が川を往復するのに、下りに 1 時間、上りに 1 時間を要したとき、川を流れる速さはどれか。ただし、静水時における船の速さは一定とする。

1. 5km/時
2. 6km/時
3. 7km/時
4. 8km/時
5. 9km/時

　エンジンが止まるって、現実にはそうはないけど、流水算の問題ではよくあるんだ！　まずは、上りと下りの速さの表し方を確認して！

　2 地点間の距離は 20km ですね。下りはエンジンが停止した時間がありましたが、上りは問題なく進んで 1 時間かかったわけですから、ここから、上りの速さが毎時 20km とわかります。

　そうすると、流速を毎時 v km とおくと、静水時の速さと下りの速さは次のように表せます。

$$上りの速さ　\rightarrow　静水時の速さ - v = 20\,km/時$$
$$\downarrow$$
$$静水時の速さ = 20 + v\,(km/時)$$

$$下りの速さ　\rightarrow　静水時の速さ + v = 20 + v + v = 20 + 2v\,(km/時)$$

　これより、下りについて、エンジンが止まった状態、つまり、流速の速さで 24 分 $= \dfrac{2}{5}$ 時間、下りの速さで残り 36 分 $= \dfrac{3}{5}$ 時間で合計 20km を進んだので、この距離について、次のように方程式が立ちます。

$$\frac{2}{5}v + \frac{3}{5}(20 + 2v) = 20$$

両辺に 5 をかけて、$2v + 3(20 + 2v) = 100$

$$2v + 60 + 6v = 100$$
$$8v = 40$$
$$\therefore v = 5$$

よって、流速は毎時 5km とわかり、正解は肢 1 です。

|| 正解 ▶ 1

流水算の基本問題

国家一般職 2022

流れの速さが秒速 0.5 m で一定の川があり、この川の上流地点 A と下流地点 B を、船で一定の速さで往復すると、上りは 20 分、下りは 12 分 掛かった。いま、船の静水時における速さを 1.5 倍にして、一定の速さで下流地点 B から上流地点 A まで川を上ると、時間はいくら掛かるか。

1. 10 分　　2. 12 分　　3. 14 分　　4. 16 分　　5. 18 分

上り，下り，静水時，流速の速さの比を考えて！

はじめの速さでは、上りと下りにかかった時間の比は、20 分：12 分＝5：3 ですから、上りの速さ：下りの速さ＝3：5 ですね。

これより、上りの速さを 3、下りの速さを 5 とおくと、静水時の速さは（3 ＋ 5）÷ 2 ＝ 4、流速は（5 － 3）÷ 2 ＝ 1 となります。

ここで、静水時の速さを 1.5 倍にすると、4 × 1.5 ＝ 6 となり、このときの上りの速さは 6 － 1 ＝ 5 となりますね。そして、これは速さを変える前の下りの速さと同じですから、かかる時間も同じ 12 分とわかり、正解は肢 2 です。

|| 正解 ▶ 2

　ある川の下流のＰ地点と上流のＱ地点の間を航行する船Ａ，Ｂがあり、Ａは
ＰからＱへ３時間、ＢはＱからＰへ１時間 30 分で到着する。今、ＡはＰを、
ＢはＱを同時に出発したが、Ａは出発の 48 分後にエンジンが停止し、川を流
された。ＢがＡに追いつくのは、Ａのエンジンが停止してから何分後か。ただ
し、川の流れの速さは 8km/時、静水時におけるＡの速さはＢの速さの 1.5 倍
であり、川の流れ及び船の速さは一定とする。

1.　24 分　　　　2.　26 分　　　　3.　28 分　　　　4.　30 分　　　　5.　32 分

> また、エンジンが止まったか〜。

　静水時におけるＢの速さを時速 v km とすると、条件より、Ａの速さは時速
$1.5v$ km と表せます。

　ここで、ＰＱ間に、Ａは上りの速さで３時間、Ｂは下りの速さで 1.5 時間か
かることから、その距離について次のように方程式が立ちます。

$$3(1.5v - 8) = 1.5(v + 8)$$

$$4.5v - 24 = 1.5v + 12$$
$$3v = 36　　　　∴ v = 12$$

　これより、静水時のＡの速さは 12 × 1.5 =
18（km/時）、Ｂの速さは 12km/時で、<u>ＰＱ間</u>
<u>の距離は、(18 − 8) × 3 = 30（km）</u>とわかり
ます。

> Ａが上りの速さで、３時間
> で進む距離だからね。

　また、出発して 48 分 = $\dfrac{4}{5}$ 時間で、ＡとＢが進んだ距離は、それぞれ次の
ようになります。

$$A \;\rightarrow\; (18 - 8) \times \frac{4}{5} = 8 \;(km)$$

$$B \;\rightarrow\; (12 + 8) \times \frac{4}{5} = 16 \;(km)$$

すなわち、Aのエンジンが止まった時点で、図のように、AとBの間の距離は、30 − 8 − 16 = 6（km）とわかります。

これより、この状態から、BがAに追いつくまでの時間を t 時間とすると、追いかけ算の公式より、次のような方程式が立ちます。

Aは流速でPに向かって流されているからね。
Bの速さは、12 + 8 = 20（km/時）だよ

$$6 = t\,(20 − 8)$$
$$6 = 12t \quad \therefore t = 0.5$$

よって、0.5 時間 = 30 分とわかり、正解は肢 4 です。

‖‖ 正解 ⟩ 4

一定の速さで動いている上りエスカレーターを1段ずつ歩いて上がる実験をしたところ、次のような実験結果が得られた。このエスカレーターを1秒間に2段のペースで歩いて上がったとき、上に着くまでにかかる時間はいくらか。

【実験結果】

ア　32段上がったところで上に着いた。

イ　上に着くまでにかかった時間は25秒で、歩かずに止まって上がる人より20秒早かった。

1. 10秒　　　2. 12秒　　　3. 15秒　　　4. 18秒　　　5. 20秒

> エスカレーターは「川」、歩いている人は「船」ってことね!

エスカレーターを歩いて上がるのにかかる時間は25秒、歩かずに上がるのにかかる時間は25 + 20 = 45（秒）で、その比は、25 : 45 = 5 : 9です。

> エスカレーターの速さのみ、つまり、流速で進むってことだね。
> ちなみに、歩いて上がるのは川を下るってことと一緒だね!

これは、同じ距離（エスカレーターの長さ）にかかった時間の比ですから、歩いて上がる速さとエスカレーターの速さの比は、時間の逆比で9 : 5となります。

歩いて上がるときの速さは、歩く速さ + エスカレーターの速さですから、歩く速さとエスカレーターの速さの比は（9 - 5）: 5 = 4 : 5となり、同じ時間で進む距離も4 : 5になります。

そうすると、この人が32段上がる間に、エスカレーターが上昇した段数をLとすると、次のようになります。

$$32 : L = 4 : 5$$
$$4L = 32 \times 5 \quad \therefore L = 40$$

よって、この人が自分で32段上がり、さらにエスカレーターによって40段上がったところで上に着いたので、エスカレーターの長さは、32 + 40 = 72（段）とわかります。

ここで、歩かずに上がるときにかかる時間が45秒であることから、このときの1秒間に上がる段数を計算すると、72 ÷ 45 = 1.6（段/秒）とわかり、

これがエスカレーターの速さになります。

　すなわち、この人が 1 秒間に 2 段ずつ上がるとき、同じ 1 秒間にエスカレーターによって 1.6 段上がりますので、合計で 3.6 段上がることになり、72 段にかかる時間は、72 ÷ 3.6 = 20（秒）とわかり、正解は肢 5 です。

正解　5

上りのエスカレーターを歩いて上がるって、
めっちゃ上ってるけど、「川を下る」のと
一緒なのね！？

まぎらわしいよな…。
エスカレーターって、流水算では
よく使われるのかな？

エスカレーターはそれほどでもないけど、
以前は「動く歩道」がよく使われてたね。
最近は、川ばっかりだけど。

#24 時計算
角度で式を立てる！

頻出度 ★★☆☆☆ ｜ 重要度 ★★☆☆☆ ｜ コスパ ★★★★☆

長針が短針を追いかける「追いかけ算」のようなもので、速さの問題の仲間と言っていいでしょう。ここは、大体パターンが決まっていますので、解法をマスターしましょう。

基本事項

アナログ時計の長針は、1 時間で 1 回転 = 360° 進みますから、1 分間では 360° ÷ 60 = 6° 進みます。そうすると、x 分では $6x°$ 進みますね。

同様に、短針は 12 時間で 1 回転しますので、1 時間では 360° ÷ 12 = 30°、1 分間では 30° ÷ 60 = 0.5° 進みますから、x 分間では $0.5x°$ 進みます。

PLAY 1　時計算の基本問題

東京都Ⅰ類 2006

午前 0 時と正午に短針と長針とが正確に重なり、かつ、針がなめらかに回転し、誤差なく動いている時計がある。この時計が 5 時ちょうどをさした後、最初に短針と長針が重なるのは何分後か。

1.　$26 + \dfrac{10}{11}$ 分後

2.　27 分後

3.　$27 + \dfrac{1}{11}$ 分後

4.　$27 + \dfrac{2}{11}$ 分後

5.　$27 + \dfrac{3}{11}$ 分後

時計算の最も典型的な問題だよ。時計の図を描きながら考えよう！

針が重なるのは 5 時台ですので、この時刻を、5 時 x 分とおいて、5 時 00 分からの x 分間で針の進んだ角度を考えます。

　まず、5 時 00 分の時点で、短針と長針が作る角度は、$360° \times \dfrac{5}{12} = 150°$ ですね。5 時 x 分には、長針と短針が重なっていますので、図のようになり、5 時 00 分と比べて、x 分間で進んだ角度を見ると、それぞれ矢印で示した角度となります。

　それぞれの角度は、長針が $6x°$、短針が $0.5x°$ で、長針の進んだ角度のほうが、短針のそれより $150°$ 大きいことが、図からわかるでしょう。

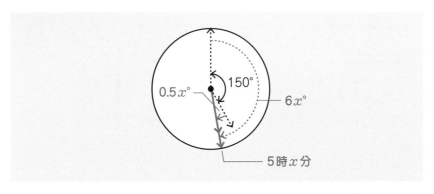

　これより、長針と短針の進んだ角度の差で、次のような方程式が立ちます。

$$6x - 0.5x = 150$$

$$5.5x = 150$$
$$11x = 300$$
$$\therefore x = \frac{300}{11} = 27\frac{3}{11}$$

よって、$27 + \dfrac{3}{11}$（分）後に重なるとわかり、正解は肢 5 です。

8時 x 分の長針と短針の位置が、12時 y 分で入れ替わるとき、x はいくらか。

1. $\dfrac{7}{2}$　　2. $\dfrac{47}{13}$　　3. $\dfrac{49}{13}$　　4. $\dfrac{460}{143}$　　5. $\dfrac{480}{143}$

時計算の問題にしてはちょっと変わっているけど、PLAY1 と同様に図を描いてみて！

まず、それぞれの時刻の長針と短針の位置を確認します。

8時 x 分の短針の位置は、時計の文字盤の8時から9時の間にありますので、12時 y 分には、長針がこの位置にくることになります。

また、12時 y 分の短針の位置は、文字盤の0時から1時の間であり、8時 x 分には長針がこの位置にくることになりますね。これより、それぞれの時刻の針の様子は図のようになります。

図より、8時 x 分の針の位置を8時00分と比べ、そこから x 分で進んだ角度を確認します。それぞれの大きさは長針が $6x°$、短針が $0.5x°$ ですね。

同様に、12時 y 分の針の位置も12時00分と比べ、y 分で進んだ角度である、$6y°$、$0.5y°$ を確認します。

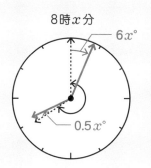

8時 x 分

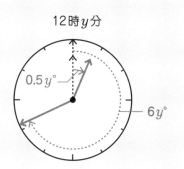

12時 y 分

2つの時刻は、長針と短針が入れ替わっただけですから、$6x$ と $0.5y$ の大きさは同じになりますね。また、$0.5x$ と $6y$ の大きさの差は、文字盤の0時から8時までの角度とわかりますので、$360° × \dfrac{8}{12} = 240°$ となります。

これより、次のような方程式が立ちます。

$$6x = 0.5y \quad \cdots ①$$
$$0.5x + 240 = 6y \quad \cdots ②$$

①より、$y = 12x$
これを②に代入して、
$$0.5x + 240 = 6 \times 12x$$
$$x + 480 = 144x$$
$$-143x = -480$$
$$\therefore x = \frac{480}{143}$$

よって、正解は肢5です。

#25 場合の数① まずはゴリゴリ数える!

頻出度 ★★★☆☆ | 重要度 ★★★☆☆ | コスパ ★★☆☆☆

何通りあるかを数える「場合の数」の問題は、この後の「確率」へ続く大事な
ステップです。場合の数の問題のほとんどは公式を使って計算しますが、中に
は地味に数えるものもあり、この作業は意外と重要です。ケアレスミスに注意
して解いてみましょう。

PLAY 1　樹形図を描いて数える問題　　　　地方上級 2020

図のような、縦，横の線がいずれも 1cm の間隔の線上を、点 A から次のよ
うな条件に従って進む。

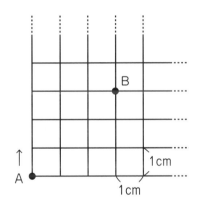

・コインを投げた時、表が出たら 1cm、裏が出たら 2cm 進む。
・最初の 1 回目は図の矢印の方向に進み、コインを 1 回投げるたびに進行
　方向を変える。

何回かコインを投げて、ちょうど点 B に到達する最短経路は何通りあるか。

1. 5 通り　　　2. 7 通り　　　3. 8 通り　　　4. 9 通り　　　5. 10 通り

図を見ながらゴリゴリ数えよう！ 選択肢もヒントになるよ！

最初の1回目は上へ進み、コインを1回投げるたびに進行方向を変えるので、最短経路での進み方は、上→右→上→右…、となります。

　最初の1回目に表が出た場合、上へ1cm進み、2回目も表なら右へ1cm進み、図1のPまで進みます。そして、3回目も表なら、図のQへ進み、そこからは、（右1，上1，右1）（右2，上1）の2通りの方法がありますね。また、3回目が裏なら、図のRへ進み、4回目は右へ2cm進む1通りだけです。

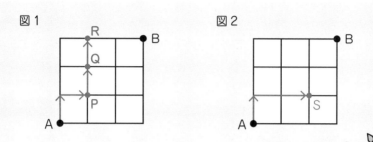

図1　　　　　　　　　　　　図2

　同様に、2回目が裏なら、図2のSまで進み、そこからは、（上1，右1，上1）（上2，右1）の2通りで、ここまでの計5通りを<u>樹形図</u>に表すと、図3のようになります。

図3のような、枝分かれの図で、本問のように、順を追って場合の数を数えるときに便利に使えるよ。

図3

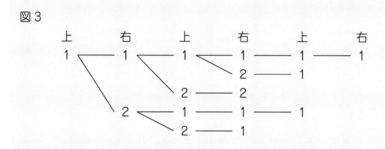

　同様に、最初の1回目に裏が出た場合について、図を見ながら樹形図を描いて調べると、図4のように、2通りの方法があることがわかります。

図4

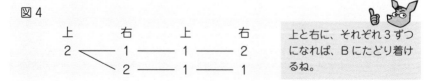

上と右に、それぞれ3ずつになれば、Bにたどり着けるね。

よって、このような方法は、5 ＋ 2 ＝ 7（通り）あり、正解は肢 2 です。

■ 正解 ▶ 2

1 つくらい見落しても、選択肢になぜか
「6 通り」だけないので、「7 通り」を選
ぶことになるよね。

PLAY 2 　樹形図を描いて数える問題　　　　　地方上級 2017

　A〜Dの 4 人の子供がおり、Aがボールを 1 個持っている。次のルールに従っ
て、ボールの受け渡しを行ったとき、何通りの受け渡し方があるか。

・ボールを持っている子供が、他の 3 人のうちいずれか 1 人の子供にボー
　ルを渡す。ただし、直前にボールを持っていた子供にボールを渡すことは
　できず、また、自分がボールを渡したことがある子供にも渡すことができ
　ない。

・Aがボールを受け取った時点で、受け渡しは終了する。

・B〜Dは何回でもボールを受け取ることができ、また、1 回もボールを受
　け取らなくてもよい。

1. 12 通り
2. 15 通り
3. 18 通り
4. 21 通り
5. 24 通り

順に場合分けしながら樹形図を描いてみて！ 同じことの繰り返し
は省略していこうね。

まず、Aが最初にボール渡した相手がBの場合について考えます。

　Bは、Aから受け取りましたから、条件よりAに渡すことができませんが、CとDに渡すことができます。

　BがCに渡した場合、CはBには渡せませんが、AとDに渡すことができ、条件より、Aに渡したら終了です。

　CがDに渡した場合、DはCには渡せませんが、AとBに渡すことができ、やはり、Aに渡したら終了です。

　DがBに渡した場合、BはDに渡すことはできず、また、Cにも一度渡していますので、残るAに渡して終了です。

　ここまでを、樹形図に表すと、図1のように3通りとなります。

図1

```
A ── B ── C ┌── A
            D ┌── A
              B ── A
```

　次に、最初にAから受け取ったBが、Dに渡した場合について、同様に考えると、やはり3通りあり、図1に書き加えて、図2のようになります。

図2

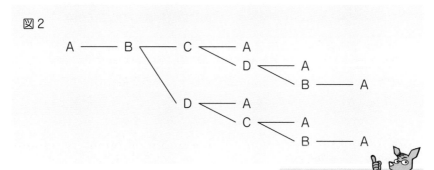

　これより、Aが最初にBに渡した場合について、図2の6通りとなります。

　そうすると、Aが最初にC，Dに渡した場合についても、同様に6通りずつあると考えられますので、全部で6×3＝18（通り）の受け渡し方があり、正解は肢3です。

上の3通りと下の3通りは、CとDが入れ替わるだけ！

B，C，Dに条件の違いはないからね。

Challenge 可能性を検証する問題

　9人の学生を3人のグループ3つに分けたい。一度同じグループだった人とは二度と同じグループにならないようにしてグループ分けをしていく場合、最大何回までグループ分けをすることができるか。

1. 2回　　　 2. 3回　　　 3. 4回　　　 4. 5回　　　 5. 6回

> 9人をA〜Ⅰとして、まずは適当にグループを作ってみよう！

　一度同じグループだった人とは二度と同じグループにならないということですから、ある人から見て、他の8人から重複しない2人と同じグループを組めるのは、8÷2＝4（回）が限度です。

　したがって、肢4, 5はあり得ません。あとは、4回行うことが可能かどうかを検証すればいいでしょう。

> 本番では、「多分できるだろう」と思った時点で、やめるという選択もあり！

　まず、1回目は適当にグループ分けします。9人をA〜Ⅰとして、表1のように分け、このときの各グループを、①〜③とします。

表1

グループ1	A	B	C	…①
グループ2	D	E	F	…②
グループ3	G	H	I	…③

　2回目のグループ分けでは、1回目に同じグループだった人たちを、別々のグループに分けますので、まず、①のA, B, Cを表2のように配します。

表2

グループ1	A		
グループ2	B		
グループ3	C		

> ここから先は、秩序を持って組み合わせていくことがポイント！

　同様に、②の3人、③の3人を配して、表3のようなグループ分けができます。

表3

グループ1	A	D	G
グループ2	B	E	H
グループ3	C	F	I

　また、表2に②の3人を配するとき、表3のDEFの並びを、1つ下へスライドさせてFDEとし、③の3人は2つスライドさせてGHI→HIGとすると表4のようになり、表3とは別のグループ分けができますね。

②と③も、表3と同じ組合せにならないようにスライドさせるんだね！

表4

グループ1	A	F	H
グループ2	B	D	I
グループ3	C	E	G

　さらに、もう一度同様にスライドさせると、表5のようになり、全員が自分以外のすべての人とグループを組むことができます。

表5

グループ1	A	E	I
グループ2	B	F	G
グループ3	C	D	H

最後は、A，B，Cのそれぞれが、②と③でまだ一緒になっていない人と組ませればいいわけだ！

　よって、最大で4回までグループ分けができ、正解は肢3です。

 正解 ③

＃26 場合の数②
公式を使って解く！

頻出度 ★★★★☆ ｜ 重要度 ★★★★★ ｜ コスパ ★★★☆☆

順列や組合せの公式を使って計算する問題です。ダントツでよく使うのは、組合せ（C）の公式で、これはイヤでも覚えるでしょう。「基本事項」にはマイナーな公式も一通りご紹介しておきますので、計算方法だけは理解しておいてください。

基本事項

①和の法則・積の法則

　たとえば、お魚料理が２種類、お肉料理が３種類あるとき、「お魚料理またはお肉料理」を１種類だけ選ぶ方法は、２＋３＝５（通り）ですね。

　このように、「または（or）」でつながる場合を数えるときは、それぞれの場合の数の足し算になり、これが「和の法則」です。

　　和の法則　　Aの起こる方法が a 通り、Bの起こる方法が b 通りあるとき

　　　　　　Aが起こるまたはBが起こる方法　⇒　$a+b$（通り）
　　　　　　※ただし、A，Bは同時に起こりえないこと

　※の「同時に起こりえない」とは、A，Bのどちらにも当てはまるものはない、という意味です。上記の例でいうと、お魚料理とお肉料理に共通するメニューがある場合、そのまま足すと、同じメニューを２回重複してカウントすることになります。どちらにも当てはまるものがないか、確認してから足すようにしましょう。

　では、同じ料理から、お魚とお肉の両方を１種類ずつ選ぶ場合はどうでしょう。

　まず、お魚料理を選ぶ方法が２通り、そのそれぞれに対して、お肉料理を選ぶ方法が３通りですから、２×３＝６（通り）の方法があります。

　これは、「お魚かつお肉」を選ぶ方法で、このように「かつ（and）」でつながる場合を数えるときは、それぞれの場合の数のかけ算になり、これが「積の法則」です。

積の法則　Aの起こる方法が a 通り、Bの起こる方法が b 通りあるとき

　　　　　Aが起こりかつBが起こる方法　⇒　$a \times b$（通り）

②階乗の計算

　たとえば、A〜Eの5人がよこ一列に並ぶ方法は、1人目は5人から選ぶので5通り、そのそれぞれに対して、2人目を残り4人から選ぶので4通り、そうすると、ここまでで、$5 \times 4 = 20$（通り）の並び方があります。

　さらに、そのそれぞれに対して、3人目を残り3人から…と選んでいくので、5人の並び方は、$5 \times 4 \times 3 \times 2 \times 1 = 120$（通り）となりますね。

　このような計算を「5！」（「5の階乗」と読みます）と表し、公式は次のようになります。

　　異なる n 個を一列に並べる方法
　　$n! = n \times (n-1) \times (n-2) \cdots \times 1$（通り）

③順列の公式

　たとえば、A〜Eの5人のうち3人がよこ一列に並ぶ方法は、先ほどの階乗の計算を応用すると、3人だけなので、$5 \times 4 \times 3 = 60$（通り）となります。

　このような計算を、「${}_5\mathrm{P}_3$」と表し、公式は次のようになります。

　　異なる n 個から r 個を並べる方法
　　${}_n\mathrm{P}_r = n \times (n-1) \times (n-2) \cdots$（通り）
　　　　　$\underbrace{}_{r \text{個}}$

④同じものを含む順列

　たとえば、「A，A，B，C」の4個をよこ一列に並べる方法を考えます。

　2個のAは区別しませんが、仮に区別して「A_1，A_2，B，C」とすると、この4個の並べ方は、$4! = 4 \times 3 \times 2 \times 1 = 24$（通り）ですね。

その場合、「A₁, A₂, B, C」と「A₂, A₁, B, C」は別の並べ方として数えられるわけですが、Aを区別しない（Aから1, 2を取る）と、これらは同じ並べ方になります。

他にも、「A₁, B, A₂, C」と「A₂, B, A₁, C」など、A₁とA₂の位置が入れ替わっているものは同じ並べ方としますので、2通りずつ同じものがあり、2で割ることになります。よって、24÷2＝12（通り）です。

この場合、2で割るのは、A₁とA₂の並べ方が2！＝2×1＝2（通り）あるからで、同じものが3個あるときは、3！＝6で割ることになります。

これより、公式は次のようになります。

「A, A, A, B, C」を並べるとき、「A₁, A₂, A₃, B, C」とすると、たとえば、次の6通りが同じ並び方になるでしょ!?
この6通りは、「1, 2, 3」の並べ方である3！通りだよね！

A₁, B, A₂, C, A₃
A₁, B, A₃, C, A₂
A₂, B, A₁, C, A₃
A₂, B, A₃, C, A₁
A₃, B, A₁, C, A₂
A₃, B, A₂, C, A₁

同じものを p 個, q 個 … を含む n 個を一列に並べる方法

$$\frac{n!}{p! \times q! \cdots} \ \text{（通り）}$$

⑤円順列の公式

たとえば、図1のような円形のテーブルの周りに、A～Eの5人が座る方法を考えます。図の①に座る人は5人から選ぶので5通り、以下順に②には4通り…と決めていくと、5！＝120（通り）ですね。

しかし、その中には、たとえば図2と図3のように、回転すると同じ座り方になるのに、それぞれ別の方法として数えられているものが含まれています。図2は①にA、図3は①にBが座った場合ですが、①にC～Eのいずれが座った場合でも、回転するとこれと同じになるものは1通りずつあるのがわかるでしょう。

そして、それは、他の座り方についても同様のことがいえます。

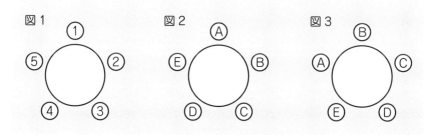

よって、回転して同じになるものが5通りずつあることになるので、$\dfrac{5!}{5} = 4! = 24$（通り）となります。

すなわち、異なる n 個のものを円形に並べるとき、$n!$ 通りを n 通りで割りますので、公式は次のようになります。

異なる n 個を円形に並べる方法　⇒　$(n-1)!$ 通り

⑥ 数珠順列の公式

たとえば、A〜Eの5種類のガラス玉を並べてネックレスを作る場合、ガラス玉を円形に並べる方法は、円順列の公式より、$(5-1)! = 24$（通り）ですが、図4と図5の並べ方は、裏返すと同じ並べ方になりますね。

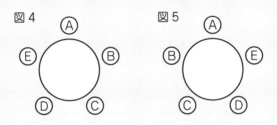

すなわち、数珠やネックレスのように裏返すことができる場合は、裏返して同じになるものは1つと数えますので、さらに2で割る必要があります、これより、公式は次のようになります。

裏返しが可能な場合の、異なる n 個を円形に並べる方法 ⇒ $\dfrac{(n-1)!}{2}$ 通り

⑦ 組合せの公式

たとえば、A〜Eの5人から3人を並べる方法は、1人目は5通り、2人目は4通り…と順に選ぶと、$5 × 4 × 3 = 60$（通り）で、これは $_5P_3$ の計算ですね。

このように順番に選んでいくと、たとえば「ＡＢＣ」「ＡＣＢ」「ＢＡＣ」などは、同じメンバーでも順番が異なるので、別の並び方として数えられます。

しかし、3人を選ぶだけであれば、これらは同じ組合せですから1通りと数えることになりますね。

そうすると、「ＡＢＣ」の３人の並べ方は、３！＝６（通り）ありますので、それだけ同じメンバーの組合せを重複して数えており、それは「ＡＢＣ」以外の組合せも同様です。

よって、60 通りを 6 で割って、組合せは 10 通りとなります。このような計算を「$_5C_3$」と表し、計算は $\dfrac{_5P_3}{3!}$ となりますので、公式は次のようになります。

異なる n 個から r 個を選ぶ方法　⇒　$_nC_r = \dfrac{_nP_r}{r!}$ （通り）

ちなみに、5 人から 3 人を選ぶのは、残すほうの 2 人を選んでも同じなので、$_5C_3 = {}_5C_2$ となり、少ないほうを選んだほうが計算は楽ですね。

PLAY 1　階乗の計算を使うパターン　　東京都Ⅰ類Ｂ 2020

1，2，3，4，5 の五つの数字のうち、異なる四つの数字を使って、4 桁の自然数を作る。このとき 3 の倍数となる自然数の個数として、正しいのはどれか。

1. 12 個　　　2. 20 個　　　3. 24 個　　　4. 40 個　　　5. 48 個

3 の倍数の見分け方なんて、覚えているか…？

3 の倍数は、<u>各位の和が 3 の倍数</u>になるという特徴があります。1，2，3，4，5 の和は 15 ですから、ここから 1 つを除いて和が 3 の倍数になるのは、3 を除いて 12 になる場合のみです。

倍数の見分け方は、#1 基本事項⑥

すなわち、1，2，4，5 の 4 つを使えば、どのような並べ方でも 3 の倍数になります。異なる 4 つの数字の並べ方は、階乗の計算（基本事項②）を使って次のようになります。

$$4! = 4 \times 3 \times 2 \times 1 = 24$$

よって、24 個となり、正解は肢 3 です。

正解　3

あるイベント会場に、職員 8 人、アルバイト 4 人の合わせて 12 人のスタッフがいる。4 人のスタッフが 1 グループとなって受付業務を行うが、そのうちの 1 人は必ず職員でなければならない。1 グループが 1 日ずつ受付業務を行うとき、異なるグループで受付業務を行うことができるのは最大で何日間か。

ただし、グループのスタッフ 4 人のうち少なくとも 1 人が異なれば、異なるグループとして数えるものとする。

1. 106 日間
2. 212 日間
3. 392 日間
4. 494 日間
5. 848 日間

まずは、12 人から 4 人を選ぶことを考えて！

まず、12 人から 4 人を選ぶ方法を、組合せの公式（基本事項⑦）を使って計算すると、次のようになります。

$$_{12}C_4 = \frac{_{12}P_4}{4!} = \frac{12 \times 11 \times 10 \times 9}{4 \times 3 \times 2 \times 1} = 495 （通り）$$

これより、495 通りのグループができますが、条件より、1 人は職員でなければならないので、アルバイトだけのグループは除くことにします。アルバイトは 4 人ですから、この 4 人でできるグループは 1 グループだけで、これを除いて、495 − 1 = 494（通り）が条件を満たし、求める日数は最大で 494 日間とわかります。

よって、正解は肢 4 です。

正解 4

　祖母，両親，子ども 2 人の 5 人で暮らしている家族が、買い物に外出する場合、外出のしかたは何通りあるか。ただし、子どもだけでは外出あるいは留守番はできないものとする。

1. 22 通り
2. 25 通り
3. 28 通り
4. 31 通り
5. 34 通り

　PLAY 2 の類題だよ。今度は場合分けが必要かな。

　外出する人数で場合分けをして、それぞれの方法を数えます。

（1）1 人が外出する方法
　祖母，両親の 3 人のいずれか 1 人なので、3 通りです。

（2）2 人が外出する方法
　5 人から 2 人を選ぶ方法は、$_5C_2 = \dfrac{5 \times 4}{2 \times 1} = 10$（通り）ですが、そのうち、子ども 2 人の組合せは条件に反するので、9 通りです。

（3）3 人が外出する方法
　留守番をする 2 人を選ぶ方法と考えると、（2）と同様で 9 通りです。

（4）4 人が外出をする方法
　留守番をする 1 人を選ぶ方法と考えると、（1）と同様で 3 通りです。

（5）5 人が外出する方法
　全員で外出するので 1 通りです。

　（1）～（5）のいずれかが起こる方法は、和の法則（基本事項①）より、3 ＋ 9 ＋ 9 ＋ 3 ＋ 1 ＝ 25（通り）となり、正解は肢 2 です。

正解 2

　下の図のように、五本の平行な線 $a \sim e$ が、他の六本の平行な線 $p \sim u$ と交差しており、a, e, q, s, t は細線、b, c, d, p, r, u は太線である。これらの平行な線を組み合わせてできる平行四辺形のうち、少なくとも一辺が細線である平行四辺形の総数として、正しいのはどれか。

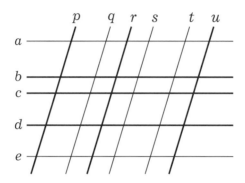

1. 141　　　2. 142　　　3. 143　　　4. 144　　　5. 145

図形の問題だけど組合せの公式で求められる。定番問題だから解法を覚えよう！

　図形の個数を数える問題は、判断推理（空間把握）でもあります。そこでは、大きさや形を基準にして丁寧に数えるわけで、本問もそうして解くことも可能ですが、これは公式で一発で解ける定番のパターンですので、解法を覚えましょう。

　平行四辺形は、2 組の向かい合う平行線、すなわち、$a \sim e$ の中の 2 本と $p \sim u$ の中の 2 本の組合せによって構成されますので、その組合せの数だけ平行四辺形があるわけです。たとえば、次の図の平行四辺形は「b と d, q と t」の組合せで構成されています。

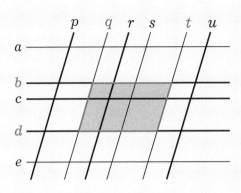

　そうすると $a \sim e$ の中から2本を選ぶ方法は $_5C_2$ 通りで、さらに $p \sim u$ の中から2本を選ぶ方法は $_6C_2$ 通りですから、その組合せは、積の法則（基本事項①）より、次のようになります。

$$_5C_2 \times {}_6C_2 = \frac{5 \times 4}{2 \times 1} \times \frac{6 \times 5}{2 \times 1} = 10 \times 15 = 150 \,(通り)$$

　これより、平行線を組み合わせてできる平行四辺形の数は150とわかります。

　しかし、条件より、少なくとも一辺が細線でなくてはならないので、すべて太線の組合せでできる平行四辺形は除くことになります。

　太線は、よこの線は b, c, d、たての線は p, r, u のそれぞれ3本ずつで、3本から2本を選ぶ方法は3通りですから、これらの線の組合せは $3 \times 3 = 9$（通り）あります。

3本のうち1本だけ除く方法だからね。

　よって、すべて太線の平行四辺形の数は9ですから、これを除いた $150 - 9 = 141$ の平行四辺形が条件を満たし、正解は肢1です。

 1

K，O，K，K，A，K，O，U，M，Uの 10 文字を横一列に並べるとき、
四つのKが左から 5 番目までに全て含まれる場合は何通りか。

1．300 通り
2．450 通り
3．600 通り
4．900 通り
5．1,200 通り

同じものを含む順列の公式はときどき必要になるので、公式を使
えるように練習しておいて！

文字の数は、Kが 4 つ、OとUが 2 つ、AとMが 1 つですね。
条件より、左から 5 番目までは、4 つのKとあと 1 つですから、これがどの
文字かで場合分けをします。

（1）Oの場合

左から 5 番目までに、K 4 つとO 1 つを並べる方法は、1 つしかないOを 1
〜 5 番目のどこにするかを決める方法で 5 通りです。

残る 6 〜 10 番目には、O，U，U，A，Mの 5 文字が並びますが、Uが 2
つありますから、同じもの 2 つを含む 5 つを並べる方法（基本事項④）で、次
のようになります。

1 〜 5 番目　6 〜 10 番目
$$5 \quad \times \quad \frac{5\,!}{2\,!} = 5 \times \frac{5 \times 4 \times 3 \times 2 \times 1}{2 \times 1} = 5 \times 60 = 300\,（通り）$$

（2）Uの場合

Oの場合と同様に計算できますので、300 通りです。

（3）Aの場合

左から 5 番目までは、同様に 5 通りです。6 〜 10 番目には、O，O，U，U，
Mの 5 文字で、Oを 2 つ、Uを 2 つ含む 5 つを並べる方法で、次のようにな
ります。

$$1\sim5\text{番目}\quad 6\sim10\text{番目}$$

$$5 \quad \times \quad \frac{5!}{2!\times2!} = 5\times\frac{5\times4\times3\times2\times1}{2\times1\times2\times1} = 5\times30 = 150\,(\text{通り})$$

（4）Mの場合

Aの場合と同様に計算できますので、150 通りです。

（1）～（4）のいずれかが起こる方法は、300 + 300 + 150 + 150 = 900（通り）となり、正解は肢 4 です。

|||| 正解 ▶ 4

PLAY 6　仕切り板を入れるパターン　　警視庁Ⅰ類 2005

15 個の区別できないりんごを赤，青，緑，黄の 4 つの袋に分けて入れる方法は何通りあるか。ただし、1 個もりんごが入っていない袋があってはならない。

1. 128 通り
2. 364 通り
3. 455 通り
4. 1001 通り
5. 1365 通り

仕切り板を入れるイメージで考えるんだ。便利な方法なので覚えて！

数の内訳を考える問題で、便利な解き方がありますので、解法を覚えてください。

まず、りんごを 15 個よこに並べます。これを 4 組に区切って、左から順に赤，青，緑，黄の袋に入れると考えます。たとえば、次のような区切り方は、赤に 4 個、青に 5 個、緑に 2 個、黄に 4 個を表します。

○○○○ | ○○○○○ | ○○ | ○○○○

すなわち、りんごどうしのすき間 14 か所のうち、3 か所を選んで｜を置けば、必然的に分け方が決まるということですね。

よって、14 か所から 3 か所を選ぶ方法なので、次のようになります。

$$_{14}C_3 = \frac{14 \times 13 \times 12}{3 \times 2 \times 1} = 364（通り）$$

これより、正解は肢 2 です。

|| 正解 ▶ 2

PLAY 7　仕切り板を入れるパターン　　　国家Ⅱ種 2002

> ある青果店にはりんご，キウイフルーツ，みかんの 3 種類の果物が店頭にたくさん並べられている。この中から 14 個の果物を買うとき、何通りの買い方があるか。ただし、りんごとキウイフルーツはそれぞれ 2 個以上、みかんは 3 個以上買うものとする。
>
> 1.　30 通り　　2.　32 通り　　3.　34 通り　　4.　36 通り　　5.　38 通り

PLAY6 の類題だけど、ちょっと条件がちがうかも！

解法 1

「○個以上」という条件があるときは、先にノルマを果たすことを考えましょう。

まずは、PLAY6 と同じ方法で解くことを考えます。この場合、りんごとキウイフルーツを各 1 個、みかんを 2 個の計 4 個を先に買ってしまいましょう。

そうすると、あとはそれぞれ 1 個以上買えばいいので、残る 10 個を 3 組に分ける方法を考えます。

たとえば、次の図の○を、果物を 1 個ずつ入れる容器と仮定します。これが 10 個並んでいるところに、左から 1 個以上の○にりんごを入れ、次は同様にキウイフルーツを入れ、残った○にはみかんを入れるとすると、○の間の 9 か所のすき間から 2 か所を選んで｜で区切る方法を求めればいいですね。たとえば、図の区切り方は、りんご 3 個，キウイフルーツ 5 個，みかん 2 個を表します。

○○○ ｜ ○○○○○ ｜ ○○
⇓
🍎🍎🍎 ｜ 🥝🥝🥝🥝🥝 ｜ 🍊🍊

よって、次のように計算できます。

$$_9C_2 = \frac{9 \times 8}{2 \times 1} = 36 \text{（通り）}$$

これより、正解は肢4です。

解法2

「解法1」のような、仕切り板を入れていく解き方は、○と○の間のすき間に入れるわけですから、どの果物も1個以上買うことになります。

しかし、問題によっては、1個も買わない果物があってもいいという場合もあるわけです。

ここでは、先にりんごとキウイフルーツを各2個、みかんを3個の計7個を先に買ったとして、残り7個の内訳を考える方法をご紹介します。

つまり、ノルマはすべて果たしてしまったわけね！

この場合、どの果物も必ずしも1個以上買う必要はなく、買わない果物があってもいいので、たとえば、次のような区切り方もありうることになります。

｜ ○○○○○ ｜ ○○ ⇒ りんご0個，キウイ5個，みかん2個

○○○ ｜ ｜ ○○○○ ⇒ りんご3個，キウイ0個，みかん4個

○○○○○○○ ｜ ｜ ⇒ りんご7個，キウイ0個，みかん0個

つまり、｜の場所がすき間だけでなく両端でも、また2本並んでもOKということで、こうなると「解法1」の方法では解けません。

この場合、「仕切り板を差し込む」というイメージを捨てて、｜も○と同じ1つのモノだと思ってください。そして、○7個と｜2個の、計9個を並べる方法を考えればいいのです。

これなら、端にある場合や2本並ぶ場合もまとめて数えられるね。

すなわち、9 か所のうち｜を置く 2 か所を選ぶ方法で、次のようになります。

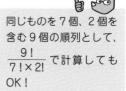

同じものを 7 個、2 個を含む 9 個の順列として、$\dfrac{9!}{7! \times 2!}$ で計算しても OK！

$$_9C_2 = \frac{9 \times 8}{2 \times 1} = 36 \ (\text{通り})$$

　たとえば、前述の図の 1 番上は左から 1 個目と 7 個目に｜、次は、4 個目と 5 個目に｜を置いた場合となります。

正解 4

PLAY6 でも、りんごの入っていない袋があってもいい場合は、「解法 2」の方法をとるんだね。

#27 最短経路
足し算で求める！

（頻出度 ★★☆☆☆ ｜ 重要度 ★★☆☆☆ ｜ コスパ ★★★★★）

主に格子状のルートの最短経路数を求める問題で、足し算で求める方法が便利です。このタイプはやり方を知っていれば誰でも簡単に解けますが、計算ミスにだけは気をつけるようにしましょう。

PLAY1 組合せの公式と足し算の両方で解けるパターン　特別区Ⅰ類2005

次の図のような、A駅からB駅へ至る複数のルートがある。最短ルートでA駅からXを通ってB駅に行く経路は何通りか。

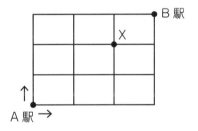

1. 6通り
2. 8通り
3. 10通り
4. 12通り
5. 14通り

組合せの公式でも解けるけど、足し算の方法をマスターして！

解法1

A駅から最短ルートでXへ行くには、右方向に2区間、上方向に2区間行けばいいので、たとえば、（右右上上）、（右上右上）などのルートがありますね。

すなわち、4区間の移動のうち、右への移動が2回あり、これを何回目にするかを決めれば、残り2回は上への移動に決まりますから、4回から2回を選ぶ方法で、次のように計算できます。

$$_4C_2 = \frac{4 \times 3}{2 \times 1} = 6 \text{（通り）}$$

さらに、XからB駅へ行く方法も、2回の移動のうち1回を選んで右へ行くので、$_2C_1 = 2$（通り）ですが、（右上）と（上右）の2通りですから、計算で出すまでもないですね。

よって、A駅からXへ行き、さらにB駅へ行く方法は、$6 \times 2 = 12$（通り）となり、正解は肢4です。

解法2

本問のように、きちんと碁盤の目になっているルートなら、「解法1」の計算で求められますが、たとえば、道が欠けていたり、通れない箇所があったりすると、使えない可能性が高いですね。

ここでご紹介する方法は、多少複雑なルートでも使えますので、こちらをメインとして覚えてください。

まず、A駅からXまでの途中の交差点を、図1のようにC〜Iとします。

最短ルートで行くには、<u>右と上だけに進む</u>ことになりますので、A駅からC，D，E，Hの各点へ行くルートは、いずれもまっすぐに行く1通りだけです。ここで、各点に「1」と記入しておきましょう。

左や下に行くと遠回りになるけど、右と上だけに進んで行けば、最短ルートで行けるね。

次にFへのルートを考えると、C → F、またはE → Fですが、C，Eまでのルートは各1通りですから、それぞれを通ってFへ行くルートも各1通りで、合わせて2通りとなります。ここまでを図2のように表します。

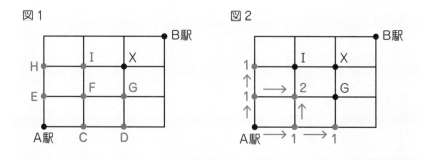

208

さらに、Ｉへのルートは、Ｆ→Ｉ、またはＨ→Ｉで、Ｆまでのルートが２通り、Ｈまでは１通りですから、それぞれを通ってＩへ行くルートも２通り、１通りで、合わせて３通りとなります（図３）。

　これでわかるように、進行方向が右上の場合、<u>下と左の交差点までのルート数を足し合わせて</u>いけば、それぞれの交差点までのルート数が求められ、図４のように、Ａ→Ｘは６通りとわかります。

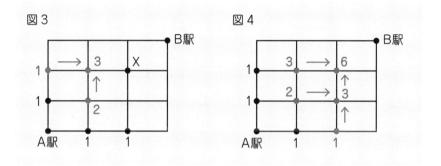

下から行くか、左から行くか、だからね。片方しかないときはそのルート数だけをそのまま写せばOK！

図３

図４

　また、Ｘ→Ｂについては、「解法１」のように別に求めてかけ合わせてもいいですし、図５のようにその数を続けて記入しても求められます。

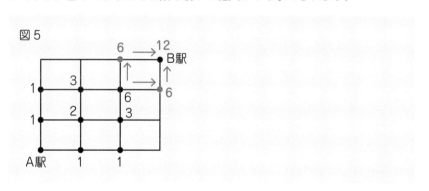

図５

　図のような街路網がある。AからBまで行く最短経路は全部で何通りか。ただし、X地点は通行止めのため通ることができず、Y地点は直進しかできないものとする。

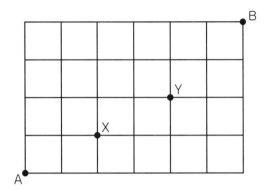

1. 85 通り　　2. 87 通り　　3. 89 通り　　4. 91 通り　　5. 93 通り

> X，Yの条件があるので公式ではムリ！　よく考えて慎重に足し算して！

　本問も、進行方向は右上ですね。AからスタートしてBまで最短経路数を書き込んでいきます。X地点は通行止めなので、Xの周りの道（図の×印の箇所）はないものと考えましょう。また、Y地点は直進しかできませんので、Y地点の右と上の地点では、Y地点を直進してくる経路数だけカウントするようにします。

そうすると、図のようにわかりますね。

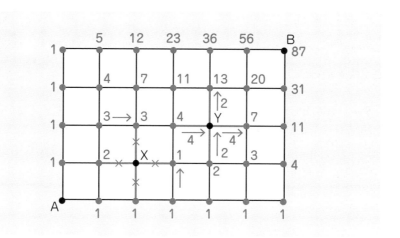

これより、求める最短経路の数は 87 通りとなり、正解は肢 2 です。

正解 ▶ 2

#28 確率①
場合の数を数えて解く！

頻出度 ★★★★☆ ｜ 重要度 ★★★★★ ｜ コスパ ★★★☆☆

「確率」は数的推理の最頻出テーマで、国家公務員全般と東京都ではほぼ毎年出題されています。また、近年は地方上級での出題も増えてきました。
ここでは、まず、確率の定義（基本事項参照）に従って、場合の数を数えて解く問題を扱います。

基本事項

確率の定義

確率の定義は次の通りです。

ある試行において、起こりうる事象が N 通りあり、いずれも同様に確からしいとき、そのうちＡという事象が起こる場合の数が a 通りあるとすると、Ａが起こる確率は $\dfrac{a}{N}$ と表せます。

たとえば、サイコロを振る（これが「試行」です）とき、1〜6のいずれかの目が出る（これが「事象」です）ので、その方法は6通りですが、それらが出る可能性はいずれも等しい（「同様に確からしい」といいます）ですね。そのうち、たとえば「1」の目が出る方法は1通りなので、「1の目が出る確率」は、$\dfrac{1}{6}$ となります。

すなわち、全部で何通りの方法があり、そのうち、ある事象が何通りあるかという割合を表したのが「確率」です。

　白組の生徒 10 人、赤組の生徒 9 人及び青組の生徒 8 人の中から、くじ引きで 3 人の生徒を選ぶとき、白組, 赤組及び青組の生徒が一人ずつ選ばれる確率として、正しいのはどれか。

1. $\dfrac{1}{720}$　　2. $\dfrac{80}{2187}$　　3. $\dfrac{8}{195}$　　4. $\dfrac{16}{65}$　　5. $\dfrac{121}{360}$

場合の数を数えて確率を表す、超基本問題だよ。

　白組 10 人, 赤組 9 人, 青組 8 人の計 27 人から 3 人を選ぶ方法は、次のようになり、これらは同様に確からしいですね。

$$_{27}C_3 = \frac{27 \times 26 \times 25}{3 \times 2 \times 1} = 9 \times 13 \times 25 \text{ (通り)}$$

27 と 3、26 と 2 をそれぞれ約分するよ。
この段階では、これ以上の計算はしないでおこう。

　また、白組, 赤組, 青組から 1 人ずつを選ぶ方法は、10 × 9 × 8 (通り) ですから、求める確率は次のようになります。

$$\frac{10 \times 9 \times 8}{9 \times 13 \times 25} = \frac{16}{65}$$

白組から 1 人選んで、さらに赤組から 1 人選んで、さらに青組から1 人選ぶ方法だね。

　よって、正解は肢 4 です。

正解 4

　袋の中に 9 枚のカードが入っており、それぞれのカードには 1 から 9 まで
の異なる一つの整数が書かれている。この袋の中から、無作為にカードを 3 枚
取り出したとき、3 枚のカードに書かれた整数の和が 7 の倍数となる確率とし
て、正しいのはどれか。

1. $\dfrac{1}{7}$　　　2. $\dfrac{13}{84}$　　　3. $\dfrac{1}{6}$　　　4. $\dfrac{5}{28}$　　　5. $\dfrac{4}{21}$

和が 7 の倍数になる場合の数を丁寧に数えてね！

　9 枚から 3 枚を取り出す方法は、${}_9C_3 = \dfrac{9 \times 8 \times 7}{3 \times 2 \times 1} = 84$（通り）で、これ
らは同様に確からしいですね。

　では、このうち、和が 7 の倍数になる組合せが何通りあるか調べます。3 枚
の和は最小で 1 + 2 + 3 = 6、最大で 7 + 8 + 9 = 24 ですから、考えられ
る 7 の倍数は、7, 14, 21 ですね。それぞれの数になる組合せを書き上げると、
次のようになります。

和が 7　　→　（1, 2, 4)
和が 14　→　（1, 4, 9) (1, 5, 8) (1, 6, 7)
　　　　　　　（2, 3, 9) (2, 4, 8) (2, 5, 7)
　　　　　　　（3, 4, 7) (3, 5, 6)
和が 21　→　（4, 8, 9) (5, 7, 9) (6, 7, 8)

3 つの数字の「組合せ」
だから、（1, 2, 4) と
（2, 1, 4) は同じモノ
だよ。重複のないよう、
小さい数字（または大
きい数字）から順に書
くといいね。

　これより、12 通りとわかり、求める確率は、$\dfrac{12}{84}$
$= \dfrac{1}{7}$ となり、正解は肢 1 です。

正解　1

1, 2, 3, 4, 5, 6のいずれかの数字が1つずつ書かれている6枚のカードがある。これらをよく切り、左から右に一列に並べ、カードに書かれた数字を左から順に a, b, c, d, e, f とする。このとき、$a + b + c = d + f$ となる確率として正しいものはどれか。

1. $\dfrac{1}{15}$ 2. $\dfrac{1}{20}$ 3. $\dfrac{1}{30}$ 4. $\dfrac{1}{40}$ 5. $\dfrac{1}{60}$

条件を満たす場合の数を数えよう！「$a + b + c = d + f$」には e だけ使われていないよね！

1～6を一列に並べる方法は、6！通りで、これらは同様に確からしいですね。

では、このうち、「$a + b + c = d + f$」となる方法を数えます。

まず、この数式をよく見ると、e を除く5枚を3枚と2枚に分けて、それぞれ和が等しくなる方法を考えればいいとわかります。

そうすると、1～6の和は21で、これは奇数ですから、「$21 - e$」が2つに分けられる、つまり偶数になるには、e は奇数でないといけませんね。

これより、e は1, 3, 5のいずれかで、ここで次のように場合分けをします。

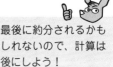

最後に約分されるかもしれないので、計算は後にしよう！

ここに気づくのがポイント！

(1) $e = 1$ の場合

「$21 - e$」は20で、$20 \div 2 = 10$ ですから、$a + b + c = 10$、$d + f = 10$ となります。

1を除く5つの数字（2, 3, 4, 5, 6）で、2つで10になるのは（4, 6）のみですから、(d, f) は（4, 6）を並べる方法で2！通りです。また、(a, b, c) は残る（2, 3, 5）を並べる方法で3！通りですから、このような方法は、2！×3！＝2×6＝12（通り）あります。

$(d, f) = (4, 6)(6, 4)$ の2通りってこと。

(2) $e = 3$ の場合

同様に、「$21 - e$」は18で、$a + b + c = 9$、$d + f = 9$ となります。

3を除く5つの数字（1, 2, 4, 5, 6）で、2つで9になるのは（4, 5）のみですから、(d, f) は（4, 5）を並べる方法、(a, b, c) は（1, 2, 6）

を並べる方法で、この場合も 2！× 3！= 12（通り）あります。

（3）$e = 5$ の場合

同様に、「$21 - e$」は 16 で、$a + b + c = 8$、$d + f = 8$ となります。

5 を除く 5 つの数字（1，2，3，4，6）で、2 つで 8 になるのは（2，6）のみですから、(d, f) は（2，6）を並べる方法、(a, b, c) は（1，3，4）を並べる方法で、この場合も 2！× 3！= 12（通り）あります。

これより、このような方法は 12 × 3（通り）あり、求める確率は次のようになります。

$$\frac{12 \times 3}{6!} = \frac{12 \times 3}{6 \times 5 \times 4 \times 3 \times 2 \times 1} = \frac{1}{20}$$

分子の 12，3 と分
母の 6，2，3 が約
分できるよね。

よって、正解は肢 2 です。

||| 正解 ▷ 2

PLAY 4 　場合の数を数えて解くパターン　　東京都 I 類 A 2014

袋の中にレモンキャンディ 7 個、ストロベリーキャンディ 3 個、グレープキャンディ 2 個の合計 12 個のキャンディが入っている。この袋の中から無作為に 5 個のキャンディを同時に取り出すとき、取り出した 5 個がレモンキャンディ 3 個、ストロベリーキャンディ 1 個、グレープキャンディ 1 個である確率として、正しいのはどれか。

1. $\dfrac{7}{132}$　　2. $\dfrac{5}{66}$　　3. $\dfrac{7}{66}$　　4. $\dfrac{35}{264}$　　5. $\dfrac{35}{132}$

もう 1 問、場合の数を数えて解いてみよう！ 少し慣れてきたでしょ！？

まず、12個のキャンディから5個を取り出す方法は、次の通りです。

$$_{12}C_5 = \frac{12 \times 11 \times 10 \times 9 \times 8}{5 \times 4 \times 3 \times 2 \times 1}$$
$$= 11 \times 9 \times 8 \text{（通り）}$$

次に、レモンキャンディ3個、ストロベリーキャンディ1個、グレープキャンディ1個を取り出す方法を数えます。

レモンキャンディは7個ありますので、ここから3個を選ぶ方法は $_7C_3$ 通り、ストロベリーキャンディは、3個から1個を選ぶ方法で3通り、同様に、グレープキャンディは2通りですから、これらを組み合わせる方法は、次のようになります。

場合の数を数えるとき、同じ種類のキャンディは原則として区別しないけど、ここでは12個のキャンディをそれぞれ区別して計算するよ。

なぜなら、それぞれの種類のキャンディは個数が異なるので、区別しなければ同様に確からしくならないからね。

たとえば、赤玉100個と白玉1個から2個を選ぶ場合の数は、（赤, 赤）と（赤, 白）の2通りだけど、明らかに前者のほうが高い確率で現れるよね。

だから、101個の玉を区別して2個を選ぶ方法として考えないと確率の計算ができないんだ。

もちろん、$\dfrac{\text{ある事象の場合の数}(a)}{\text{全体の場合の数}(N)}$ で確率を計算するとき、N をこのように数えるなら、a も同様に数えるのがルールだよ。

$$_7C_3 \times 3 \times 2 = \frac{7 \times 6 \times 5}{3 \times 2 \times 1} \times 3 \times 2 = 7 \times 5 \times 3 \times 2 \text{（通り）}$$

これより、求める確率は、次のようになります。

$$\frac{7 \times 5 \times 3 \times 2}{11 \times 9 \times 8} = \frac{35}{132}$$

よって、正解は肢5です。

 正解 5

#29 確率②
加法定理と乗法定理で解く!

頻出度 ★★★★★ | 重要度 ★★★★★ | コスパ ★★★★☆

確率の問題は、場合の数を計算して解く問題も多いですが、加法定理と乗法定理を使って解く問題のほうがやや多いかもしれません。いずれのパターンも問題数をこなして慣れることが大事です。

基本事項

①加法定理・乗法定理

たとえば、サイコロを1回振って「1または6の目の出る確率」は、6通りの中の2通りなので、$\frac{2}{6} = \frac{1}{3}$ ですが、これは「1の目の出る確率 $\frac{1}{6}$」＋「6の目の出る確率 $\frac{1}{6}$」でも求められます。

ところが、「2の倍数または3の倍数の目の出る確率」となると、6通りの中で、「2，3，4，6」の4通りなので、$\frac{4}{6} = \frac{2}{3}$ ですが、「2の倍数の目の出る確率 $\frac{3}{6}$」＋「3の倍数の目の出る確率 $\frac{2}{6}$」＝ $\frac{5}{6}$ で合致しません。その理由は、2と3の公倍数である「6の目の出る確率」が両方に含まれており、これが重複したためです。

すなわち、場合の数の「和の法則」と同じように、「AまたはB」の確率は、A，Bそれぞれの確率を足すことで求められますが、両方に含まれる（同時に起こる）ことのない事象（「排反事象」といいます）でなければいけません。これが「加法定理」です。

また、たとえば、サイコロを2回振って「1回目は1の目が出て、さらに2回目は6の目が出る確率」を考えると、目の出方は全部で $6 \times 6 = 36$（通り）で、その中の1通りなので、$\frac{1}{36}$ ですが、これは「1の目の出る確率 $\frac{1}{6}$」× 「6の目の出る確率 $\frac{1}{6}$」でも求められます。

すなわち、「積の法則」と同じように、「AかつB」の確率は、A，Bそれぞれの確率をかけることで求められ、これが「乗法定理」です。

以上をまとめると、次のようになります。

Aの起こる確率がP_a、Bの起こる確率がP_bであるとき

加法定理　Aが起こる**または**Bが起こる確率　⇒　$P_a + P_b$

　　　　　※ただし、A，Bは同時に起こりえないこと

乗法定理　Aが起こり**かつ**Bが起こる確率　⇒　$P_a \times P_b$

②余事象

　あることが「起こる」という事象に対して、「起こらない」という事象を「余事象」といいます。

　ある事象は、起こるか起こらないかのどちらかですから、ある事象の確率とその余事象の確率は、合わせて 1（= 100%）となります。

　よって、公式は次のようになります。

　　　　ある事象の起こる確率 ＝ 1 － その余事象の確率

PLAY 1　場合の数と乗法定理の両方で解けるパターン　東京都Ⅰ類B 2020

　20 本のくじの中に、当たりくじが 3 本入っている。ここから同時に 2 本のくじを引いたとき、当たりくじが 1 本のみ含まれている確率として、正しいのはどれか。

1. $\dfrac{24}{95}$　　2. $\dfrac{49}{190}$　　3. $\dfrac{5}{19}$　　4. $\dfrac{51}{190}$　　5. $\dfrac{26}{95}$

＃28 で解いたような、場合の数を数える方法と、乗法定理で計算する方法のどちらでも解ける問題もけっこうあるんだ。どっちが早いか即座に判断できるようになってくれよ！

解法 1

　まず、場合の数を数えて、確率の定義に従って求めます。20 本から 2 本を選ぶ方法は、$_{20}C_2 = \dfrac{20 \times 19}{2 \times 1} = 190$（通り）ですね。

　では、このうち、当たりくじが 1 本のみの方法を数えます。20 本のうち、当たりくじは 3 本、はずれくじは 17 本ですから、それぞれ 1 本ずつ組み合わせる方法は、$3 \times 17 = 51$（通り）ですね。

これより、求める確率は、$\dfrac{51}{190}$ で、正解は肢 4 です。

解法 2

20 本のくじから同時に 2 本を引いても、1 本ずつ 2 回引いても、結果は同じです。

なので、2 本のうち 1 本だけ当たる方法を以下の 2 通りに場合分けし、乗法定理（基本事項①）を使って確率を計算します。

(1) 1 本目が当たり、2 本目がはずれる場合

1 本目が当たる確率は $\dfrac{3}{20}$ ですね。2 本目が外れる確率は、残る 19 本のうちはずれくじは 17 本ですから $\dfrac{17}{19}$ です。

よって、乗法定理より、このような確率は次のようになります。

$$\dfrac{3}{20} \times \dfrac{17}{19} = \dfrac{51}{380} \quad \cdots ①$$

(2) 1 本目がはずれて、2 本目が当たる場合

同様に、次のようになります。

$$\dfrac{17}{20} \times \dfrac{3}{19} = \dfrac{51}{380} \quad \cdots ②$$

①と②は同時に起こりませんので、このうちのいずれかが起こる確率は、加法定理（基本事項①）より次のようになります。

$$\dfrac{51}{380} + \dfrac{51}{380} = \dfrac{51}{190}$$

 正解 4

Aは、BとCを交互に対戦相手として、卓球の試合を3試合することになった。AがBに勝つ確率が $\frac{2}{5}$、AがCに勝つ確率が $\frac{3}{5}$ であるとき、Aが2回以上連続で勝つ確率は、最初にどちらと対戦するほうが高いか。また、そのときの確率はいくらか。

最初の対戦相手	2回以上連続で勝つ確率
1. B	$\frac{42}{125}$
2. B	$\frac{48}{125}$
3. C	$\frac{42}{125}$
4. C	$\frac{48}{125}$
5. C	$\frac{54}{125}$

場合分けして丁寧に計算してみよう！

2回以上連続で勝つ方法は、「3試合全部」「1試合目と2試合目のみ」「2試合目と3試合目のみ」の3通りです。AがB，Cに負ける確率はそれぞれ $\frac{3}{5}$，$\frac{2}{5}$ ですので、最初にどちらと対戦するかで場合分けをすると、次のようになります。

(1) 最初にBと対戦して、2回以上連続で勝つ場合

① B…○　　　C…○　　　B…○
$$\frac{2}{5} \times \frac{3}{5} \times \frac{2}{5} = \frac{12}{125}$$

② B…○　　　C…○　　　B…×
$$\frac{2}{5} \times \frac{3}{5} \times \frac{3}{5} = \frac{18}{125}$$

③ B…×　　　C…○　　　B…○
$$\frac{3}{5} \times \frac{3}{5} \times \frac{2}{5} = \frac{18}{125}$$

①，②，③は同時に起こりませんので、このうちのいずれかが起こる確率は

次のようになります。

$$\frac{12}{125} + \frac{18}{125} + \frac{18}{125} = \frac{48}{125}$$

(2) 最初にCと対戦して、2回以上連続で勝つ場合

① C…○   B…○   C…○

$$\frac{3}{5} \quad \times \quad \frac{2}{5} \quad \times \quad \frac{3}{5} \quad = \quad \frac{18}{125}$$

② C…○   B…○   C…×

$$\frac{3}{5} \quad \times \quad \frac{2}{5} \quad \times \quad \frac{2}{5} \quad = \quad \frac{12}{125}$$

③ C…×   B…○   C…○

$$\frac{2}{5} \quad \times \quad \frac{2}{5} \quad \times \quad \frac{3}{5} \quad = \quad \frac{12}{125}$$

同様に、このうちのいずれかが起こる確率は次のようになります。

$$\frac{18}{125} + \frac{12}{125} + \frac{12}{125} = \frac{42}{125}$$

よって、最初にBと対戦したほうが確率は高く、その確率は $\frac{48}{125}$ となり、正解は肢2です。

 正解 2

男性 3 人と女性 3 人の計 6 人が、「男女男女男女」の順に横一列で 6 人掛けベンチに座っている。「6 人のうち 2 人を無作為に選び、その 2 人に入れ替わってもらう」という席替えを 2 回繰り返した時点で、両端の人が共に女性となっている確率はいくらか。

1. $\dfrac{1}{15}$　　2. $\dfrac{8}{45}$　　3. $\dfrac{5}{27}$　　4. $\dfrac{1}{3}$　　5. $\dfrac{4}{9}$

ちょっと難しいけどいい問題だよ！ チャレンジしてみて！

ベンチの座席の位置を左から①〜⑥とします。初めの状態は、①，③，⑤が男性、②，④，⑥が女性ですね。

まず、1 回目の席替えで、両端の①と⑥が、ともに女性、ともに男性、男女 1 人ずつとなる確率をそれぞれ求めます。

6 人から 2 人を選んで席替えをする方法は、$_6C_2$ $=\dfrac{6\times5}{2\times1}=15$（通り）ですが、①と⑥がともに女性になるのは、図のように、<u>①と②、①と④が入れ替わる 2 通り</u>だけですから、確率は $\dfrac{2}{15}$ です。

男性である①が、⑥以外の女性とチェンジすれば、両端が女性になるね。

|①|②|③|④|⑤|⑥| |①|②|③|④|⑤|⑥|
|男|女|男|女|男|女|→|女|男|男|女|男|女|

①↑　②↑

|①|②|③|④|⑤|⑥| |①|②|③|④|⑤|⑥|
|男|女|男|女|男|女|→|女|女|男|男|男|女|

①↑　④↑

同様に、①，⑥がともに男性になるのは、⑥と③、⑥と⑤が入れ替わる 2 通りで、やはり、確率は $\dfrac{2}{15}$ です。

そうすると、<u>残る 15 − 2 − 2 = 11（通り）</u>は、両端が男女 1 人ずつになる方法ですから、このようになる確率は $\dfrac{11}{15}$ とわかります。

①と③、①と⑤、⑥と②、⑥と④、①と⑥の 5 通りと、①，⑥以外の 4 人のうち 2 人がチェンジする方法の $_4C_2=6$ 通りで、計 11 通りだね。

これより、それぞれの場合について、2回の席替えで①, ⑥がともに女性になる確率を求めます。

（1）1回目で①, ⑥がともに女性になった場合

2回目の席替えでも、両端が女性であることをキープするには、①または⑥が、②～⑤にいるもう1人の女性と席替えをする2通り、①と⑥が席替えをする1通り、②～⑤の4人のうち2人が席替えをする $_4C_2 = 6$ 通りの計9通りですから、確率は $\dfrac{9}{15} = \dfrac{3}{5}$ となります。

> 余事象だと、①または⑥が男性3人とチェンジする方法で、2 × 3 = 6（通り）だから、こっちのほうがラクだね。

よって、1回目→2回目でこのようになる確率は次のようになります。

$$\frac{2}{15} \times \frac{3}{5} = \frac{2}{25}$$

（2）1回目で①, ⑥がともに男性になった場合

2回目の席替えでどのようにしても、両端が女性になることはありません。

（3）1回目で①, ⑥が男女1人ずつになった場合

2回目の席替えで、①, ⑥の男性の方が、②～⑤にいる女性2人のいずれかと入れ替わる2通りですので、確率は $\dfrac{2}{15}$ です。

よって、1回目→2回目でこのようになる確率は次のようになります。

$$\frac{11}{15} \times \frac{2}{15} = \frac{22}{225}$$

以上より、2回の席替えで両端が共に女性になるのは（1）か（3）のいずれかで、これらは同時に起こりませんので、確率は次のようになります。

$$\frac{2}{25} + \frac{22}{225} = \frac{18 + 22}{225} = \frac{40}{225} = \frac{8}{45}$$

よって、正解は肢2です。

 正解 2

224

袋が三つあり、いずれも赤玉が 1 個と白玉が 3 個の合計 4 個の玉が入っている。それぞれの袋から中を見ずに玉を 1 個取り出し、取り出した 3 個の玉の中で赤玉が少なくとも 1 個含まれる確率はいくらか。

1. $\dfrac{29}{64}$　　2. $\dfrac{31}{64}$　　3. $\dfrac{33}{64}$　　4. $\dfrac{35}{64}$　　5. $\dfrac{37}{64}$

「少なくとも」って言われたら、余事象の出番かな？

「赤玉が少なくとも 1 個」の確率は、1 個，2 個，3 個それぞれの場合の確率を計算して足し合わせても求められます。しかし、余事象（基本事項②）のほうを考えると「すべて白玉」ですから、こちらのほうが楽ですね。本問は、余事象の確率を 1 から引いて求めることにします。

それぞれの袋に入っているのは、赤玉と白玉合わせて 4 個で、白玉は 3 個ですから、白玉を取り出す確率はどの袋からも $\dfrac{3}{4}$ です。

すなわち、3 つの袋それぞれから白玉を取り出す確率を 1 から引いて、求める確率は次のようになります。

$$1 - \dfrac{3}{4} \times \dfrac{3}{4} \times \dfrac{3}{4} = 1 - \dfrac{27}{64} = \dfrac{37}{64}$$

よって、$\dfrac{37}{64}$ となり、正解は肢 5 です。

正解 5

図のようなネットワークがあり、Xは故障率 $\frac{1}{2}$ の中継機器を表している。
機械Aから機械Bまで通信を行うとき、通信が成功する確率はいくらか。

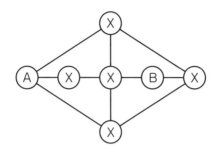

1. $\frac{1}{2}$　　2. $\frac{5}{8}$　　3. $\frac{3}{4}$　　4. $\frac{13}{16}$　　5. $\frac{27}{32}$

ちょっと面倒だけど、ガンバって！

「通信が成功する」とは、AからBまでネットワーク上のいずれかのルートが、途中のXの故障なしでつながるということです。

しかし、選択肢を見る限り、成功する確率は $\frac{1}{2}$ 以上のようですから、ここは、余事象である「通信が失敗する確率」を求めて1から引くことにしましょう。

まず、図1のように5つのXを $X_1 \sim X_5$ とします。AからBにつながるかどうかは、Bと直接つながっている X_3 と X_5 の作動がポイントになりますから、この2つが故障か作動かで、次のように場合分けをします。

 図1

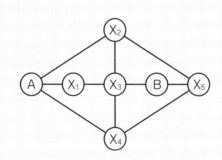

(1) X_3とX_5がともに故障している場合

他の３つのＸの状況にかかわらず、Ａからの通信がＢにつながることはありません。

よって、このような状況で失敗する確率は次の通りです。

X_1	X_2	X_3	X_4	X_5
		×		×

$$\frac{1}{2} \times \frac{1}{2} = \frac{1}{4}$$

> X_1，X_2，X_4は、故障でも作動でもどちらでもいいので、確率は「1」だから、省略してOK！

(2) X_3は故障し、X_5は作動している場合

X_2とX_4のいずれかが作動していれば、図２のように通信はつながりますが、ともに故障していればつながりません。このとき、X_1の状況は影響しません。

図２

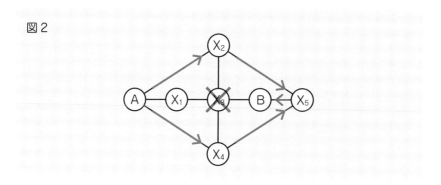

よって、このような状況で失敗する確率は次の通りです。

X_1	X_2	X_3	X_4	X_5
×	×	×	○	

$$\frac{1}{2} \times \frac{1}{2} \times \frac{1}{2} \times \frac{1}{2} = \frac{1}{16}$$

(3) X_3は作動し、X_5は故障している場合

X_1，X_2，X_4のいずれかが作動していれば、図３のように通信はつながりますが、すべて故障していればつながりません。

図3

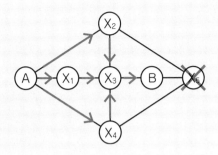

よって、このような状況で失敗する確率は次の通りです。

X_1	X_2	X_3	X_4	X_5
×	×	○	×	×

$$\frac{1}{2} \times \frac{1}{2} \times \frac{1}{2} \times \frac{1}{2} \times \frac{1}{2} = \frac{1}{32}$$

（4）X_3 と X_5 がともに作動している場合

（3）同様に、他の3機器がすべて故障しているときのみつながりません。

よって、このような状況で失敗する確率は次の通りです。

X_1	X_2	X_3	X_4	X_5
×	×	○	×	○

$$\frac{1}{2} \times \frac{1}{2} \times \frac{1}{2} \times \frac{1}{2} \times \frac{1}{2} = \frac{1}{32}$$

以上より、通信が失敗するのは（1）～（4）のいずれかの場合で、これらは同時に起こりませんから、確率を合計します。

さらにこれを1から引くと、成功する確率は次のようになります。

$$1 - \left(\frac{1}{4} + \frac{1}{16} + \frac{1}{32} + \frac{1}{32} \right) = 1 - \frac{3}{8} = \frac{5}{8}$$

よって、正解は肢2です。

正解 2

#30 反復試行
公式は丸暗記しない！

頻出度 ★★★★☆ | 重要度 ★★★★☆ | コスパ ★★★★☆

反復試行の確率の問題で、公式を使って計算します。公式は一見複雑に見えますが、意味を理解すれば難しくはありません。このタイプの問題は割と見分けやすく、解法を覚えれば得点源になります。

基本事項

反復試行の定理

たとえば、サイコロは何回振っても、それぞれの目の出る確率は常に $\frac{1}{6}$ です。

1の目が出たら、次は2の目が出やすいとか、そんなことはありませんよね。

このように、ある回の試行が他の回の試行に影響を及ぼすことがない試行を、「独立試行」といいます。

独立試行を何度か行うことを「反復試行」といい、次のような公式があります。

ある事象の起こる確率が p であるとき、その事象が n 回のうち r 回起こる確率

$$_n C_r \times p^r \times (1-p)^{n-r}$$

この公式は、暗記するのではなく、次の PLAY 1 の問題を通してその意味を覚えてください（231 ページ「公式の確認」参照）。

AとBの2人がじゃんけんで勝負をすることにした。先に3勝したほうを勝者とするとき、4回目のじゃんけんでAが勝者となる確率はいくらか。ただし、あいこも1回と数えるものとする。

1. $\dfrac{2}{6}$　　2. $\dfrac{5}{9}$　　3. $\dfrac{1}{27}$　　4. $\dfrac{2}{27}$　　5. $\dfrac{1}{81}$

この問題を通して公式の意味を確認しよう！ 丸暗記だと忘れるよ！

1回のじゃんけんでAがBに勝つ確率は$\dfrac{1}{3}$、勝たない（負けまたはあいこ）の確率は$\dfrac{2}{3}$です。

Aは、4回目で勝者になるので、1～3回目で2回勝ち、さらに4回目で勝つということが起こる確率を求めればいいですね。

そうすると、1回目～3回目の3回のうち、2回だけ勝つ方法とそれぞれの確率は次のようになります。

	1回目	2回目	3回目
①	勝つ	勝つ	勝たない
	$\dfrac{1}{3}$ ×	$\dfrac{1}{3}$ ×	$\dfrac{2}{3}$ = $\dfrac{2}{27}$
②	勝つ	勝たない	勝つ
	$\dfrac{1}{3}$ ×	$\dfrac{2}{3}$ ×	$\dfrac{1}{3}$ = $\dfrac{2}{27}$
③	勝たない	勝つ	勝つ
	$\dfrac{2}{3}$ ×	$\dfrac{1}{3}$ ×	$\dfrac{1}{3}$ = $\dfrac{2}{27}$

これより、①，②，③のいずれかが起こり、さらに4回目に勝つ確率は、次のようになります。

3回目までで2回勝つ　4回目勝つ

$$\left(\frac{2}{27} + \frac{2}{27} + \frac{2}{27} \right) \times \frac{1}{3} = \frac{2}{27}$$

よって、正解は肢4です。

||| 正解 ▶ 4

公式の確認

①～③の和の部分は、確率 $\frac{1}{3}$ で起こる「勝つ」ということが、3回のうち2回起こる確率なので、229ページの公式に、$p = \frac{1}{3}$，$n = 3$，$r = 2$ を代入すると、次のように求められるね。

$$_3\mathrm{C}_2 \times \left(\frac{1}{3} \right)^2 \times \left(1 - \frac{1}{3} \right)^{3-2} = 3 \times \frac{1}{9} \times \frac{2}{3} = 3 \times \frac{2}{27}$$

すなわち、$\left(\frac{1}{3} \right)^2 \times \left(1 - \frac{1}{3} \right)^{3-2}$ は、「勝つ」が2回と「勝たない」が1回を意味しており、①～③のそれぞれの確率と同じだよね。

また、「$_3\mathrm{C}_2$」はそのようなことが何通りあるか（ここでは3通り）を意味し、その何通りかはいずれも同じ確率なので、その数だけかければ求められるわけ。

公式の意味を理解して、使いこなしてね。

PLAY 2 反復試行の公式を応用する問題

数直線上の原点にPがある。サイコロを投げ、1または2の目が出たら点Pは正の方向へ1動き、3または4の目が出たら点Pは負の方向へ1動き、5または6の目が出たら点Pは動かないものとする。3回サイコロを投げたとき、点Pが＋1の点で止まる確率として正しいものはどれか。

1. $\dfrac{1}{27}$ 2. $\dfrac{2}{27}$ 3. $\dfrac{1}{9}$ 4. $\dfrac{2}{9}$ 5. $\dfrac{1}{3}$

最近、裁判所でよく出題されているパターンだよ！

条件より、サイコロを1回振ったときの3通りの事象を、次のようにA～Cとします。

A　1または2の目が出る → 正の方向へ1動く
B　3または4の目が出る → 負の方向へ1動く
C　5または6の目が出る → 動かない

A～Cの事象が起こる確率はいずれも $\dfrac{1}{3}$ ですね。ここで、サイコロを3回振って＋1で止まる動き方を考えると、次の2パターンとわかります。

正の方向（A）2回、負の方向（B）1回　…①
正の方向（A）1回、動かない（C）2回　…②

これより、それぞれの確率を求めます。
まず、①が起こる確率ですが、A2回、B1回はどのような順番で起こってもいいので、サイコロを3回振り、Aが2回、Bが1回起こる確率として、反復試行の公式を応用すると次のようになります。

公式の形は、「（起こる○回）×（起こらない△回）」だけど、「（A2回）×（B1回）」でも同様に計算していいからね！

$$_3C_2 \times \left(\dfrac{1}{3}\right)^2 \times \left(\dfrac{1}{3}\right) = 3 \times \dfrac{1}{27} = \dfrac{1}{9}$$

$_3C_2$ は、「3回のうちAが2回」の起こり方だけど、「Bが1回」で $_3C_1$ でもOK！

次に②が起こる確率ですが、こちらも、サイコロを3回振り、Aが1回、C

が2回起こる確率ですから、①と全く同じ計算になるのがわかります。

これより、①，②のいずれかが起こる確率は、

$$\frac{1}{9} + \frac{1}{9} = \frac{2}{9}$$ となり、正解は肢4です。

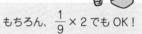

もちろん、$\frac{1}{9} \times 2$ でもOK！

正解▶ 4

Challenge 反復試行のややハイレベルな問題　　　国家一般職 2017

A～Gの七つのバレーボールチームがある。Aは、B～Gの六つのチームと1試合ずつ対戦することとなっているが、過去の対戦成績から、Bに勝つ確率は $\frac{1}{3}$ であり、その他のチームに勝つ確率はいずれも $\frac{1}{2}$ であることが分かっている。このとき、Aが4勝以上する確率はいくらか。

ただし、試合には引き分けはないものとする。

1. $\dfrac{7}{24}$　　　2. $\dfrac{3}{8}$　　　3. $\dfrac{11}{24}$　　　4. $\dfrac{13}{24}$　　　5. $\dfrac{5}{8}$

ちょっと場合分けがあるけど、公式通りに解けるからチャレンジして！

Aが4勝以上なので、4勝，5勝，6勝する確率をそれぞれ求めて合計します。

（1）Aが4勝2敗となる確率

Aは、Bに勝つ確率だけ他のチームと異なりますので、Bを含む4チームに勝つ場合と、B以外の4チームに勝つ場合で、さらに分けて考えます。

まず、Bを含む4チームに勝つ場合は、Bに勝ち、C～Gの5チームのうち3チームに勝つ方法なので、反復試行の公式より、確率は次のようになります。

Bに勝つ　　　C～Gに3勝2敗

$$\frac{1}{3} \ \times \ {}_5C_3 \times \left(\frac{1}{2}\right)^3 \times \left(1 - \frac{1}{2}\right)^2 = \frac{1}{3} \times 10 \times \frac{1}{2^3} \times \frac{1}{2^2} = \frac{10}{3 \times 2^5} \ \cdots①$$

次に、B以外の4チームに勝つ場合は、Bに負け、C〜Gの5チームのうち4チームに勝つ方法なので、同様に、次のようになります。

Bに負け　　C〜Gに4勝1敗

$$\frac{2}{3} \times {}_5C_4 \times \left(\frac{1}{2}\right)^4 \times \left(1 - \frac{1}{2}\right) = \frac{2}{3} \times 5 \times \frac{1}{2^4} \times \frac{1}{2} = \frac{10}{3 \times 2^5} \cdots ②$$

（2）Aが5勝1敗となる確率

同様に、Bを含む5チームに勝つ場合と、B以外の5チームに勝つ場合で考えます。

まず、Bを含む5チームに勝つ場合は、Bに勝ち、C〜Gの5チームのうち4チームに勝つ方法なので、次のようになります。

Bに勝つ　　C〜Gに4勝1敗

$$\frac{1}{3} \times {}_5C_4 \times \left(\frac{1}{2}\right)^4 \times \left(1 - \frac{1}{2}\right) = \frac{1}{3} \times 5 \times \frac{1}{2^4} \times \frac{1}{2} = \frac{5}{3 \times 2^5} \cdots ③$$

次に、B以外の5チームに勝つ場合は、Bに負け、C〜Gの全チームに勝つ方法なので、次のようになります。

Bに負け　　C〜Gに全勝

$$\frac{2}{3} \times \left(\frac{1}{2}\right)^5 = \frac{2}{3} \times \frac{1}{2^5} = \frac{2}{3 \times 2^5} \cdots ④$$

（3）Aが6勝0敗となる確率

全てのチームに勝つ確率で、次のようになります。

Bに勝つ　　C〜Gに全勝

$$\frac{1}{3} \times \left(\frac{1}{2}\right)^5 = \frac{1}{3} \times \frac{1}{2^5} = \frac{1}{3 \times 2^5} \cdots ⑤$$

以上より、Aが4勝以上するのは、①〜⑤のいずれかで、これらは同時に起こりませんので、合計すると次のようになります。

$$\frac{10}{3 \times 2^5} + \frac{10}{3 \times 2^5} + \frac{5}{3 \times 2^5} + \frac{2}{3 \times 2^5} + \frac{1}{3 \times 2^5}$$

$$= \frac{10+10+5+2+1}{3 \times 2^5} = \frac{28}{3 \times 2^5} = \frac{2^2 \times 7}{3 \times 2^5} = \frac{7}{3 \times 2^3} = \frac{7}{24}$$

よって、正解は肢 1 です。

|||| 正解 ▷ 1

PLAY 3 反復試行の類似問題 地方上級 2019

　箱の中に 10 本のくじがはいっており、そのうち 3 本だけが当たりくじである。この箱から 1 人 1 本ずつ順にくじを引き、引いたくじはもとに戻さない。当たりくじがなくなったところで終了するとき、4 人目にくじを引いた人が当たりくじを引いて、そこで終了となる確率はいくらか。

1. $\dfrac{1}{10}$　　2. $\dfrac{1}{15}$　　3. $\dfrac{1}{20}$　　4. $\dfrac{1}{30}$　　5. $\dfrac{1}{40}$

反復試行ではないんだけど、同じ考え方で計算を省略できる問題。よくあるタイプなので、ここで考え方を定着させよう！

　4 人目に引いた人は当たりですから、3 人目までに 2 人が当たり、1 人がはずれることになりますね。

　本問の条件は、引いたくじを元に戻しませんので、自分より先に引いた人が当たるかはずれるかで、自分が当たる確率が変わります。つまり、先の試行の影響を受けるので、「独立試行」ではありません。しかし、3 人目までに 2 人当たる（1 人はずれる）のはどのような順番でも同じ確率になるのはわかるでしょう。反復試行の公式と同様の考え方で計算できそうですね。

　とりあえず、ここでは、すべての場合の確率を計算します。3 人目までの誰がはずれるかを考えると、次の①～③の 3 通りとなりますね。

	1人目	2人目	3人目	4人目
①	×	○	○	○

$$\frac{7}{10} \times \frac{3}{9} \times \frac{2}{8} \times \frac{1}{7} = \frac{1}{120}$$

	1人目	2人目	3人目	4人目
②	○	×	○	○

$$\frac{3}{10} \times \frac{7}{9} \times \frac{2}{8} \times \frac{1}{7} = \frac{1}{120}$$

	1人目	2人目	3人目	4人目
③	○	○	×	○

$$\frac{3}{10} \times \frac{2}{9} \times \frac{7}{8} \times \frac{1}{7} = \frac{1}{120}$$

はずれは7本だからね！くじは1本ずつ減っていくのを忘れないでよ！

①～③は、いずれも分母が同じで、分子も順番は異なりますが、(7, 3, 2, 1) が1個ずつですから、いずれも同じ確率になります。

そうすると、このような結果が予想できる場合は、すべて計算しなくても、1つを計算して3倍すればいいとわかるでしょう。たとえば、①を計算して、$_3C_2$（または$_3C_1$）をかけて、以下の計算で十分ですね。

$$_3C_2 \times \frac{7}{10} \times \frac{3}{9} \times \frac{2}{8} \times \frac{1}{7} = 3 \times \frac{1}{120} = \frac{1}{40}$$

よって、正解は肢5です。

このように、場合分けして計算しても、みんな一緒ってことはよくあるよ。#29 PLAY1（解法2）もそうだよね。無駄な計算をしないよう、効率よく解こう！

正解 5

#31 期待値とベイズの定理
解法を覚える!

頻出度 ★★☆☆☆ | 重要度 ★★☆☆☆ | コスパ ★★★★☆

確率の問題ではマイナーなタイプですが、ときどき出題されています。期待値は、計算方法を覚えるだけで割と楽に得点でき、コスパ◎です。ベイズの定理もパターンが決まっていますので、解法を覚えれば解けるでしょう。

基本事項

①期待値

たとえば、コインを 1 回投げて、表が出たら 1,000 円、裏が出たら 100 円の賞金を得るとします。このとき、1,000 円を得る確率が $\frac{1}{2}$ で、100 円を得る確率も $\frac{1}{2}$ なわけですから、平均的な賞金の見込み額は、$1000 \times \frac{1}{2} + 100 \times \frac{1}{2}$ $= 500 + 50 = 550$(円)となり、これを賞金の「期待値」といいます。

1 回だけなら、1,000 円か 100 円かなので、「平均 550 円もらえそうだ…」とか、あまり考えませんが、このチャンスが何回もあるなら、賞金の平均額は 550 円に近づいていくのがわかるでしょう。

このように、期待値は、「得られる数値 × それが起こる確率」の和で求めることができます。

②ベイズの定理

たとえば、98%の確率で当たるくじ A と、2%の確率で当たるくじ B があり、無作為に片方のくじを選んで 1 本引きます。

ここで「当たる確率は?」と聞かれた場合は、

普通の問題はこうだよね!

①A を選んで当たる確率 → $\frac{1}{2} \times 0.98 = 0.49$ と、

②B を選んで当たる確率 → $\frac{1}{2} \times 0.02 = 0.01$ のいずれかが起こる確率で、$0.49 + 0.01 = 0.5$ と求めます。

しかし、「1 本引いて当たりました。A を選んでいた確率は?」と聞かれた場合はどうでしょう? A か B を無作為に選んだので $\frac{1}{2}$ ですか? でも、「当たった」と聞いた時点で「多分 A を選んだのだろう」と誰もが思うでしょう。

もちろん、Ａであった確率のほうが高いです。

　すなわち、「当たった」という事実から、①か②のいずれかが既に起こったわけで、そのうち①のほうが起こっている確率（割合）を、それぞれの起こりやすさの比に従って求めればいいのです。そうすると、①と②の確率の比は $0.49 : 0.01 = 49 : 1$ ですから、①が $\dfrac{49}{50}$ 、②が $\dfrac{1}{50}$ の割合で起こっていることがわかり、前者がＡを選んでいた確率になります。

$49 + 1 = 50$ を、49 と 1 に配分したわけだ！
これらの確率の和は 1 になり、どちらかが起こったことがわかるよね！

　このような確率を「条件付き確率」あるいは「ベイズの定理」といい、次のように定義されます。

事象 r が起こる方法として、Ａ，Ｂ，Ｃ，…という事象があり、それぞれの起こる確率を p_a, p_b, p_c, …とすると、事象 r が起こった場合に、その方法がＡであった確率は、次のようになる（ただし、Ａ，Ｂ，Ｃ，…は排反事象）。

$$\dfrac{p_a}{p_a + p_b + p_c + \cdots\cdots}$$

この分野は、一時は国家で頻出だったんだよ。最近はほとんど出題されていないけど、2022 年に、国家専門職で久々に期待値の出題（PLAY2）があったよ。

　袋の中に 1 〜 5 の異なる整数が書かれたカードが 1 枚ずつ、合計 5 枚入っている。この袋からカードを 1 枚ずつ、取ったカードは戻さずに合計 3 枚引いたとき、その 3 枚のカードに書かれている数字の和の期待値として、最も妥当なのはどれか。

1. 7.5　　　2. 8　　　3. 8.5　　　4. 9　　　5. 9.5

　期待値って平均値のことだから、大体わかるよね !?

　5 枚から 3 枚を引く方法は、$_5C_3 = 10$ 通りですから、それぞれの数字の和を調べると、次のようになります。

$1 + 2 + 3 = 6$　　$1 + 2 + 4 = 7$　　$1 + 2 + 5 = 8$　　$1 + 3 + 4 = 8$

$1 + 3 + 5 = 9$　　$1 + 4 + 5 = 10$　　$2 + 3 + 4 = 9$　　$2 + 3 + 5 = 10$

$2 + 4 + 5 = 11$　　$3 + 4 + 5 = 12$

　3 枚の和となる数は、6，7，11，12 は 1 通りずつですが、8，9，10 は 2 通りずつありますので、それぞれの現れる確率は次のようになります。

3 枚の和	6	7	8	9	10	11	12
出現確率	$\frac{1}{10}$	$\frac{1}{10}$	$\frac{2}{10}$	$\frac{2}{10}$	$\frac{2}{10}$	$\frac{1}{10}$	$\frac{1}{10}$

これより、期待値を計算すると、次のようになります。

$$6 \times \frac{1}{10} + 7 \times \frac{1}{10} + 8 \times \frac{2}{10} + 9 \times \frac{2}{10} + 10 \times \frac{2}{10} + 11 \times \frac{1}{10} + 12 \times \frac{1}{10}$$

$$= \frac{6 + 7 + 16 + 18 + 20 + 11 + 12}{10}$$

$$= \frac{90}{10}$$

$$= 9$$

よって、期待値は 9 となり、正解は肢 4 です。

|| 正解 ▶ 4

期待値って、平均値なんでしょ？
1 ～ 5 の平均は 3 だから、
3 × 3 ＝ 9 じゃダメなの？

まあ、それでいいんだけどね…

　Aは 100 万円の元金を有しており、これを株式投資か債券投資のいずれか一方で 1 年間、運用することを考えている。

　株式投資については、1 年後に元金が 25 万円増加するか 15 万円減少するかのいずれかであると仮定する。なお、1 年後に株式投資で、増加する確率や減少する確率については分かっていない。一方、債券投資については、元金に対して 1 年間で確実に 10% の利子が付くと仮定する。

　Aが、1 年後に、株式投資により得られる金額の期待値が債券投資により得られる金額を上回れば株式投資を選択するとした場合、株式投資を選択するのは、株式投資により元金が増加する確率が、次のうち、最低限いくらより大きいと予想するときか。

1. 62.5%　　2. 65.0%　　3. 67.5%　　4. 70.0%　　5. 72.5%

> 増加する確率を文字において期待値を式にしてみよう！

　株式投資により元金が増加する確率を a とすると、減少する確率は $1 - a$ ですから、得られる金額の期待値は、「25 万円 $\times a$」と「-15 万円 $\times (1 - a)$」の和になります。

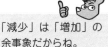

「減少」は「増加」の余事象だからね。

　また、債券投資の場合で得られる金額は、100 万円 $\times$ 10% ＝ 10 万円ですから、前者が後者を上回る場合について、次のような不等式を立てます。

$$25a - 15(1 - a) > 10$$

$$25a - 15 + 15a > 10$$
$$40a > 25$$
$$\therefore a > \frac{5}{8}$$

　これより、増加する確率が $\frac{5}{8} = 0.625 = 62.5\%$ より大きいと予想するときとわかり、正解は肢 1 です。

正解▶ 1

X選手はマラソンをするとき、距離やコース、その他のコンディションにかかわらず各給水所で確率 $\dfrac{1}{3}$ で水分を補給する。ある日、X選手は、スタートから順にA，B，Cという３つの給水所が設置されたマラソン大会に参加して完走した。この大会でX選手が少なくとも一度は水分を補給したことが確かだとすると、B給水所で初めて水分を補給した確率はいくらか。

1. $\dfrac{1}{3}$　　2. $\dfrac{2}{9}$　　3. $\dfrac{6}{19}$　　4. $\dfrac{4}{27}$　　5. $\dfrac{19}{27}$

「条件付確率」の問題ね。結果から過去に遡って「…であった確率」を求めるのよ！

X選手が初めて水分を補給するのは、A〜Cのいずれかの給水所ですので、まずは、それぞれの確率を求めます。

ここで求めるのは、それぞれの給水所で初めて補給する確率ですから、たとえば、それがAの場合、そのあとB，Cでも補給するかどうかは関係ありません。

あくまでも、「初めての補給」だけを考えて確率を計算すると、次のようになります。

①Aで初めて補給する　　　　　→　$\dfrac{1}{3}$

②Aで補給せず、Bで初めて補給する　→　$\dfrac{2}{3} \times \dfrac{1}{3} = \dfrac{2}{9}$

③A，Bで補給せず、Cで補給する　→　$\dfrac{2}{3} \times \dfrac{2}{3} \times \dfrac{1}{3} = \dfrac{4}{27}$

①〜③の確率を足し合わせても「1」にはなりませんね。つまり、「どこで初めて補給するか」というだけであれば、「④いずれでも補給しない」という可能性があり、これを含めると全事象になりますから確率の合計は 1 になります。

しかし、本問では「少なくとも一度は補給した」という「条件」がありますので、ここで④が排除され、①〜③のいずれかが起こったことになるわけです。

④の確率は、
$$\dfrac{2}{3} \times \dfrac{2}{3} \times \dfrac{2}{3} = \dfrac{8}{27}$$
なので、①〜④の合計は、
$$\dfrac{1}{3} + \dfrac{2}{9} + \dfrac{4}{27} + \dfrac{8}{27} = 1$$
となるよね。

求めるのは、それが②である確率なので、①
〜③のうちの②の割合を求めることになり、次
のように計算します（基本事項②）。

①〜③はそれぞれ確率が異なるので、その確率に従って「起こりやすさの割合」を求めるんだ。

$$\frac{\dfrac{2}{9}}{\dfrac{1}{3}+\dfrac{2}{9}+\dfrac{4}{27}}$$

　分子、分母それぞれに 27 をかけて、次のようになります。

①, ③が起こった確率も同様に計算すると、それぞれ $\dfrac{9}{19}$, $\dfrac{4}{19}$ となり、①〜③が起こった確率の和は 1 になるね！

$$\frac{6}{9+6+4}=\frac{6}{19}$$

　よって、正解は肢 3 です。

正解 ▶ 3

ベイズの定理も、以前はいろんな試験でよく出てたんだ！
キーワードは「…であった確率は？」つまり、結果から過去に遡って問われるのが特徴！

#32 最適値
BESTな方法を考える！

頻出度 ★★★☆☆ ｜ 重要度 ★★★☆☆ ｜ コスパ ★★★☆☆

最大値や最小値、目的値などを考える問題で、正攻法だと関数などを使うことが多いです。しかし、実際には数学的な解法に頼らずとも解ける問題が多いので、ここでは、主にそのような解法を紹介します。もちろん、数学が得意な方は、自分に合った方法で解いてOKです。

PLAY 1　2次方程式の問題
東京都Ⅰ類A 2019

> ある商品は、販売単価を値下げすると販売個数が増加し、販売個数の増加率は販売単価の値下げ率の4倍となる。売上金額が値下げ前の1.5倍になるように販売単価を値下げするときの最小の値下げ率として、正しいのはどれか。ただし、売上金額は販売単価と販売個数の積とし、税は考慮しない。
>
> 1. 20%　　　2. 25%　　　3. 30%　　　4. 35%　　　5. 40%

まずは、実践的な方法を「解法1」で、2次方程式は「解法2」で説明するよ。このタイプの問題は、2次関数になる問題も過去にはあったけど、最近はあまり出題されていないからね。

解法1

販売個数の増加率は、販売単価の値下げ率の4倍ですから、たとえば、10%値下げすると、販売個数は40%増加するということですね。

そうすると、選択肢のそれぞれについて計算し、積が1.5になるものを探すのが早そうです。やってみましょう。

肢1　20%値下げすると、単価は0.8倍に、個数は80%増加して、1.8倍になりますので、売上金額は、0.8 × 1.8 = 1.44（倍）になり、条件を満たしません。

> 一番下の位の積を考えると、8 × 8 = 64だから、この時点で「1.5」にならないことは明白！ これ以上の計算は必要なし！

肢2　25%値下げすると、単価は0.75倍に、個数は100%増加して、2.0倍になりますので、売上金額は、0.75 × 2.0 = 1.5（倍）になり、条件を満たします。

肢2で正解が見つかりましたので、これ以上は必要ありませんが、一応、確認すると、次のようになります。

選択肢の検討は、楽なものからが鉄則だけど、本問は「最小の」ってあるから、小さい数字から検討するほうが安全。
肢2は、一見面倒に見えるけど、4倍すると0.25 × 4 = 1になるので、実は一番ラクチン！

$$肢3 \quad 0.7 \times 2.2 = 1.54（倍）$$
$$肢4 \quad 0.65 \times 2.4 = 1.56（倍）$$
$$肢5 \quad 0.6 \times 2.6 = 1.56（倍）$$

　よって、正解は肢2です。

解法2

　値下げ率を x とすると、販売個数の増加率は $4x$ となりますので、単価は（$1 - x$）倍、個数は（$1 + 4x$）倍と表せ、これらの積が1.5になることから、次のような方程式が立ちます。

「x％」とすると、$\left(1 - \dfrac{x}{100}\right)$ となって、計算が大変になるね。
％にするのはお勧めしない！

$$(1 - x)(1 + 4x) = 1.5$$

かっこを外して、　　　　$1 + 3x - 4x^2 = 1.5$
　　　　　　　　　　　　$4x^2 - 3x + 0.5 = 0$
左辺を因数分解して、　$(2x - 0.5)(2x - 1) = 0$
$2x - 0.5 = 0$ のとき、$2x = 0.5$ ∴ $x = 0.25$
$2x - 1 = 0$ のとき、　$2x = 1$ ∴ $x = 0.5$

展開の公式（148ページ）を使って、かっこを外すよ。

　これより、売上金額が1.5倍になるときの値下げ率は、0.25 と 0.5 で、最小の値下げ率は 0.25 = 25% となり、正解は肢2です。

正解　2

　A工場では、製品Xと製品Yを製造しており、一日あたりの最大製造数として製品Xを 18,000 個と製品Yを 12,000 個それぞれ製造できる。出荷の方法は製品Xと製品Yを組み合わせたセットで出荷しており、製品Xを 30 個と製品Yを 10 個で 1 セットとして 3,000 円、製品Xを 15 個と製品Yを 20 個で 1 セットとして 2,000 円の 2 種類のセットを出荷している。1 日の売上を最大にするように製品Xと製品Yを製造したときの売上はいくらか。

1. 120 万円
2. 150 万円
3. 180 万円
4. 200 万円
5. 210 万円

本問は定番だから、実践的な解法を覚えてね。解説は前半だけ読めば OK！　後半は難しいことが書いてあるけど、興味ある人だけ読んでね。

　とりあえず、実践的な解法を覚えてください。その裏付けを後半に説明しますが、こちらは興味があればで結構です。

　売上 3,000 円のセットを a セット、2,000 円のセットを b セット出荷するとして、製品X，Yをともに最大製造数になるように作ると、次の式が成り立ちます。

製品Xについて　$30a + 15b = 18000$　…①
製品Yについて　$10a + 20b = 12000$　…②

　①と②を連立させて解くと、次のようになります。

①÷ 15 より、$2a + b = 1200$　…①′
②÷ 10 より、$a + 2b = 1200$　…②′

①′× 2 － ②′より、

$$\begin{array}{r} 4a + 2b = 2400 \\ -)\ \ a + 2b = 1200 \\ \hline 3a\ \ \ \ \ \ \ \ = 1200 \end{array}$$　$\therefore a = 400$

$a = 400$ を①′に代入して、$800 + b = 1200$　$\therefore b = 400$

これより、それぞれ 400 セットずつ出荷したとき、製品 X，Y を最大限ま で使い切ることになり、このときの売上は、3,000 × 400 ＋ 2,000 × 400 ＝ 2,000,000（円）で、正解は肢 4 です。

　過去に出題された問題は、ほぼ例外なく、このように与えられたもの（使え るもの）を余すことなく使い切るときが、求める最大値になっています。

　ですから、使い切り状態で連立方程式を立ててしまえば、ほぼ間違いありま せんし、これが最も早く解く方法です。

　では、ここからその理由を解説しますので、興味があれば読んでください。

　このような問題は「線形計画法」と呼ばれ、「線形」の「線」は、「直線」つ まり一次関数のことです。

　まず、先ほどの①と②の方程式は、正確には次のような不等式になります。

$$30a + 15b \leqq 18000 \quad \cdots ①\qquad 10a + 20b \leqq 12000 \quad \cdots ②$$

　これらのグラフを描くと、$a \geqq 0$，$b \geqq 0$ の範囲で、①と②をともに満たす のは図 1 の色付きの部分ですね。

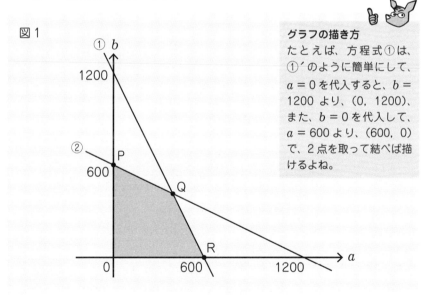

図 1

グラフの描き方
たとえば、方程式①は、 ①′のように簡単にして、 $a = 0$ を代入すると、$b =$ 1200 より、（0，1200）、 また、$b = 0$ を代入して、 $a = 600$ より、（600，0） で、2 点を取って結べば描 けるよね。

　次に、このときの売上を Z とすると、次のような式が得られ、これを「目的 関数」といいます。

$$Z = 3000a + 2000b$$

b について整理して、

$$b = -\frac{3}{2}a + \frac{Z}{2000} \quad \cdots ③$$

Z が最大になるには、③の b 切片である $\dfrac{Z}{2000}$ が最大になればいいので、傾き $-\dfrac{3}{2}$ の直線が、図1の色の付いた部分を通り、切片が最大になるときを考えると、図2のように点Qを通るときとわかります。

b 切片とは、b 軸とグラフの交点、つまり、$a = 0$ のときの b の値のこと。
傾きとは、a の前の数字で、分母の分だけ右に進むごとに、分子の分だけ上に進むという変化の割合のこと。

図2

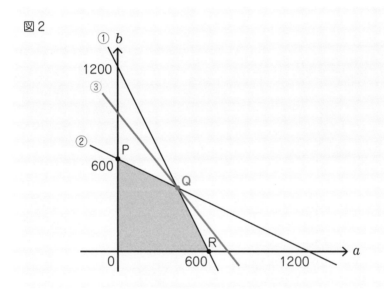

点Qは、①と②の交点ですから、2本の直線の方程式を連立させて解けばいいので、先ほどの計算で求められますね。

ちなみに、③の「目的関数」に対して、①，②および、$a \geqq 0$，$b \geqq 0$ を「制限条件」といいます。制限条件の範囲内で目的関数の切片が最大になる点を見つけるわけですが、その点は中途半端なところにはありませんから、図でいうとP，Q，Rのいずれかです。

本問では、3,000円と2,000円のセットでしたが、これが、たとえば片方が100万円で、片方が1,000円のセットであれば、1,000円のセットなど無視して、100万円のセットだけを出荷したほうがいいでしょう。そのような場

合であれば、P（0，600）やR（600，0）の
ような、いずれか片方のセットのみという点が
最適値となりますが、それでは問題になりませ
んので、Qのような交点に答えがあるのが自然
です。

ですから、よほどの例外でない限り、冒頭の
解説のように連立方程式を立ててしまえば、そ
れで十分でしょう。

ちなみに、直線が3本になる
と、1点で交わることは期待
できないので、3本のうちの
2本の交点のいずれかに答え
があるね。国家総合職2019
年に、そんなのも出題されて
いるよ。

正解▶ 4

PLAY 3 　線形計画法のパターン　　　　　国家総合職 2018

ある工場では、製品Aと製品Bを、XとYの2人が独立して製造しており、
次のことが分かっている。

○　AとBを製造するには、工作機械を用いると、一定の費用がかかる。（以
　　下「工作機械使用費」という。）

○　Xは1時間当たり、Aを10個、Bを20個の合計30個を製造するが、
　　通常の工作機械ではなく特殊な工作機械を用いるため、通常の工作機械を
　　用いたときに比べ、工作機械使用費が1時間当たり200円増加する。

○　Yは1時間当たり、Aを15個、Bを10個の合計25個を製造するが、
　　通常の工作機械ではなく簡易な工作機械を用いるため、通常の工作機械を
　　用いたときに比べ、工作機械使用費が1時間当たり200円減少する。

○　2人の人件費は、Xは1時間当たり3,000円、Yは1時間当たり2,000
　　円である。

いま、XとYのこれらの製品を製造する時間の合計を50時間以下とし、通
常の工作機械を用いたときに比べ、工作機械使用費の増加分を8,000円以下
として、Aを300個、Bを400個以上製造したい。このとき、XとYの人件
費の合計の最小値はいくらか。

1. 60,000 円
2. 65,000 円
3. 70,000 円
4. 75,000 円
5. 80,000 円

PLAY 2 の類題だけど、ちょっと余計な条件があるかな!?

とりあえず、XとYで、Aを300個、Bを400個製造するのに必要な時間を求めてみましょう。いろいろな制約条件はありますが、後ほど確認することにします。

　X，Yが製造する時間をそれぞれx時間，y時間とし、この時間でA300個、B400個をちょうど製造したとすると、2，3番目の条件より、次のような方程式が立ちます。

$$10x + 15y = 300 \quad \cdots ①$$
$$20x + 10y = 400 \quad \cdots ②$$

①－②÷2より、
$$
\begin{array}{r}
10x + 15y = 300 \\
-)\ 10x + 5y = 200 \\
\hline
10y = 100 \quad \therefore y = 10
\end{array}
$$

①に$y = 10$を代入して、$10x + 150 = 300$
$$10x = 150 \qquad \therefore x = 15$$

　これより、Xが15時間、Yが10時間製造すれば、目的の個数は達成できます。2人合わせて25時間ですから、「50時間以下」の条件は満たしていますね。

　また、2番目の条件より、Xの工作機械使用費は、$200 \times 15 = 3000$（円）増加しますが、3番目の条件より、Yのそれは、$200 \times 10 = 2000$（円）減少します。差し引き1,000円の増加ですから、「8,000円以下」の条件も満たします。

　これより、Xが15時間、Yが10時間の製造で条件をクリアし、これが人件費を最小にする時間数で、人件費の合計は次のようになります。

$$3000 \times 15 + 2000 \times 10 = 65000 \text{（円）}$$

よって、正解は肢2です。

この「50時間」と「8,000円」は、ちょっとドキドキしたでしょ!?
まあ、おまけみたいなものかな！

Xを1時間減らしたら、B20個作るのに、Yを2時間増やさなきゃならない。Yを1時間減らしたら、A15個を作るのに、Xを1.5時間増やさなきゃならないので、人件費は上がるからね。

正解 2

　ある製品を作るには、表のような作業A〜Eをそれぞれ1回ずつ行う必要がある。ただし、作業によっては、それを開始するに当たって必ず終えていなければならない作業（先行作業）がある。このとき、確実にいえるのはどれか。

作業	所要日数	先行作業
A	3	なし
B	4	A
C	8	A
D	2	B
E	4	C,D

1. 作業Aの日数が2日多くかかった場合、完成には23日間かかる。
2. 作業Aの日数と作業Dの日数がともに1日多くかかった場合、完成には16日間かかる。
3. 作業Bの日数が1日多くかかった場合、完成には18日間かかる。
4. 作業Bの日数と作業Dの日数がともに2日多くかかった場合、完成には19日間かかる。
5. 作業Eの日数が1日多くかかった場合、完成には14日間かかる。

> このタイプの出題は最近は少なかったけど、2021年に地方上級で久々に出題があったよ。割とカンタンな問題が多いので、得点源になるかな。

　最初に作業できるのは、先行作業のないAですね。Aを終えるとB，Cの作業が、Bを終えるとDの作業ができ、C，Dを終えてから、Eの作業をすることになります。
　これより、作業の流れを図に表すと次のようになります。

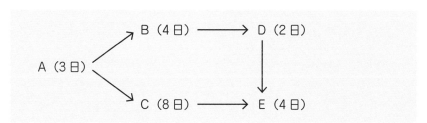

最後の作業はＥになりますが、これを開始するまでに、Ｃ，Ｄをともに終えていなければなりません。Ｃを終えるまでに、Ａ → Ｃで３＋８＝11（日間）、Ｄを終えるまでに、Ａ → Ｂ → Ｄで３＋４＋２＝９（日間）かかりますので、遅いほうのＣが終わるのを待ってＥを開始することになり、完成までには最短で11＋４＝15（日間）かかることになります。

　すなわち、Ａ，Ｃ，Ｅについては１日でも多くかかれば、その分が最短日数に影響しますが、Ｂ，ＤはＣが終わるまでに終えればよいので、11日と９日の差である２日間の余裕があり、この範囲なら最短日数に影響はありません。

　これより、選択肢を検討します。

肢1　Ａが２日多くかかると、完成までの日数も２日多くかかりますが、15＋２＝17（日間）で完成します。よって、誤りです。

肢2　Ａが１日多くかかると、完成までの日数も１日多くかかりますが、Ｄの１日は影響しないので、15＋１＝16（日間）で完成します。よって、確実にいえます。

肢3　Ｂの１日は完成までの日数に影響しないので、15日間で完成します。よって、誤りです。

肢4　ＢとＤは合わせて２日間の余裕がありますが、ともに２日多くかかると４日なので、４－２＝２（日）多くかかり、15＋２＝17（日間）で完成します。よって、誤りです。

肢5　Ｅが１日多くかかると、完成までの日数も１日多くかかり、15＋１＝16（日間）で完成しますが、そもそも14日間では初めから無理です。よって、誤りです。

 正解 ②

#33 n 進法
10 進法に変換する！

頻出度 ★★★☆☆ | 重要度 ★★★★☆ | コスパ ★★★★★

私達が日常に使っている数の表し方は、「10 進法」というシステムに従っています。n 進法は 10 進法以外のシステムで表した数を扱う問題ですが、多くの問題は 10 進法に変換することで簡単に解けます。判断推理の「暗号」でもよく使われますので、基本的な仕組みはしっかりマスターしましょう。

基本事項

① n 進法

普段一般に使われている数の表し方は、「10 進法」といい、10 で繰り上がるシステムです。

これに対して、たとえば 7 で繰り上がるシステムを「7 進法」、3 で繰り上がるシステムを「3 進法」といい、一般に「n 進法」といいます。

10 進法と比較してみると、表し方は次のようになり、矢印のところで繰り上がっているのがわかりますね。

```
10 進法  →  0  1  2  3  4  5  6  7  8  9  10  11 …

 7 進法  →  0  1  2  3  4  5  6  10  11  12  13  14 …

 3 進法  →  0  1  2  10  11  12  20  21  22  100  101  102 …
```

これでわかるように、10 進法は 0 ～ 9 の 10 個の数字ですべての数を表すのに対して、7 進法は 0 ～ 6 の 7 個、3 進法は 0, 1, 2 の 3 個の数字ですべての数を表します。すなわち、n 進法は n 個の数字ですべての数を表すわけです。

また、たとえば 3 進法なら、3 つ集まったら次の桁に繰り上がるので、3 以上の数字は使いません。このように、n 進法は n 以上の数字を使わないという特徴もあります。

しかし、10 進法以外の表記の数字は、普段使いなれていませんので、問題を解くときは n 進法の数を 10 進法の数に変換して解くことが多いです。以下、その変換方法を解説します。

② n 進法 → 10 進法の変換

　10 進法のシステムは、1 桁目（一の位）で「1」が 10 個集まって次の桁へ繰り上がるので、2 桁目（十の位）は「10 のかたまり」がいくつあるかを示します。さらにここで「10」が 10 個集まって繰り上がるので、3 桁目（百の位）は「$10^2 = 100$ のかたまり」がいくつあるかを示すわけですね。

　ですから、たとえば 10 進法の「645」は、小さいほうから「1 が 5 つ」＋「10 が 4 つ」＋「10^2 が 6 つ」で構成されるわけです。

　これに対して、たとえば 4 進法の数は、1 桁目は「1 の位」ですが、そこで「1」が 4 個集まって次の桁に繰り上がるので、2 桁目の数は「4 のかたまり」がいくつあるかを示し、この桁は「4 の位」となります。さらにここで「4」が 4 個集まって次の桁に繰り上がるので、3 桁目は「$4^2 = 16$ のかたまり」がいくつあるかを示す「4^2 の位」、同様に 4 桁目は「4^3 の位」となるわけです。

　したがって、たとえば 4 進法の「3132」の値は、小さいほうから「1 が 2 つ」＋「4 が 3 つ」＋「4^2 が 1 つ」＋「4^3 が 3 つ」を示し、次のように計算できます。

$$
\begin{aligned}
3132_{(4)} &= 4^3 \times 3 + 4^2 \times 1 + 4 \times 3 + 1 \times 2 \\
&= 64 \times 3 + 16 \times 1 + 4 \times 3 + 1 \times 2 \\
&= 222
\end{aligned}
$$

(4) は 4 進法の表記（4 進数）という意味。

　「16」や「64」というのは、4 進法のそれぞれの位を 10 進法の値で示したものですから、この数は 10 進法の「222」に等しいことがわかります。

　このように、n 進法の数を 10 進法に変換するには、小さいほうから、1（$= n^0$）の位，n^1 の位，n^2 の位，n^3 の位，…として、それぞれの位の 10 進法の値をその桁の数だけかけて、全部足し合わせれば求められます。

③ 10 進法 → n 進法の変換

　たとえば、10 進法の「222」を 4 進法に直すには、次の図のように、4 で割った余りを順に書き上げていくと、次のような意味になります。

　まず、$222 \div 4 = 55$ 余り 2 より、55 個の「4 のかたまり」が 2 桁目へ繰り上がり、余りの「2」が 1 桁目に残ります。2 桁目では、$55 \div 4 = 13$ 余り 3 より、13 個の「4^2 のかたまり」が 3 桁目へ繰り上がり、余りの「3」が 2 桁目に残ります。同様に、$13 \div 4 = 3$ 余り 1 より、「4^3 のかたまり」が 3 つ繰り上がり、3 桁目には「1」が残り、これ以上は 4 で割れないので、4 桁目が「3」で終わりということですね。

$$
\begin{array}{r}
4\,)\,222 \qquad \text{余り} \\
\hline
4\,)\,55 \quad \cdots\, 2 \\
\hline
4\,)\,13 \quad \cdots\, 3 \\
\hline
3 \quad \cdots\, 1
\end{array}
$$

← 4 が 55 組繰り上がり、1 が 2 つ余った
← 4^2 が 13 組繰り上がり、4 が 3 つ余った
← 4^3 が 3 組繰り上がり、4^2 が 1 つ余った

これより、$222 = 4^3 \times 3 + 4^2 \times 1 + 4 \times 3 + 2$ となり、4 進法の「$3132_{(4)}$」に等しいことがわかります。

このように、10 進法の数を n 進法に変換するには、n で順に割って余りを書き出していき、最後の商から余りの数を遡るように書き並べればいいわけです。

PLAY 1　10 進法に変換するパターン

2 進法で 101011 と表す数と、3 進法で 211 と表す数がある。これらの和を 7 進法で表した数として、正しいのはどれか。

1. 22　　2. 43　　3. 65　　4. 116　　5. 122

10 進法に変換する方法をマスターして！

2 進法の数と 3 進法の数をそのまま足し算するのは難しいので、2 進法の 101011 と 3 進法の 211 を、それぞれ次のように 10 進法に変換して計算します。

$$
101011_{(2)} = 2^5 \times 1 + 2^4 \times 0 + 2^3 \times 1 + 2^2 \times 0 + 2 \times 1 + 1 \times 1 = 43
$$
$$
211_{(3)} = 3^2 \times 2 + 3 \times 1 + 1 \times 1 = 22
$$

0 や「× 1」は
省略して OK！

これより、その和は、$43 + 22 = 65$ となり、これを 7 進法で表します。

$$
\begin{array}{r}
7\,)\,65 \\
\hline
7\,)\,9 \quad \cdots\, 2 \\
\hline
1 \quad \cdots\, 2
\end{array}
$$

よって、求める数は 122 となり、正解は肢 5 です。

正解 ▶ 5

5進法で2303と表される数字をある表記法で表すと110011となる。この表記法で1111と表される数字を10進法で表すといくつになるか。

1. 15　　　2. 40　　　3. 85　　　4. 156　　　5. 259

ちょっとだけレベルアップ！「ある表記法」は何進法かな？

まず、5進法の2303を10進法に変換します。

$$2303_{(5)} = 5^3 \times 2 + 5^2 \times 3 + 1 \times 3 = 328$$

これを110011と表す表記法を x 進法とすると、1番左（先頭）の位は、<u>6桁目ですから x^5 の位</u>になります。

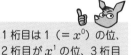

1桁目は1（＝x^0）の位、2桁目が x^1 の位、3桁目が x^2 の位…だからね。

ここで、次のように、2以上の自然数の5乗の値を調べ、x の見当をつけます。

$$2^5 = 32 \qquad 3^5 = 243 \qquad 4^5 = 1024$$

先頭の x^5 の位が1であるということは、328の中に x^5 が1つだけ含まれ、2つ以上は含まれないということですから、この表記は3進法と推測できます。328を3進法に変換すると、次のように確認できますね。

```
3 ) 328
3 ) 109  … 1
3 )  36  … 1
3 )  12  … 0
3 )   4  … 0
        1  … 1
```

これより、3進法で1111と表される数字を10進法に変換し、次のようになります。

$$1111_{(3)} = 3^3 \times 1 + 3^2 \times 1 + 3 \times 1 + 1 = 40$$

よって、正解は肢 2 です。

正解 2

アドバイス

「110011」は 6 桁で、5 進法の「2303」より桁が多いから、4 進法以下だよね！ だったら、10 進法の 328 を 2 進法に、3 進法、4 進法にと順に変換していけば、3 進法であることは簡単に見つけられる！

でも、候補が多いときは、解説のように先頭の位から見当をつけることも有効に使えるので、覚えておいてほしいな。

PLAY 3 n 進法の応用問題

国家総合職 2022

日常は、0 〜 9 までの 10 種類の数字を用いる 10 進法で数を表しているのに対し、コンピュータは、0 と 1 の 2 種類の数字を用いる 2 進法で数を管理している。2 進法で表された数は 10 進法で表現でき、例えば、2 進法で表された 3 桁の数 110 を 10 進法で表すと 6 である。

ここで、n 進法（n は 2 以上の整数）に拡張して考える。n 進法で表された 3 桁の数 abc を 10 進法で表すと、$a \times n^2 + b \times n^1 + c \times n^0$ である。なお、a, b, c は 0 から $n-1$ の整数であるが、a は 0 ではない。

次の式が n 進法で成り立つとき、n はいくらか。

$$1103 - 442 = 441$$

1. 5   2. 6   3. 7   4. 8   5. 9

問題文では難しいことを言ってるけど、n 進法のしくみを説明しているだけからね。

問題文のほとんどは n 進法の仕組みを説明しているだけで、問題は最後の 2 行だけですね。

問題文の説明を参考に、与えられた数式を 10 進法で表してみると次のようになります。

$$(n^3 + n^2 + 3) - (4n^2 + 4n + 2) = (4n^2 + 4n + 1)$$

$$n^3 + n^2 + 3 - 4n^2 - 4n - 2 = 4n^2 + 4n + 1$$
$$n^3 - 7n^2 - 8n = 0$$
$n \neq 0$ より、両辺を n で割って、
$$n^2 - 7n - 8 = 0$$
$$(n + 1)(n - 8) = 0$$
$$\therefore n = -1, \ 8$$
$n > 0$ より、$n = 8$

計算ミスを防ぐため、それぞれの数を表す式にかっこを付けておくね。
かっこの前がマイナスのときは符号に注意して！

因数分解の公式は、148 ページ。

よって、n は 8 とわかり、正解は肢 4 です。

||| 正解 ▶ 4

【別解】
与えられた数式は、n 進法のままで、「441 ＋ 442 ＝ 1103」と変形できますので、次のような計算式に表して、いくらで繰り上がるシステムかを確認します。

まず、1（＝ n^0）の位については、「1 ＋ 2」が「3」になっていますので、ここから上の位への繰り上がりはありませんね。

そうすると、次の n の位で、「4 ＋ 4」が「0」になっていますので、ここで、8 で繰り上がるシステムとわかります。

```
      441
  +   442
  ─────────
     1103
```

よって、8 進法となり、$n = 8$ とわかります。

#34 数列
難しい公式は使わない!

頻出度 ★★★☆☆ | 重要度 ★★★☆☆ | コスパ ★★★☆☆

主に、等差数列と階差数列の出題が多いですが、中には変わった規則性の問題もあります。
よく使う公式は、「等差数列の和の公式」だけで、これは必須です。

基本事項

①数列の基本用語

ある規則性に従って並ぶ数字の列を「数列」といい、それぞれの数を「項」といいます。その最初の項を「初項」、2番目の項を「第2項」、以下同様で、最後の項を「末項」といい、項の個数を「項数」といいます。

②等差数列

たとえば、2, 4, 6, 8, …のように等間隔で並ぶ数列を、隣り合う2項の差が等しいということで「等差数列」といい、その差(この場合は2)を「公差」といいます。

この数列(2, 4, 6, 8, …)で、第100項を求めるには、初項の「2」に公差の2を加えて第2項の「4」、さらに2を加えて第3項の「6」…となりますので、第100項は、2を99回加えて、$2 + 2 \times 99 = 200$ と求めます。

これより、等差数列の第 n 項を求める公式は次のようになります。

$$等差数列の第 n 項 \rightarrow 初項 + 公差 \times (n - 1)$$

といっても、この場合は100番目の偶数なので「200」はすぐにわかるでしょう。公式を使うまでもない場合は、もちろんそれで十分です。

では、この数列で第100項までの総和を求めてみます。

次のように、初項「2」と末項「200」の和は202で、第2項「4」と第99項「198」の和も202です。同様に、第3項と第98項の和も202というように、左右の両端どうし、2番目どうし、3番目どうし…と、いずれの和も同じ202になります。

なぜなら、左からは2ずつ増え、反対に右からは2ずつ減っていくわけですから、それぞれの組の和が同じになるのはわかるでしょう。

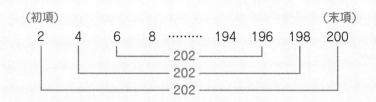

したがって、和が 202 になる組が 100 ÷ 2 = 50（組）できるわけですから、総和は 202 × 50 = 10100 と求められ、ここから次の公式が得られます。

等差数列の第 n 項までの和　→　$\dfrac{1}{2}n$（初項 ＋ 末項）

この公式は超重要！
必ず覚えて！！

③等比数列

たとえば、1，2，4，8，…という数列は、順に 2 倍になっていますので、隣り合う 2 つの数字の比はいずれも 1：2 となります。このように隣り合う 2 項の比が等しい数列を「等比数列」といい、ある項に対する次の項の比（この場合は 2）を「公比」といいます。

等比数列も、第 n 項を求める公式、総和を求める公式がありますが、公式を必要とする問題は過去にほとんど出題されていないので、余裕があれば覚えておいてください。

等比数列の第 n 項　→　初項 × 公比$^{n-1}$

等比数列の第 n 項までの和　→　$\dfrac{初項 × (1 - 公比^{n})}{1 - 公比}$　（公比 ≠ 1）

④階差数列

数列で隣り合う 2 項の差を「階差」といいます。階差がいずれも等しいのが等差数列ですね。

たとえば、次の数列Aについて、その階差を取って並べたのが B で、数列Aに対して、数列 B のことを「階差数列」といいます。

$$
\begin{array}{ccccccccccc}
A & \to & 1 & & 3 & & 7 & & 13 & & 21 & & \cdots \\
B & \to & & 2 & & 4 & & 6 & & 8 & & \cdots
\end{array}
$$

「等差数列」や「等比数列」は、規則性を意味する名称ですが、「階差数列」は単に階差を並べてできた新しい数列という意味に過ぎません。数列Bは、数列Aの階差数列ですが、その規則性からいうと等差数列になっているのがわかりますね。

　この場合、たとえば数列Aの第5項（21）は、初項（1）に、数列Bの第4項までの和（2＋4＋6＋8＝20）を足した数になります。これは、初項1に階差の2を足して3、さらに4を足して7…のように、初項に階差を順に足していくと数列Aの各項になることから、階差数列の和をまとめて足すことで、次のように第 n 項を求めることができるわけです。

　　第 n 項　→　初項＋階差数列の第 $n-1$ 項までの和

PLAY1　等差数列の和を求めるパターン　　警視庁Ⅰ類 2018

　1 から 150 までの整数の中に、ある数の倍数が 11 個ある。この 11 個の数の和として、最も妥当なのはどれか。

1. 792　　　2. 845　　　3. 858　　　4. 871　　　5. 924

　さっそく大人気の公式の出番だ！ ここで使い方を確認して！

　1 から 150 までに 11 個あるので、150 を 11 で割ってみましょう。150 ÷ 11 ＝ 13.6 …となり、「ある数」は 13 とわかりますね。並べると次のようになります。

　　　　　　　　13　26　39　……　130　143

　この並び方は、公差 13 の等差数列（基本事項②）になり、初項 13、末項 143、項数 11 ですから、公式を使って、和は次のようになります。

$$\frac{1}{2} \times 11 \times (13 + 143) = 858$$

　よって、858 とわかり、正解は肢 3 です。

正解 ▶ 3

初項2、一般項を $a_n = 2 + 3(n - 1)$ で表すことができる数列Tがある。次の数列A，Bにおいて、数列Tの第22項の数値と同じ数値となる項番号の組合せとして、正しいのはどれか。

数列A： 　0　　2　　5　　9　　14　　20　　27

数列B： 　2　　3　　5　　9　　16　　27　　43

	数列A	数列B
1.	第10項	第8項
2.	第10項	第9項
3.	第10項	第10項
4.	第11項	第8項
5.	第11項	第9項

> 階差数列の意味と仕組みを理解して！

まず、数列Tの第22項を求めます。一般項の式に $n = 22$ を代入して、次のようになります。

$$a_{22} = 2 + 3(22 - 1)$$
$$= 2 + 3 \times 21$$
$$= 65$$

次に、数列Aの規則性を調べます。隣どうしの間隔や増え方を見ると、等差数列でも等比数列でもありませんので、階差を並べてみると次のようになります。

0　　2　　5　　9　　14　　20　　27　…
　　2　　3　　4　　5　　6　　7　　…

これより、階差数列は、初項2、公差1の等差数列になっているのがわかります。

この先を考えると、「65」はそれほど遠くないので、続けて書き上げていくと、次のようになります。

選択肢から、第10項または11項とわかるしね！

$$\underset{2}{0}\overset{}{\underset{3}{2}}\overset{}{\underset{4}{5}}\overset{}{\underset{5}{9}}\overset{}{\underset{6}{14}}\overset{}{\underset{7}{20}}\overset{}{\underset{8}{27}}\overset{}{\underset{9}{35}}\overset{}{\underset{10}{44}}\overset{}{\underset{11}{54}}\;65$$

よって、「65」は第 11 項となり、肢 4，5 に絞
られました。

Bは、第8項か9項だね！

では、次に、数列Bの規則性を調べます。同様に階差を並べ、階差数列①を
作りますが、これだけでは規則性が定まりませんので、さらに、その階差を並
べて、階差数列②を作ると、初項 1、公差 1 の等差数列となるのがわかります。

$$2\quad 3\quad 5\quad 9\quad 16\quad 27\quad 43\quad \cdots$$

階差数列① → $\quad 1\quad 2\quad 4\quad 7\quad 11\quad 16\quad \cdots$

階差数列② → $\qquad 1\quad 2\quad 3\quad 4\quad 5\quad \cdots$

ここで、その続きを確認すると、次のように、第 8 項に「65」が現れるこ
とがわかりますね。

$$2\quad 3\quad 5\quad 9\quad 16\quad 27\quad 43\quad 65$$

階差数列① → $\quad 1\quad 2\quad 4\quad 7\quad 11\quad 16\quad 22$

階差数列② → $\qquad 1\quad 2\quad 3\quad 4\quad 5\quad 6$

以上より、正解は肢 4 です。

正解 4

下の図のように、円を 1 本の直線で仕切ると、円が分割される数は 2 である。円を 7 本の直線で仕切るとき、円が分割される最大の数として、正しいのはどれか。

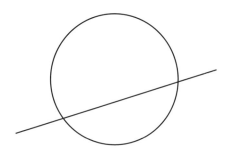

1. 20 　　　2. 23 　　　3. 26 　　　4. 29 　　　5. 32

これも階差数列の問題なんだけど、同じような問題が頻繁に出ているから、必ず解法を覚えてね！

1 本ずつ線を引きながら、規則性を確認します。まず、1 本目の直線で 2 つに分割され、2 本目の直線を、図 1 のように、1 本目と交わるように引くと、4 つに分割されますね。

さらに、3 本目の直線も、1，2 本目と交わるように引くと、図 2 のように、円周との交点も含めて A〜D の 4 つの交点を持つことで分割を 3 つ増やして、7 つに分割されます。

1 本目と交わらないと、3 つにしか分割できないからね。

線分 A B，B C，C D がそれぞれ 1 つずつ分割を増やしているのがわかるね。

図 1

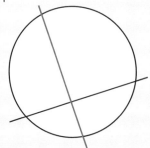

図 2

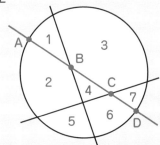

このように、円周及び先に引かれたすべての直線と交わることで、交点の数を最大にし、分割を最大にすることができます。

そうすると、4本目は、1～3本目のすべてと交わるように引くことで、分割は4つ増やし、以下同様に、直線を1本引くごとに、分割が増える数も1つずつ増え、7本目までを調べると、次のようになります。

		1本目	2本目	3本目	4本目	5本目	6本目	7本目
①分割の数	→	2	4	7	11	16	22	29
②増加した数	→		2	3	4	5	6	7

よって、7本で仕切ったときの分割の最大数は29で、正解は肢4です。

ところで、本問は7本でしたから、このように順に調べてもよかったのですが、これが100本とかになると大変ですね。

しかし、上記の数列①（分割の数）と、数列②（増加した数）を見ると、数列②は数列①の階差数列になっているのがわかります。

そうすると、数列①の初項2に、数列②の第6項までの和を足すことで、数列①の第7項を求める（基本事項④）ことができますので、これを応用すれば、第100項でも求められますね。

数列②は、初項2，末項7，項数6の等差数列ですから、数列①の第7項は、次のようになります。

$$2 + \frac{1}{2} \times 6 \times (2 + 7) = 2 + 27 = 29$$

正解 4

等比数列の連続した項である a, b, c があり、これら3つの整数の和は26、積は216である。このとき、$c - b - a$ の値として、正しいのはどれか。ただし、整数の大きさは $a < b < c$ である。

1. 6　　2. 7　　3. 8　　4. 9　　5. 10

等比数列はあまり出題されないけど、1問くらいは見ておいて！
公式は必要ないよ！

a, b, c は等比数列の隣り合う項なので、公比を r とすると、次のようになります。

$$a \xrightarrow{\ \ r倍\ \ } b \xrightarrow{\ \ r倍\ \ } c$$

すなわち、$ar = b$ …①, $br = c$ …② となり、①を②の b に代入すると、$ar^2 = c$ …③ と表せます。

よって、①, ③より、$a \times b \times c = a \times ar \times ar^2 = a^3 r^3$ となり、条件より、これが216となります。

216は素因数分解すると、$216 = 2^3 \times 3^3$ ですから、$a^3 r^3 = 2^3 \times 3^3$ となり、a と r は2と3のいずれかとわかりますね。

これより、a, b, c は、次の2通りが考えられます。

$$a = 2,\ r = 3 のとき\quad (a,\ b,\ c) = (2,\ 6,\ 18)\ \cdots④$$
$$a = 3,\ r = 2 のとき\quad (a,\ b,\ c) = (3,\ 6,\ 12)\ \cdots⑤$$

条件より、a, b, c の和は26ですから、これを満たすのは④となります。

よって、$c - b - a$ の値は、$18 - 6 - 2 = 10$ となり、正解は肢5です。

 正解 ▶ 5

次のように、分数がある規則にしたがって $\dfrac{1}{2}$ から $\dfrac{19}{20}$ まで並んでいる。このとき、並んでいるすべての分数の和として、最も妥当なのはどれか。

$$\frac{1}{2} , \frac{1}{3} , \frac{2}{3} , \frac{1}{4} , \frac{2}{4} , \frac{3}{4} , \frac{1}{5} , \cdots , \frac{18}{20} , \frac{19}{20}$$

1. 65   2. 75   3. 85   4. 95   5. 105

少し変わった問題。まず、規則性に気づけるかな？

　まず、並べられた分数を1つずつ見ていくと、増えたり減ったりしていますので、等差数列でもなければ、階差数列に規則性があるようにも思えませんね。

　分数の数列の問題も、ときどき出題されていますが、その多くは、分子、分母のそれぞれが規則性を持つという問題になります。

　本問については、分母に着目すると、「2」が1つ、「3」が2つ、「4」が3つ、…と並んでおり、それぞれにおいて、分子は、1，2，3…と並ぶ規則性がわかります。

　すなわち、分母が同じ分数で1つのグループを作ると考えられますので、次のように分けて、それぞれの和を考えてみます。

$$\left(\frac{1}{2}\right) \quad \left(\frac{1}{3} , \frac{2}{3}\right) \quad \left(\frac{1}{4} , \frac{2}{4} , \frac{3}{4}\right) \quad \left(\frac{1}{5} , \cdots\right)$$
$$\uparrow \qquad\quad \uparrow \qquad\qquad\quad \uparrow \qquad\qquad\quad \uparrow$$
$$① \qquad\quad ② \qquad\qquad\quad ③ \qquad\qquad\quad ④$$

　分母が「2」である①グループは、分数が1つだけですから、和は $\dfrac{1}{2}$ です。分母が「3」である②グループの和は、$\dfrac{1+2}{3} = \dfrac{3}{3} = 1$ ですね。分母が「4」である③グループの和は、$\dfrac{1+2+3}{4} = \dfrac{6}{4} = \dfrac{3}{2}$ となります。

　同様に、④グループは、分母が「5」で、分子は1〜4と考えられますので、和は、$\dfrac{1+2+3+4}{5} = \dfrac{10}{5} = 2$ となります。

そうすると、①～④の各グループの和を並べると、次のように、$\dfrac{1}{2}$ ずつ増えていることがわかり、公差 $\dfrac{1}{2}$ の等差数列と推測できます。

$$
\begin{array}{ccccc}
① & ② & ③ & ④ & \cdots \\
\dfrac{1}{2} & 1 & \dfrac{3}{2} & 2 & \cdots
\end{array}
$$

そうすると、最後のグループは、分母が「20」ですから、分母が「2」のグループから数えると、19 番目のグループなので、上の数列（初項 $\dfrac{1}{2}$、公差 $\dfrac{1}{2}$ の等差数列）の第 19 項は、等差数列の第 n 項の公式より、

$$
\dfrac{1}{2} + \dfrac{1}{2} \times (19 - 1) = \dfrac{1}{2} + 9 = \dfrac{19}{2} \text{と求}
$$

められます。

これより、求める「すべての分数の和」は、上の数列の第 19 項までの総和ですから、等差数列の和の公式より、次のようになります。

$$
\dfrac{1}{2} \times 19 \times \left(\dfrac{1}{2} + \dfrac{19}{2} \right) = \dfrac{1}{2} \times 19 \times 10 = 95
$$

よって、正解は肢 4 です。

公差 $\dfrac{1}{2}$ の等差数列になる理由を一応確認するよ。
たとえば、分母が 4 のグループは、分子が 1 ～ 3 の 3 個となるように、あるグループの分子が 1 ～ n の n 個のとき、分母は $n + 1$ なので、そのグループの和は、次のように表せる。

$$
\dfrac{1\text{から}n\text{までの和}}{n + 1}
$$

$$
= \dfrac{\dfrac{1}{2} n (1 + n)}{n + 1} = \dfrac{n}{2}
$$

これより、分子が 1 ～ 3 の 3 個のグループの和は、$\dfrac{n}{2}$ に $n = 3$ を代入して $\dfrac{3}{2}$、分子が 4 個のグループの和は $\dfrac{4}{2} = 2$、というように、n が 1 増えると、和は $\dfrac{1}{2}$ 増えるんだ！

$\dfrac{1 + 2 \cdots + 19}{20}$ を計算しても OK！
上記の $\dfrac{n}{2}$ に $n = 19$ を代入しても OK！

正解 ▶ 4

次のように、ある法則に従って自然数を並べたとき、847 が並ぶ段数はどれか。

1 段				4	
2 段			9		8
3 段		16		18	12
4 段	25	32		27	16

⋮

1. 12 段　　　2. 14 段　　　3. 16 段　　　4. 18 段　　　5. 20 段

もう 1 問変わった問題。規則性を考えてみて！

　まず、自然数の並べ方の規則を考えます。1 番上の段から順によこに見ていくと、4，9，8，16，18，12 … となり、これでは規則性がわかりません。

　これより、視点を変えて、数字が規則的に並んでいる列を探すと、図のように斜め右下に、2 倍、3 倍、4 倍、… の数が並んでいることがわかります。

　また、そのスタートの数字である各段の左端の数は、1 段目が $4 = 2^2$、2 段目が $9 = 3^2$ … と、自然数を 2 乗した数がきていることがわかります。

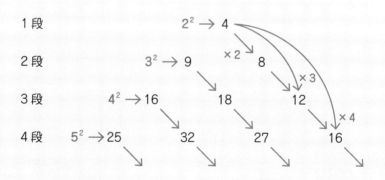

そうすると、847 もある自然数の 2 乗からスタートして、それを何倍かにした数と表せるはずですから、これを次のように素因数分解してみます。

$$847 = 7 \times 11 \times 11 = 11^2 \times 7$$

　これより、11^2 からスタートして、これを 7 倍した数とわかりますね。1 段目の左端が「2^2」ですから、「11^2」は 10 段目の左端の数となり、さらに、そこから 1 段下がるごとに、その 2 倍，3 倍，… とくるので、「11^2 の 7 倍」がくるのは、10 段目から 6 段下の 16 段目であるとわかります。
　よって、正解は肢 3 です。

正解 ▶ 3

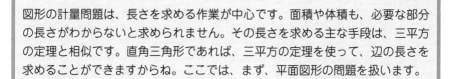

#35 三平方の定理①
定理を使って長さを求める!

頻出度 ★★★★★ ｜ 重要度 ★★★★★ ｜ コスパ ★★★☆☆

> 図形の計量問題は、長さを求める作業が中心です。面積や体積も、必要な部分の長さがわからないと求められません。その長さを求める主な手段は、三平方の定理と相似です。直角三角形であれば、三平方の定理を使って、辺の長さを求めることができますからね。ここでは、まず、平面図形の問題を扱います。

基本事項

①三平方の定理

　直角三角形において成り立つ定理です。直角三角形において、直角をはさむ2辺をそれぞれ2乗すると、その和は残る1辺の2乗に等しくなります。公式にすると次の通りです。

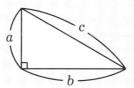

$$a^2 + b^2 = c^2$$

　この定理を使えば、直角三角形の2辺の長さから、残る1辺の長さを求めることができますね。

②特別な3辺比を持つ直角三角形

ⅰ）三角定規の形

　三角定規にある2種類の直角三角形の角度と、その3辺の比は次の通りです。これらの形は、よく使いますので、しっかり確認してください。

45° 45° 90° の直角三角形　　　　30° 60° 90° の直角三角形

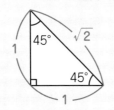

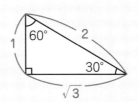

ⅱ）辺の長さが整数比になる直角三角形

　直角三角形の辺の長さは、いずれかに $\sqrt{}$ が付くことがほとんどですが、中には3辺がいずれも整数比になるものもあり、問題にもよく使われています。

　このような直角三角形はたくさんありますが、代表的な形は次の通りです。

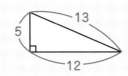
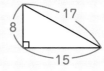

③三角形の面積

　三角形の面積は、「底辺 × 高さ × $\dfrac{1}{2}$」で求められますので、図のように、△ＡＢＣの内接円の半径を r とすると、次のことが成り立ちます。

$$\triangle OBC = a \times r \times \frac{1}{2}$$

$$\triangle OCA = b \times r \times \frac{1}{2}$$

$$\triangle OAB = c \times r \times \frac{1}{2}$$

$$\therefore \triangle ABC = (a + b + c) \times r \times \frac{1}{2}$$

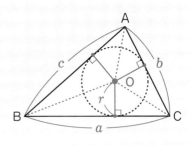

すなわち、次のことがいえます。

$$三角形の面積 = 周の長さ × 内接円の半径 × \frac{1}{2}$$

2つの点A（6，3），B（1，4）とx軸上を自由に動くことができる点Pがある。線分APと線分BPの長さの和の最小値として、正しいのはどれか。

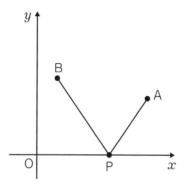

1. $\sqrt{74}$　　　2. $5\sqrt{3}$　　　3. $2\sqrt{19}$　　　4. $4\sqrt{5}$　　　5. 9

折れ線は、まっすぐな線に直して考えること！　その後は、ほとんどの問題で直角三角形を描くことができるよ。

APとBPは折れ線になっていますので、これを1本の直線に直せないかを考えます。

まず、図1のように、点Aとx軸について対称な位置に点A´（6，−3）を取ると、AP＝A´Pとなりますので、AP＋BPは、A´P＋BPと等しくなりますね。

そうすると、A´P＋BPの最小値は、まっすぐになるときですから、図2のように、直線にして、線分A´Bの長さを求めます。

x軸について対称、つまり、x軸から鏡に映したモノだから、当然同じ長さでしょ!?

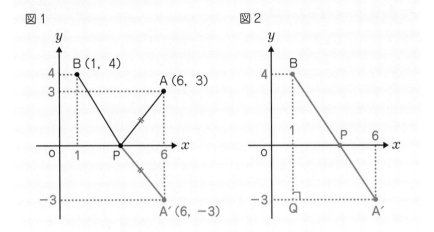

図1　図2

ここで、図のように、直角三角形A′BQを描くと、A′Q＝6－1＝5、BQ＝4－（－3）＝7ですから、三平方の定理より、次のように求められます。

$$A′B^2 = 5^2 + 7^2 = 25 + 49 = 74$$
$$A′B = \sqrt{74}$$

よって、正解は肢1です。

正解　1

√ の計算方法

2乗して a になる数を $\sqrt{a}$ と表します。すなわち、$\sqrt{3} \times \sqrt{3} = 3$、$\sqrt{4} = 2$ のようになります。

√ の計算方法は以下のようになります。

ⅰ）かけ算・割り算

かけ算・割り算は √ の中の数字をそのまま計算します。

たとえば、$\sqrt{2} \times \sqrt{3} = \sqrt{6}$、$\sqrt{10} \div \sqrt{2} = \sqrt{5}$ となります。

また、√ の中が整数の2乗で割れるときは簡単にします。

たとえば、$\sqrt{18}$ の場合、18 は $9 = 3^2$ で割れますので、3 を √ の外に出して、$\sqrt{18} = \sqrt{3^2 \times 2} = 3\sqrt{2}$ となります。

ⅱ）足し算・引き算

足し算・引き算は √ の中の数字が同じであれば、前の数字どうしで計算します。

たとえば、$\sqrt{3} + 2\sqrt{3} = 3\sqrt{3}$ のように、$\sqrt{3}$ を文字のように扱います。

√ の中が異なる場合は計算できませんが、√ の中を簡単にすることで同じ数字になれば、もちろん OK です！

ヤバッ…
√ の計算、キレイに忘れてる…

みんな、そうだよ！
問題を解きながら、思い出せば
いいんじゃない!?

　図のように、扇形ＯＡＢに一辺の長さが６の正方形ＰＱＲＳが内接している。辺ＰＳの中点を点Ｔとし、∠ＴＯＰ＝30°、∠ＯＴＰ＝90°のとき、扇形ＯＡＢの面積はいくらか。

1. $(12 + 6\sqrt{2})\pi$
2. $(24 - \sqrt{3})\pi$
3. $(12 + 6\sqrt{3})\pi$
4. $(24 - \sqrt{2})\pi$
5. $(12 + 8\sqrt{2})\pi$

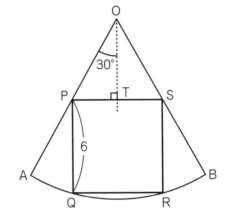

　まずは、わかる長さを書き込んでいこう！　直角三角形の２辺の長さがわかれば、もう１辺もわかるからね。

　図は、左右対称ですから、おうぎ形の中心角は 60°ですね。半径＝rとすると、面積は、次のように表せます。

$$\pi r^2 \times \frac{60}{360} = \frac{\pi r^2}{6} \quad \cdots ①$$

円の面積（半径 r）＝πr^2
おうぎ形の面積＝円の面積×$\dfrac{中心角}{360°}$

　あとは、この半径 r がわかれば、①に代入して面積が求められますね。

　まず、△ＯＰＴに着目すると、この三角形は、30° 60° 90° の直角三角形（基本事項②－ⅰ）で、３辺比は 1：2：$\sqrt{3}$ となり、ＰＴ＝3より、ＯＰ＝6，ＯＴ＝$3\sqrt{3}$ です。

図は左右対称だから、ＰＳ＝6の半分だよ。

　ここで、図１のように、ＯＴを延長し、ＱＲとの交点をＵとすると、各辺の長さは、図のようにわかります。

図1

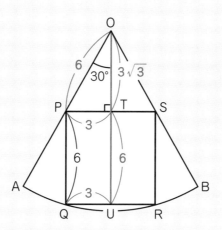

　図より、ＯＵとＱＵの長さがわかりましたので、ここで、図2のように、Ｏ
とＱを結んで直角三角形ＯＱＵを作ると、ＯＱ＝rで、この長さを求めること
ができますね。

図2

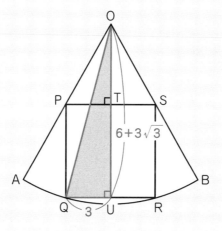

　ここで、三平方の定理より、次のような式を立てます。

$$r^2 = (6 + 3\sqrt{3})^2 + 3^2$$
$$r^2 = 36 + 36\sqrt{3} + 27 + 9$$
$$r^2 = 72 + 36\sqrt{3} \quad \cdots ②$$

かっこの外し方は、展開の
公式（148ページ）参照。

②を①に代入して、求める面積は次のようになります。

$$\frac{(72 + 36\sqrt{3})\pi}{6} = (12 + 6\sqrt{3})\pi$$

①に代入するんだから、②を「$r = \cdots$」にする必要はないよ！

よって、正解は肢3です。

正解 3

PLAY 3 弓形の面積のパターン

特別区Ⅰ類 2008

図のような、半径1cmの半円がある。いま、円弧上に∠CABが30°となる点Cを設け、点Aと点Cを直線で結んだとき、斜線部分の面積はどれか。ただし、円周率はπとする。

1. $\dfrac{\pi}{3}$ cm^2

2. $\dfrac{\pi}{6}$ cm^2

3. $\dfrac{\pi - \sqrt{5}}{3}$ cm^2

4. $\dfrac{2\pi - \sqrt{3}}{6}$ cm^2

5. $\dfrac{4\pi - 3\sqrt{3}}{12}$ cm^2

斜線部分は、おうぎ形から三角形を除いた図形ね。

斜線部分のような図形を「弓形」といい、面積はおうぎ形ＯＡＣの面積から△ＯＡＣの面積を引いて求めます。

　△ＯＡＣはＯＡ＝ＯＣ（半径）の二等辺三角形なので、図のようにＯからＡＣに垂線ＯＨをおろすと、合同な直角三角形に分けられます。

二等辺三角形は左右対称だからね。

　それぞれの直角三角形は「30° 60° 90° の直角三角形」になりますので、ＯＨ：ＯＡ：ＡＨ＝１：２：$\sqrt{3}$ となり、ＯＡ＝１cm ですから、ＯＨ＝$\frac{1}{2}$ cm, ＡＨ＝$\frac{\sqrt{3}}{2}$ cm より、ＡＣ＝$\frac{\sqrt{3}}{2}$×２＝$\sqrt{3}$（cm）とわかります。

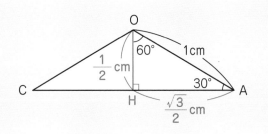

　また、∠ＡＯＣ＝120°なので、おうぎ形ＯＡＣは半径１cm、中心角120°となり、求める面積は次のようになります。

$$
\begin{array}{cc}
\text{（おうぎ形ＯＡＣ）} & \text{（△ＯＡＣ）} \\
1^2\pi \times \dfrac{120}{360} & - \ \dfrac{1}{2} \times \sqrt{3} \times \dfrac{1}{2}
\end{array}
$$

$$= \ \frac{1}{3}\pi - \frac{\sqrt{3}}{4}$$

$$= \ \frac{4\pi - 3\sqrt{3}}{12} \ (\text{cm}^2)$$

　よって、正解は肢５です。

下図のような台形の高さ h として正しいのはどれか。

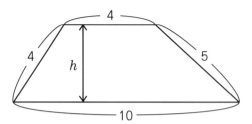

1. $\dfrac{5\sqrt{3}}{4}$　　2. $\dfrac{5\sqrt{7}}{4}$　　3. $\dfrac{5\sqrt{3}}{2}$　　4. $\dfrac{7\sqrt{3}}{2}$　　5. $\dfrac{5\sqrt{7}}{2}$

台形を分割して直角三角形を作ってみて！　あとは、3辺をどのように表すかだね。

　図のように、台形をABCDとします。A，DからBCに対して垂線AE，DFをおろすと、台形は2つの直角三角形と1つの長方形に分けられますね。

まずは、直角三角形を作ること！

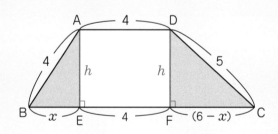

　長方形AEFDについて、EF＝AD＝4ですから、BE＋FC＝10－4＝6となります。
　ここで、BE＝xとすると、FC＝6－xと表され、AE＝DF＝hですから、それぞれの直角三角形について、三平方の定理より次のようにわかります。

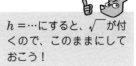

$$h^2 = 4^2 - x^2$$
$$h^2 = 5^2 - (6 - x)^2$$

$h = \cdots$ にすると、$\sqrt{}$ が付くので、このままにしておこう！

これより、h^2 について、次の方程式が成り立ちます。

$$4^2 - x^2 = 5^2 - (6 - x)^2$$

$$16 - x^2 = 25 - (36 - 12x + x^2)$$
$$16 - x^2 = 25 - 36 + 12x - x^2$$
$$12x = 27$$
$$\therefore x = \frac{9}{4}$$

（　）^{2} の前がマイナスのときは、一度（　）をつけたまま展開して、符号を変えて（　）をはずそう！

よって、ＢＥ $= \dfrac{9}{4}$ となり、△ＡＢＥについて、h は次のようにわかります。

$$h^2 = 4^2 - \left(\frac{9}{4}\right)^2$$

$$h = \sqrt{16 - \frac{81}{16}}$$

$$= \sqrt{\frac{256 - 81}{16}}$$

$$= \sqrt{\frac{175}{16}}$$

$$= \frac{5\sqrt{7}}{4}$$

したがって、正解は肢 2 です。

 正解 2

3辺の長さが、13cm，14cm，15cmの三角形に内接する円の半径はいくらか。

1. 3.5cm
2. 4cm
3. 4.5cm
4. 5cm
5. 5.5cm

三角形を2つの直角三角形に分けよう！本問は、ちょっと面倒だけど、同様の問題が何度も出題されているから、やり方を覚えてね。

三角形の面積は、3辺の長さがわかれば、そこから求めることができます。本問を通してその方法を覚えてください。

まず、この三角形を図のように△ABCとします。AからBCに垂線AHをおろすと、図のように2つの直角三角形に分けられますね。

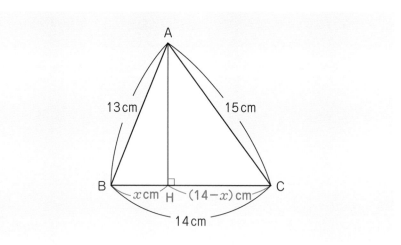

ここで、BH＝$x$cmとすると、CH＝$14 - x$（cm）と表され、それぞれの直角三角形について、共通であるAHに着目すると、三平方の定理より次のようにわかります。

$$AH^2 = 13^2 - x^2$$
$$AH^2 = 15^2 - (14 - x)^2$$

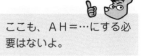

ここも、ＡＨ＝…にする必要はないよ。

これより、ＡＨ^{2}について次の方程式が成り立ちます。

$$13^2 - x^2 = 15^2 - (14 - x)^2$$

$$169 - x^2 = 225 - (196 - 28x + x^2)$$
$$169 - x^2 = 225 - 196 + 28x - x^2$$
$$28x = 140$$
$$\therefore x = 5$$

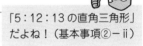

よって、ＢＨ＝5cmとなり、△ＡＢＨについて、ＡＨ^2 ＝ 13^2 － 5^2 より、ＡＨ^2 ＝ 144 からＡＨ＝ 12cmとわかり、△ＡＢＣの面積は、14 × 12 × $\dfrac{1}{2}$ ＝ 84（cm^2）となります。

「5：12：13の直角三角形」だよね！（基本事項②－ⅱ）

これより、面積がわかりましたので、内接円の半径を r として、公式「三角形の面積 ＝ 周の長さ × 内接円の半径 × $\dfrac{1}{2}$」（基本事項③）に代入します。

$$(13 + 14 + 15) \times r \times \dfrac{1}{2} = 84$$
$$21r = 84$$
$$\therefore r = 4$$

よって、正解は肢２です。

正解 2

この解法を使うと、どんな三角形でも3辺の長さが分かれば面積を求めることができるから、覚えておくといいね！

図の△ABHの3辺比は、5：12：13、△ACHの3辺比は、9：12：15＝3：4：5って、基本事項②－ⅱの3辺が整数比になる直角三角形よね？

その通り！　直角三角形なのに、選択肢も含め $\sqrt{}$ が付く数字が関係している気配がないでしょ？　だったら、初めからこのタイプの直角三角形じゃないかと仮定して、当てはめてみるという方法もあるかもね。

それでうまく当てはまれば、面倒な方程式は解かなくて済むね！

$13^2 + 2^2 = 173$

$6^2 + 2^2 = 40$

$(13 + 2)^2 + (6 + 2)^2 = 17^2$

である。3辺の長さが $\sqrt{173}$，$\sqrt{40}$，17 の三角形の面積はいくらか。

1. 34   2. 35   3. 36   4. 37   5. 38

3つの式が、三平方の定理を意味してるんじゃないか？ って思ったら、まずは、直角三角形を描いてみることね。

　与えられた3つの数式を、次のように①〜③とし、面積を求める三角形を「三角形A」とします。

　①〜③のそれぞれの右辺は、三角形Aの各辺の2乗になっているのがわかりますね。

　① $13^2 + 2^2 = 173$　← $\sqrt{173}$ の2乗
　② $6^2 + 2^2 = 40$　← $\sqrt{40}$ の2乗
　③ $(13 + 2)^2 + (6 + 2)^2 = 17^2$　← 17 の2乗

　また、いずれの数式も、「○² + □² ＝ Aの辺の2乗」という三平方の定理の公式の形になっていますので、それぞれについて次のような直角三角形を作ることができます。

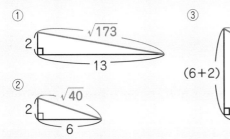

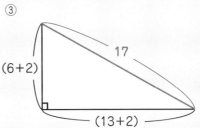

ここで、③の「13 + 2」、「6 + 2」の意味を考えると、①、②の辺の長さを足し合わせたものであることがわかります。

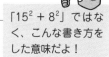

「$15^2 + 8^2$」ではなく、こんな書き方をした意味だよ！

　さらに、①～③の直角三角形を組み合わせて、三角形Aを作ることを考えると、次のようにわかります。

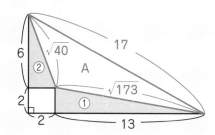

　これより、三角形Aの面積について、次のように求められます。

三角形A = ③ − ① − ② − 2 × 2
$= 15 \times 8 \times \frac{1}{2} - 13 \times 2 \times \frac{1}{2} - 6 \times 2 \times \frac{1}{2} - 2 \times 2$
$= 60 - 13 - 6 - 4$
$= 37$

　よって、正解は肢 4 です。

正解 4

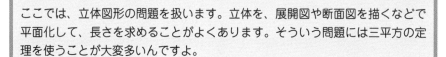

#36 三平方の定理②
立体を平面化して考える！

頻出度 ★★★★★ ｜ 重要度 ★★★★☆ ｜ コスパ ★★★★☆

ここでは、立体図形の問題を扱います。立体を、展開図や断面図を描くなどで平面化して、長さを求めることがよくあります。そういう問題には三平方の定理を使うことが大変多いんですよ。

基本事項

直方体の対角線の長さ

まず、図のような直方体において、$AB^2 = a^2 + b^2$ がいえますね。

また、四角形ABCDは長方形ですから、それを対角線から半分にした△ABCは直角三角形なので、次のようになります。

$$AC^2 = AB^2 + BC^2 = a^2 + b^2 + c^2$$
$$\therefore AC = \sqrt{a^2 + b^2 + c^2}$$

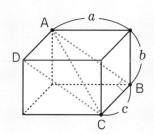

下の図のような、底面の半径が 4cm、母線の長さが 12cm の円すいがある。底面の円周上の点 A から側面を一周する線を引いたとき、その最短の長さとして最も妥当なのはどれか。

1. $6\sqrt{2}$ cm
2. $6\sqrt{3}$ cm
3. $12\sqrt{2}$ cm
4. $12\sqrt{3}$ cm
5. $16\sqrt{2}$ cm

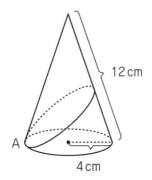

12 cm

A

4 cm

最短の長さって、直線距離ってことだよね！

　本問のように、立体の表面上の長さを求める問題は、展開図を描いて考えます。本問の場合は、線が描かれるのは側面ですから、側面の展開図のみ用意しましょう。

　円すいの頂点を O として、母線 OA で切断すると、図1のような、半径 12cm のおうぎ形になりますね。求める最短の長さは、図の A と A′ を直線で結んだ距離になります。

　このおうぎ形の弧（$\overparen{\text{AA}'}$）の長さは、底面の円周と同じですから、$2\pi \times 4 = 8\pi$（cm）となりますね。また、半径 12cm の円の円周は、$2\pi \times 12 = 24\pi$（cm）ですから、$\overparen{\text{AA}'}$ はその $\frac{1}{3}$ に当たりますので、おうぎ形の中心角は、$360° \times \frac{1}{3} = 120°$ とわかります。

$\overparen{\text{AA}'}$ は、底面の円周に重なっていたんだからね。

円周（半径 r）$= 2\pi r$

円弧の長さ＝円周$\times \dfrac{\text{中心角}}{360°}$

図1

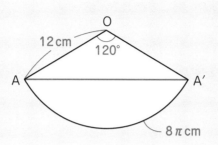

ここで、図2のように、OからAA′に垂線OHをおろすと、図は左右対称ですから、中心角も半分に分けられ、△OAHは、「30° 60° 90°の直角三角形」となります。

図2

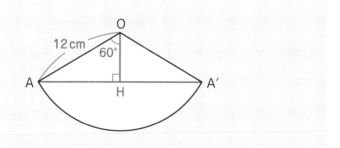

これより、AO：AH＝2：$\sqrt{3}$で、AH＝$12 \times \dfrac{\sqrt{3}}{2} = 6\sqrt{3}$とわかり、AA′＝$6\sqrt{3} \times 2 = 12\sqrt{3}$となり、正解は肢4です。

正解 4

　図のように、半径 $\dfrac{\sqrt{2}}{2}$，高さ $3\sqrt{2}\pi$ の円柱の上面の点Aから糸を、円柱の側面をちょうど3周して点Aの直下にある底の点Bに到達するように巻き付けるとき、糸の最短の長さはいくらか。

　ただし、糸の太さ及び弾性は考慮しないものとする。

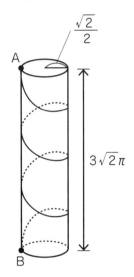

1. $2\sqrt{5}\pi$　　　　2. $\dfrac{9}{2}\pi$　　　　3. 6π　　　　4. $6\sqrt{2}\pi$　　　　5. 9π

これも展開図にしよう！ 3周ってことは、どう描けばいいかな？

　本問も、展開図を描いて、糸が直線になるような長さを求めます。

　円柱の側面は、展開図にすると長方形になり、たての長さは $3\sqrt{2}\pi$ ですね。

　また、よこの長さは、円柱の底面の円周の長さになりますので、$2\pi \times \dfrac{\sqrt{2}}{2} = \sqrt{2}\pi$ となります。

　さらに、本問では、糸を3周させていますので、1周目〜3周目の3枚の展開図を並べて描き、糸を直線に張ると、次の図のようになります。

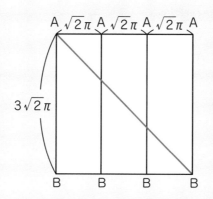

3枚の展開図を並べた図は、たて、よこともに $3\sqrt{2}\pi$ の正方形で、糸はその対角線になりますので、その長さは、$3\sqrt{2}\pi \times \sqrt{2} = 6\pi$ となり、正解は肢3です。

正方形の半分の直角二等辺三角形の3辺比は1：1：$\sqrt{2}$だよ！

正解 ３

次の図の三角すいA－BCDにおいて、∠ABD＝45°、∠ACD＝30°、
BD⊥AD、CD⊥AD、BD⊥CDである。

BC＝12cmのとき、この三角すいの体積として正しいものはどれか。

1. 36cm³
2. 36√3cm³
3. 36√6cm³
4. 54√3cm³
5. 72cm³

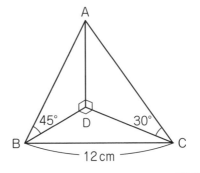

三平方の定理で長さを求めて体積を計算しよう！ 三角すいの体積
の求め方は覚えているかな？

　△ABDの3辺比は、1：1：√2、△ACDの3辺比は、1：2：√3ですね。
2つの三角形にはADが共通ですから、AD：BD：CD＝1：1：√3とわか
ります。

　ここで、△BCDもまた直角三角形ですが、BD：
CD＝1：√3ですから、この三角形の3辺比も
1：2：√3とわかります。そうすると、BC＝
12cmですから、BD＝6cm、CD＝6√3cmで、
ここから、AD＝6cmもわかりますね。

直角をはさむ2辺が
1：√3だったら、この
形だからね。

　これより、この三角すいの底面を△BCDとする
と、高さはADになりますので、体積は次のように
求められます。

円柱や角柱などの「柱
体」の体積

　→底面積×高さ

円すいや角すいなどの
「すい体」の体積

　→底面積×高さ×$\frac{1}{3}$

$$6 \times 6\sqrt{3} \times \frac{1}{2} \times 6 \times \frac{1}{3} = 36\sqrt{3} \ (\text{cm}^3)$$

　よって、正解は肢2です。

正解 ▶ 2

図のような一辺の長さ a の正三角形と一辺の長さ a の正方形からなる紙片がある。この紙片を破線で谷折りにしてできる四角錐（すい）の体積として、正しいのはどれか。

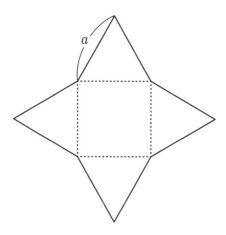

1. $\dfrac{\sqrt{2}}{3}a^3$　　2. $\dfrac{\sqrt{2}}{6}a^3$　　3. $\dfrac{\sqrt{3}}{6}a^3$　　4. $\dfrac{\sqrt{2}}{9}a^3$　　5. $\dfrac{\sqrt{3}}{9}a^3$

今度は四角すいね！ 底面積はすぐわかるから、問題は高さね！

　紙片を組み立てると、図１のような四角すいになります。

　底面は１辺 a の正方形ですから底面積は a^2 で、あとは高さがわかればいいでしょう。

　図のように、頂点Ａから底面に垂線ＡＨをおろすと、Ｈは底面の中心（対角線の交点）にきますね。

　ここで、ＡＨを含む平面である△ＡＢＤに着目すると、図２のような二等辺三角形となり、ＡＢ＝ＡＤ＝ a です。また、ＢＤは正方形ＢＣＤＥの対角線なので $\sqrt{2}a$ ですから、△ＡＢＤの３辺比は、$1:1:\sqrt{2}$ となり、直角二等辺三角形とわかります。

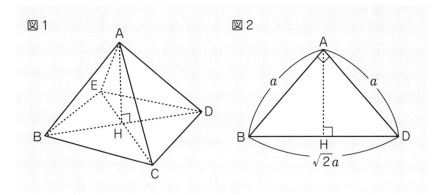

図1 図2

これより、∠ＡＢＨ＝45°となり、△ＡＢＨもまた直角二等辺三角形なので、

ＡＨ＝ＢＨ＝$\dfrac{1}{2}$ＢＤ＝$\dfrac{\sqrt{2}}{2}a$とわかり、求める体積は、次のようになります。

$$a^2 \times \frac{\sqrt{2}}{2}a \times \frac{1}{3} = \frac{\sqrt{2}}{6}a^3$$

よって、正解は肢２です。

図のような、半径 10cm の球の上下を 2 つの平行な平面で切断したところ、切断面は図の A，B のような円となり、円 A と円 B の間の距離は 14cm であった。円 A の半径が 6cm であるとき、円 B の半径はいくらか。

1. 7cm
2. 8cm
3. $3\sqrt{5}$cm
4. 9cm
5. $7\sqrt{2}$cm

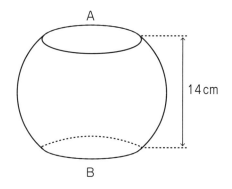

本問も断面図を描いてみよう！　中心を通ってスパっと切ればいいよね！

　球の中心を O、円 A，B の中心をそれぞれ A，B として、O，A，B を通る平面で立体を切断すると、図 1 のようになります。
　図の C，D をそれぞれ円 A，B の円周上の点とすると、条件より、OC ＝10cm，AC ＝ 6cm で、OC：AC ＝ 10：6 ＝ 5：3 ですから、△AOC は「3：4：5 の直角三角形」となり、AO ＝ 8cm とわかります。

図 1

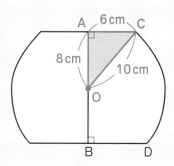

これより、ＯＢ＝１４－８＝６（cm）となり、ＯＢ：ＯＤ＝６：１０＝３：５ですから、△ＯＢＤもまた「３：４：５の直角三角形」となり、ＢＤ＝８cmとわかります（図２）。

図２

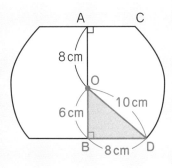

　よって、円Ｂの半径は８cmで、正解は肢２です。

正解　2

図形の問題は、一般的に平面図形の出題が多いけど、地方上級は立体図形を比較的よく出題しているんだ。以前は変な問題ばかりだったけど、最近は、本問のような普通の問題も出るようになったね。

1辺が10cmの正八面体の木片がある。この木片を削って得ることのできる最も大きな球の直径はどれか。

1. $5\sqrt{\dfrac{3}{2}}$ cm

2. $5\sqrt{2}$ cm

3. $10\sqrt{\dfrac{2}{3}}$ cm

4. $5\sqrt{3}$ cm

5. 10 cm

本問も断面図を描こう！ さて、どこで切ればいいかな？

正八面体の内部に、できるだけ大きな球を作るということですよね。正八面体にぴったり内接するような球を考えればいいでしょう。

ここで、図1のように正八面体に内接球を描き、面ABCにおける球の接点をPとします。上半分の四角すいを、頂点AからPを通るように底面に垂直に切断したときの切断面を描くと図2の△ADEのようになりますね。

てっぺんから、まっすぐ下におろすように切るわけだから、球の中心を通るよね。

これより、△ADEについて、図のようにAからDEに垂線をおろし、その足をHとすると、Hは球の中心になり、さらに、HとPを結ぶと、接線の性質（#39基本事項①）より、HP⊥ADとなります。

そうすると、△ADHと△AHPはそれぞれ直角三角形で、∠HAPが共通なので、2組の角が等しく相似になります（#37基本事項②-ⅲ）から、これを利用して半径HPの長さがわかれば、直径が求められますね。

まず、DEは正八面体の1辺の長さと同じで10cmですから、DH＝5cmとなります。

また、図1において、△ABCは正三角形で、△ADCはその半分の「$1:2:\sqrt{3}$の直角三角形」となり、AD＝$5\sqrt{3}$cmです。

これより、△AHDにおいて三平方の定理より、AH＝$\sqrt{(5\sqrt{3})^2 - 5^2}$ ＝ $\sqrt{75-25}$ ＝ $\sqrt{50}$ ＝ $5\sqrt{2}$ （cm）とわかります。

図1　　　　　　　　　　　図2

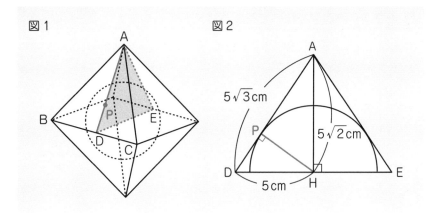

　ここで、HP＝rとおくと、AD：DH＝AH：HPより、次のようになります。

$$5\sqrt{3} : 5 = 5\sqrt{2} : r$$

　　　外項の積＝内項の積より、$5\sqrt{3}\,r = 25\sqrt{2}$
$$\therefore r = \frac{25\sqrt{2}}{5\sqrt{3}} = 5\sqrt{\frac{2}{3}} \text{（cm）}$$

これより、求める直径は、$2 \times HP = 10\sqrt{\frac{2}{3}}$（cm）となり、正解は肢3です。

次の図のような、1辺の長さが10cmの立方体がある。辺ＡＢの中点をＰ、辺ＤＥの中点をＱとして、この立方体を点Ｃ，Ｐ，Ｑを通る平面で切断したとき、その断面の面積はどれか。

1. $25\sqrt{2}\,\text{cm}^2$
2. $25\sqrt{6}\,\text{cm}^2$
3. $50\sqrt{2}\,\text{cm}^2$
4. $50\sqrt{6}\,\text{cm}^2$
5. $125\,\text{cm}^2$

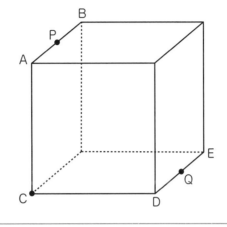

> まず、切断面を描いてみよう！　どんな形になるかな？

　3点Ｃ，Ｐ，Ｑを通る切断面がどのような図形になるか、以下のルールに従って描いてみます。

　　切断面の描き方
　　Step1　同一面上の2点はそのまま結ぶ
　　Step2　平行な面に入る切断線は、平行に
　　　　　　なるようにつなげる

このルールは、判断推理で詳しく勉強するよ！

　Step1より、ＣとＰ、ＣとＱはいずれも同一面上の2点ですから、図1の①のように、そのまま結びます。
　次に、底面と上面は平行ですから、Step2より、Ｐを通ってＣＱに平行な線分を、②のように上面に描くと、立方体の頂点である、図のＦにたどり着きます。
　そうすると、ＦとＱは同一面上の点なので、③のようにそのまま結ぶと、ＱＦはＣＰと平行になりますね。

ＣとＰはいずれも左側面、ＣとＱはいずれも底面にあるってこと。

ＰとＱはいずれも中点だからね。

図1

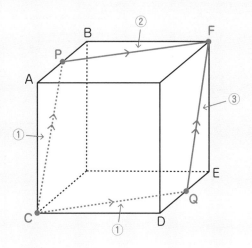

　これより、切断面は、四角形ＣＰＦＱとなり、平行な２組の辺からできる平行四辺形ですが、４本の辺はいずれも同じ長さであることがわかりますので、ひし形となります。

　ひし形には、対角線が直交する（垂直に交わる）という性質がありますので、このひし形の２本の対角線ＰＱとＣＦも直交します。

　そうすると、図２のように、ＰＱやＣＦに平行な線でひし形を囲む長方形を作ると、長方形のたての長さはＰＱと等しく、よこの長さはＣＦと等しいので、面積はＰＱ×ＣＦで求められ、ひし形の面積は、長方形のちょうど半分になりますね。

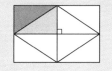

図の色の付いた２つの三角形は合同だからだよ。

図2

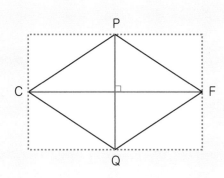

すなわち、ＰＱとＣＦの長さを求めて、かけて２で割ると、ひし形の面積が求められることになります。

　では、まず、ＰＱについては、図３のように、平行移動するとＡＤと重なりますので、ＡＤの長さと等しく、△ＡＣＤは、「45°　45°　90°の直角三角形」ですから、ＡＣ＝ＣＤ＝10cm より、ＰＱ＝ＡＤ＝$10\sqrt{2}$cm となります。

　また、ＣＦについては、図４のように、立方体の対角線になりますので、ＣＦ＝$\sqrt{10^2+10^2+10^2}=\sqrt{10^2\times3}=10\sqrt{3}$（cm）とわかります（基本事項参照）。

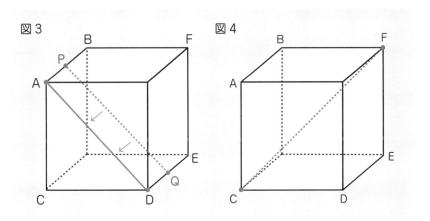

図３　　　　　　　　　　　　　図４

　よって、求める面積は、$10\sqrt{2}\times10\sqrt{3}\div2=50\sqrt{6}$（cm²）となり、正解は肢４です。

正解　4

#37 相似
相似な三角形を探す!

頻出度 ★★★★★ | 重要度 ★★★★★ | コスパ ★★★☆☆

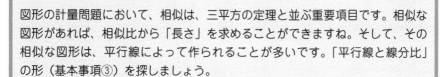

図形の計量問題において、相似は、三平方の定理と並ぶ重要項目です。相似な図形があれば、相似比から「長さ」を求めることができますね。そして、その相似な図形は、平行線によって作られることが多いです。「平行線と線分比」の形（基本事項③）を探しましょう。

基本事項

①相似な図形

　大きさは異なるけど形が同じ、すなわち、一方を拡大もしくは縮小すると合同になる図形のことで、記号「∽」で表します。

　相似な図形は、それぞれ対応する線分の長さの比はいずれも等しくなり、この比を「相似比」といいます。

　たとえば、次の図において、△ＡＢＣ∽△ＤＥＦであるとき、ＡＢ：ＤＥ＝6：9＝2：3なので、相似比は2：3となります。

　これより、ＢＣ：ＥＦ＝ＡＣ：ＤＦ＝2：3より、ＥＦ＝12，ＤＦ＝15と求められます。

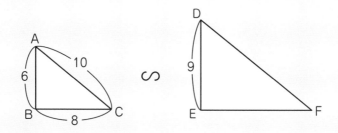

②三角形の相似条件

　相似な三角形であることは、次の条件のいずれかを満たしていることで確認できます。圧倒的によく使うのはⅲですので、まずは角度に着目しましょう。

③平行線と線分比

図において、△ＡＢＣ∽△ＡＤＥが成り立ちます。

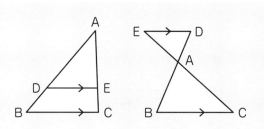

これより、次のことがいえます。

$$ＡＢ：ＡＤ＝ＢＣ：ＤＥ＝ＣＡ：ＥＡ$$
$$ＡＤ：ＤＢ＝ＡＥ：ＥＣ$$

図の形は、線分の長さの比を求めるのによく用いられます。平行線を利用したり、補助線を引くなどで、この形を作る問題はよくありますよ。

④面積比と体積比

相似な図形の面積の比は相似比の２乗に、体積の比は相似比の３乗になります。

たとえば、２つの相似な図形の辺の長さの比が２：３なら、その面積の比は$2^2 : 3^2 = 4 : 9$となり、体積の比は$2^3 : 3^3 = 8 : 27$となります。

次の図において四角形ＡＢＣＤはＡＤ∥ＢＣの台形であり、Ｐ，Ｑはそれぞれ辺ＡＢ，対角線ＡＣの中点である。また、ＲはＡＣとＰＤの交点である。
ＡＤ＝６cm，ＢＣ＝16cmのとき、ＲＱ：ＱＣの値として正しいものはどれか。

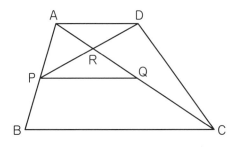

1．7：8　　　2．3：4　　　3．5：7　　　4．5：8　　　5．4：7

> この図形の中には、「平行線と線分比」の形があるよね！

条件より、ＡＢとＡＣは、それぞれＡＰとＡＱの2倍ですから、△ＡＰＱと△ＡＢＣは相似になり、相似比は１：２です。

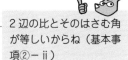

2辺の比とそのはさむ角が等しいからね（基本事項②－ⅱ）

すなわち、「平行線と線分比」の形（基本事項③）になりますので、ＰＱ∥ＢＣとわかり、ＰＱ：ＢＣ＝１：２ですから、ＰＱ＝８cmとなります（図１）。

図1

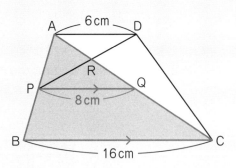

これより、ＡＤ∥ＰＱとなり、図２の色のついた部分に、「平行線と線分比」の形ができ、ＡＤ：ＱＰ＝６：８＝３：４より、ＡＲ：ＱＲ＝３：４とわかります。

また、条件より、ＡＱ＝ＱＣですから、<u>ＡＲ：Ｒ</u><u>Ｑ：ＱＣ＝３：４：７</u>とわかりますね。

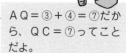

ＡＱ＝③＋④＝⑦だから、ＱＣ＝⑦ってことだよ。

図2

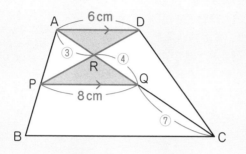

よって、ＲＱ：ＱＣ＝４：７で、正解は肢５です。

|| 正解 ▷ 5

PLAY 2 平行線と線分比のパターン

次の図のような三角形ＡＢＣにおいて、点Ｐは、辺ＢＣを２：３に内分する点で、点Ｑは、辺ＡＣを３：４に内分する点である。このとき、ＡＰとＢＱの交点をＲとすると、線分ＡＲとＲＰの長さの比として、最も妥当なのはどれか。

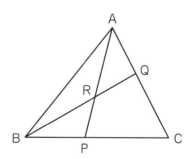

1. 4：3   2. 3：2   3. 8：5   4. 12：7   5. 15：8

平行線を引いて、「平行線と線分比」の形を作ってみよう！ 本問は、同じような形の問題がよく出題されているよ。

辺の比が与えられていますので、「平行線と線分比」の形を利用したいところですが、肝心の平行線がありません。ここは、補助線を引いてこの形を作るしかないですね。

　求めるのはＡＲ：ＲＰですから、できれば、これを含む形ができるといいですね。では、図1のように、<u>Ａを通る平行線</u>を引いて、ＢＱの延長線との交点をＳとし、△ＡＲＳ∽△ＰＲＢの形を作ってみます。

Ｒを通る平行線というのもあるけど、あまりうまくいかない。補助線は、試行錯誤だからね。ちなみに、Ｑを通る補助線も使えるけど、計算が面倒になるかな。

図1

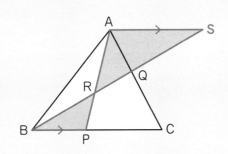

　ここで、この補助線により、図2のように、△ＡＱＳ∽△ＣＱＢの形もできることがわかり、まず、ここに着目すると、ＡＳ：ＣＢ＝ＡＱ：ＣＱ＝3：4がわかります。

　そうすると、ＲＰ：ＰＣ＝2：3ですから、図のＢＣ＝④を2：3に分けようと思いますが、2＋3＝5ですから、ＢＣを4と5の最小公倍数の20とすると、これを2：3に分けて、ＢＰ＝8，ＰＣ＝12となり、ＡＳ：ＣＢ＝3：4＝15：20より、ＡＳ＝15となります（図3）。

図2　図3

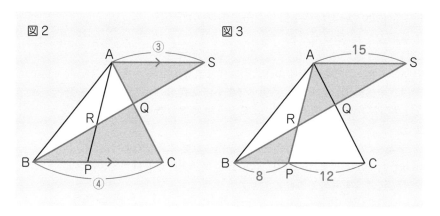

これより、ＡＲ：ＰＲ＝ＡＳ：ＰＢ＝15：8となり、正解は肢5です。

正解 5

PLAY 3　平行線と線分比と直角三角形の問題　特別区Ⅰ類2020

次の図のように、短辺の長さが１、長辺の長さが３の長方形ＡＢＣＤがある。今、線分ＢＥの長さが１となるように点Ｅをとり、線分ＡＣと線分ＤＥの交点をＦとするとき、∠ＣＦＥの大きさはどれか。

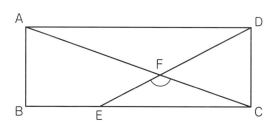

1.　105°　　2.　120°　　3.　135°　　4.　150°　　5.　165°

「平行線と線分比」の形はあるけど、ここで求めるのは「角度」なのよね！　そうすると、相似だけじゃないのかな？

本問では、求めるのは角度ですが、条件に具体的な角度は与えられていませんので、角度がわかる図形を探す（または作る）ことになり、考えられる代表

的な図形は、特別な角を持つ直角三角形（＃35 基本事項②－ⅰ）となります。

しかし、求める∠ＣＦＥは、<u>90°を超える大きさ</u>と推測でき、これを含む直角三角形は作れませんね。では、その隣の∠ＣＦＤに着目します。この角度がわかれば、180°から引いて、∠ＣＦＥもわかりますね。

では、∠ＣＦＤを含む直角三角形を作るため、図1のように、ＤからＡＣに垂線ＤＨを下ろします。これにより、<u>直角三角形ＤＦＨ</u>ができますね。この三角形の辺の比を考えてみましょう。

> 見た目で明らかだよね。ＦからＣＥに垂線を下ろして分割することも考えられるけど、それっぽい直角三角形にはなりそうもない。

図1

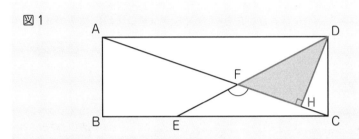

ここで、辺の長さを確認するため、△ＡＣＤ，△ＡＤＨ，△ＤＣＨに着目すると、これらは<u>いずれも相似な三角形</u>で、ＡＤ＝3，ＣＤ＝1より、直角をはさむ2辺の比が3：1の直角三角形とわかります。

そうすると、図2のように、△ＤＣＨにおいて、ＣＨ＝①、ＤＨ＝③とすると、△ＡＤＨにおいて、ＡＨ＝⑨となり、ＡＣ＝⑩と表せます。

> △ＡＣＤと△ＡＤＨは、∠ＣＡＤが共通の直角三角形、△ＡＣＤと△ＤＣＨは、∠ＡＣＤが共通の直角三角形で、いずれも2角が等しく相似だね（基本事項②－ⅲ）。

図2

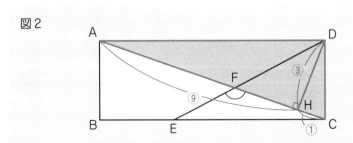

また、△ADF∽△CEFで、AD：CE＝3：(3－1)＝3：2より、AF：CF＝3：2がわかり、AC＝⑩を3：2に分けると、AF＝⑥，CF＝④と表せ、図3のように、CH＝①，FH＝③とわかりますね。

これは、「平行線と線分比」の形だね。

図3

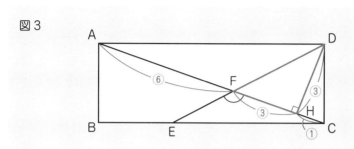

これより、FH＝DH＝③となり、△DFHは直角二等辺三角形とわかります。

すなわち、∠DFH＝45°より、∠CFE＝180°－45°＝135°とわかり、正解は肢3です。

||| 正解 ▶ 3

これ、ちょっと難しいけど、見た目で当たった人もけっこういるだろうね。

30°や45°などと関係のある数字から見当をつければ、大体当たるよね。

次の図のように1辺の長さが3の正四面体がある。この正四面体のすべての頂点から各辺の長さが1となる三角すいを切り取って立体を作った。このとき、立体の表面積と元の正四面体の表面積の比として、最も妥当なのはどれか。

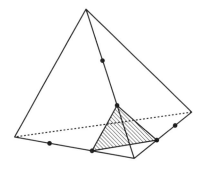

1. 2:3 　　 2. 3:4 　　 3. 4:5 　　 4. 4:9 　　 5. 7:9

相似な図形の面積比を考える問題。本問はカンタンだけど、数えまちがいに注意して！

　1辺が3の正三角形と1辺が1の正三角形の相似比は3:1ですから、面積比は $3^2 : 1^2 = 9 : 1$（基本事項④）となります。

　これより、1辺が3の正三角形をP、1辺が1の正三角形をQとし、それぞれの面積を、P = 9，Q = 1とします。

　まず、もとの正四面体は、Pが4面で構成されていますから、表面積は、9 × 4 = 36 ですね。

　また、各頂点から1辺が1の三角すいを切り取ると、もとの面（P）は、図1のようにQが3つ切り取られて、各面の面積は、9 − 1 × 3 = 6 になります。さらに、切り取られたときにできた切断面は、図2のように、1辺が1の正三角形、つまり、Qになり、4つの頂点に1つずつできます。

正四面体などの「正多面体」は、判断推理（空間把握）で、しっかり学習しよう。

これも正四面体だよね。

図 1

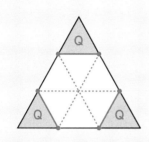

図 2

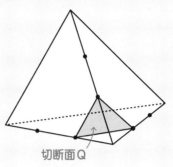

切断面 Q

　これより、立体の表面積は、6 × 4 ＋ 1 × 4 ＝ 28 となり、元の正四面体との比は、28 : 36 ＝ 7 : 9 となり、正解は肢 5 です。

正解 ▶ 5

PLAY 5　平行線と面積比の問題

東京都 I 類 B 2012

　下図のように、長方形 ABCD を辺 AB に平行な直線 7 本で、8 つの同じ大きさの長方形に分割し、A と E、B と D をそれぞれ直線で結んだとき、斜線部分アとイの面積の比として、正しいのはどれか。

ア : イ
1. 2 : 3
2. 4 : 5
3. 5 : 7
4. 7 : 11
5. 8 : 13

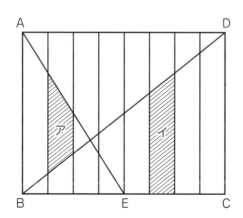

平行線によってできる相似な三角形の相似比と面積比を考えるよ。
本問は定番だから、しっかり理解を深めて！

まず、図１のように、長方形ＡＢＣＤをＢＤで分割した右下の図について、それぞれの交点をＦ～Ｒとします。

　たての直線はすべて平行ですから、△ＢＦＧ∽△ＢＨＩ∽△ＢＪＫ∽…△ＢＤＣとなり、その相似比は、１：２：３：…８となります。

図１

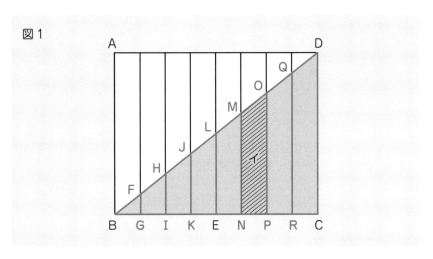

　そうすると、面積比はその２乗ですから、次のようになりますね。

		△BFG	△BHI	△BJK	△BLE	△BMN	△BOP	△BQR	△BDC
相似比	→	1 :	2 :	3 :	4 :	5 :	6 :	7 :	8
面積比	→	1 :	4 :	9 :	16 :	25 :	36 :	49 :	64

　ここで、△ＢＦＧの面積を１とすると、台形ＦＧＩＨの面積は、４－１＝３、台形ＨＩＫＪの面積は、９－４＝５と表され、同様にその他の台形の面積を表すと図２のようになります。

図2

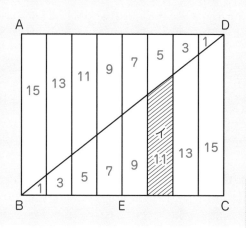

BDから左上
も同じ図形だ
からね!

　これによると、イの面積は 11 と表されますね。
　次に、AEで分割した図について、図3のように、それぞれの交点をS〜Y
とすると、同様に、△AST∽△AUV∽△AWX∽△AYEとなります。

図3

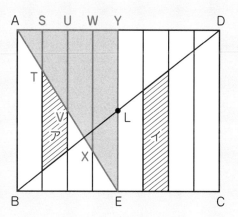

　ここで、図のLの位置を確認します。図の直線Y
Eは、長方形ABCDのちょうど真ん中ですから、
LはYEの中点に当たります。
　そうすると、△AYEと△BLEについて、それ
ぞれYEとLEを底辺とすると、高さは同じですか
ら、△AYEの面積は、△BLEの面積の2倍とわ
かります。

△YLD∽△ELB
で、相似比は1:1の
合同な図形になるか
ら、YL=EL

これより、図2の面積比に合わせると、△ＢＬＥ＝16ですから、△ＡＹＥ＝32となり、ＡＥから上の三角形の面積も次のように表せます。

	△AST		△AUV		△AWX		△AYE
相似比 →	1	:	2	:	3	:	4
面積比 →	1	:	4	:	9	:	16
	↓		↓		↓		↓
	2		8		18		32

　この面積比で、台形ＳＴＶＵの面積を表すと、8－2＝6となり、これとアを合わせた面積は、図2より、13ですから、アの面積は13－6＝7と表せます。
　よって、アとイの面積比は、7：11となり、正解は肢4です。

‖ 正解 ▶ 4

PLAY 6 相似比と体積比の問題

　次の図のような直円錐がある。この直円錐を底面から $\frac{1}{4}$ の高さで、底面に平行な平面で切ったときにできる円錐と円錐台の体積の比として、最も妥当なのはどれか。

1. 27：37
2. 27：64
3. 64：27
4. 9：7
5. 7：9

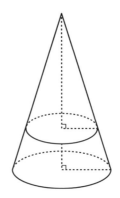

カンタンすぎ！　制限時間は30秒ってとこかな？

上の円すいと元の円すいの高さの比は、$\frac{3}{4}$: 1 = 3 : 4 ですから、体積の比は、$3^3 : 4^3 = 27 : 64$（基本事項④）となります。

これより、上の円すいの体積＝ 27 とすると、下の円すい台の体積は、64 － 27 = 37 となり、求める体積比は、27 : 37 とわかります。

よって、正解は肢 1 です。

‖‖ 正解 ▷ 1

PLAY 7 底面積と高さの比から体積比を考える問題 東京消防庁Ⅰ類 2018

下の図のような、辺ＡＢの長さと辺ＡＤの長さの比が１：２である長方形ＡＢＣＤの紙が２枚ある。この紙を１枚ずつ丸めて、２種類の円柱を作った。辺ＡＢと辺ＤＣが一致する円柱Ｘと、辺ＡＤと辺ＢＣが一致する円柱Ｙの体積比として、最も妥当なのはどれか。

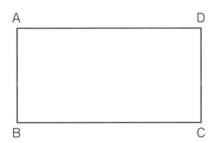

円柱Ｘ	:	円柱Ｙ
1. 1	:	1
2. 1	:	2
3. 1	:	4
4. 2	:	1
5. 4	:	1

本問は、相似な図形じゃないけど、体積比を考えてみて！ 同じ長方形でも、丸め方でちがってくるかな!?

ＡＢ＝１，ＡＤ＝２とすると、図のように、Ｘは、高さが１、底面の円周は２、Ｙは、高さが２、底面の円周は１になるのがわかります。

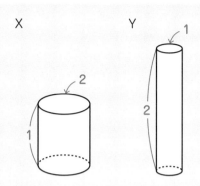

　XとYの底面の円周の比は2：1ですから、半径の比も2：1ですね。

　これより、Xの半径を$2r$、Yの半径をrとして、体積を計算すると、次のようになります。

ここで、底面積の比は4：1だから、高さの比をかけて、
$(4 \times 1):(1 \times 2) = 2:1$
と求めてもOK！

$$X \rightarrow \pi (2r)^2 \times 1 = 4\pi r^2$$
$$Y \rightarrow \pi r^2 \times 2 = 2\pi r^2$$

よって、XとYの体積比は、$4\pi r^2 : 2\pi r^2 = 2:1$ となり、正解は肢4です。

正解▶ 4

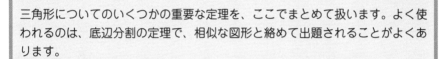

#38 三角形の性質
三角形には色々な「心」がある！

頻出度 ★★★★☆ ｜ 重要度 ★★★★☆ ｜ コスパ ★★★★☆

三角形についてのいくつかの重要な定理を、ここでまとめて扱います。よく使われるのは、底辺分割の定理で、相似な図形と絡めて出題されることがよくあります。

基本事項

①底辺分割の定理

図１において、△ABPと△ACPは高さがともに h で等しいわけですから、底辺の比がそのまま面積の比になります。

すなわち、それぞれの面積をS_1，S_2とすると、

$$S_1 : S_2 = BP : CP$$

となります。

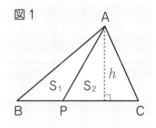

図1

また、図２のような三角形においては、次のようになります。

$$\triangle ADC = \triangle ABC \times \frac{AD}{AB}$$

$$\triangle ADE = \triangle ADC \times \frac{AE}{AC}$$

$$\therefore \triangle ADE = \triangle ABC \times \frac{AD}{AB} \times \frac{AE}{AC}$$

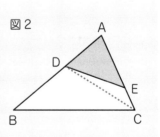

図2

面積比を求めるときなどに便利ですから、覚えておきましょう。

②三角形の内心

右の図のように、三角形の内接円（3辺
に接する円）の中心（I）を「内心」とい
い、三角形の各頂点の角の二等分線の交点
になります。

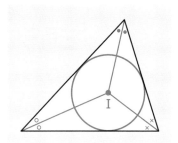

③三角形の外心

右の図のように、三角形の外接円（3つ
頂点を通る円）の中心（O）を「外心」と
いい、三角形の3辺の垂直二等分線の交点
となります。

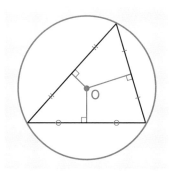

④三角形の重心の定理

たとえば、右の図のAPのように、三
角形の頂点（A）から対辺（BC）の中
点（P）に引いた線分を「中線」といい
ます。図のように三角形には中線が3本
引けます。

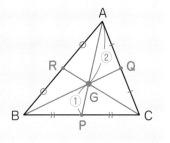

この3本の中線は1点（G）で交わり、
その点が三角形の重心となります。

三角形の重心は、それぞれの中線を2：
1に内分します。すなわち、図において次
のようになります。

$$AG：GP＝BG：GQ＝CG：GR＝2：1$$

⑤正三角形の重心

　正三角形においては、内接円の中心（内心）、外接円の中心（外心）、重心は一致します。

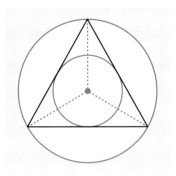

⑥角の二等分線の定理

　右の図の△ＡＢＣにおいて、∠Ａの２等分線と対辺ＢＣの交点をＰとすると、次のようになります。

$$BP : CP = AB : AC$$

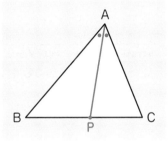

次の図のような平行四辺形ＡＢＣＤにおいて、辺ＢＣを１：１に内分する点をＰ、辺ＣＤを１：２に内分する点をＱとし、線分ＡＱと線分ＰＤの交点をＲとする。このとき、平行四辺形ＡＢＣＤの面積と三角形ＱＤＲの面積の比として正しいのはどれか。

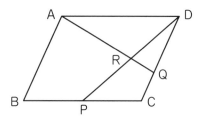

1.　5：1　　　2.　7：1　　　3.　9：1　　　4.　10：1　　　5.　12：1

面積比の問題で、相似と並んでよく使われるのが底辺分割の定理だ！ これが使える形にも慣れておく必要があるよ！

平行四辺形を少しずつ分割していって、△ＱＤＲの面積の割合を求めましょう。

まず、△ＤＰＣの面積の割合を求めます。図１のようにＢとＤを結ぶと、△ＤＢＣの面積は平行四辺形ＡＢＣＤの $\frac{1}{2}$ ですね。さらに、ＰＣ＝$\frac{1}{2}$ ＢＣなので、底辺分割の定理（基本事項①）より、△ＤＰＣの面積は△ＤＢＣの $\frac{1}{2}$ ですから、平行四辺形ＡＢＣＤの $\frac{1}{4}$ とわかります。

そして、△ＱＤＲは△ＤＰＣの一部ですから、ＤＲ：ＤＰ，ＤＱ：ＤＣがわかれば、基本事項①の方法で面積の比がわかります。ですから、その比を調べるため、平行線を利用して、「平行線と線分比」の形（#37 基本事項③）を作りましょう。

図２のように、ＢＣの延長線とＡＱの延長線の交点をＳとすると、△ＡＤＱ∽△ＳＣＱとなり、ＤＱ：ＣＱ＝２：１より、ＡＤ：ＳＣ＝２：１となります。

すなわち、ＳＣ＝$\frac{1}{2}$ ＡＤとなりますが、ＡＤ＝ＢＣですから、ＳＣ＝$\frac{1}{2}$ ＢＣ＝ＰＣより、ＰＣ＋ＣＳ＝ＢＣ＝ＡＤがわかります。

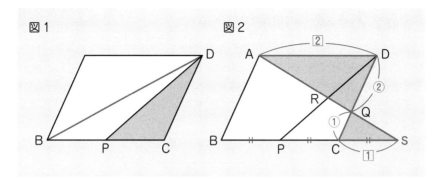

図1　　　　　　　　　図2

　これより、図3のように△ＡＲＤ∽△ＳＲＰについてみると、ＡＤ＝ＳＰより、ＤＲ＝ＰＲがわかります。

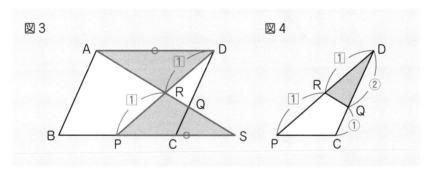

図3　　　　　　　　　図4

　以上より、△ＤＰＣの辺の比は図4のようになり、△ＱＤＲの面積は、次のように表せます。

$$\triangle QDR = \triangle DPC \times \frac{DR}{DP} \times \frac{DQ}{DC}$$

$$= \triangle DPC \times \frac{1}{2} \times \frac{2}{3}$$

$$= \frac{1}{3} \triangle DPC$$

　よって、その面積は、平行四辺形ＡＢＣＤの $\frac{1}{4} \times \frac{1}{3} = \frac{1}{12}$ となり、平行四辺形との面積比は 12：1 で、正解は肢 5 です。

正解 ▶ 5

　図において、三角形ＡＢＣと三角形ＡＣＤは正三角形であり、辺ＡＤ，ＣＤの中点をそれぞれ点Ｅ，Ｆとする。線分ＢＥと辺ＡＣの交点を点Ｇとし、線分ＦＧを延ばした線と辺ＡＢの交点を点Ｈとする。

　三角形ＡＢＣの面積が１であるとき、三角形ＢＧＨと三角形ＥＦＧの面積の和はいくらか。

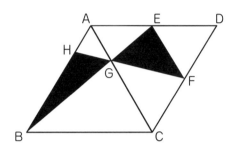

1. $\dfrac{\sqrt{3}}{4}$　　2. $\dfrac{1}{2}$　　3. $\dfrac{\sqrt{3}}{3}$　　4. $\dfrac{3}{5}$　　5. $\dfrac{5}{8}$

> 相似と面積比と底辺分割の定理を使う、めっちゃイイ問題！ 是非トライしてみて！

　まず、△ＥＦＧの面積から求めます。図１のように、△ＤＡＣを、ＡＣを底辺として見ると、Ｅ，Ｆは辺の中点ですから、ちょうど真ん中の高さにあります。

　そうすると、△ＥＦＧと△ＤＥＦは、ＥＦを底辺とすると、高さが等しく、同じ面積になりますね。

　△ＤＥＦは、△ＤＡＣと相似で、相似比は１：２ですから、面積比はその２乗（＃37 基本事項④）で１：４となり、△ＤＥＦの面積は、△ＤＡＣの

1 辺が半分の正三角形になるのがわかるよね！

$\dfrac{1}{4}$ とわかります。

図1

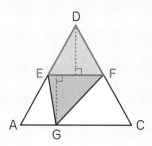

よって、△ＥＦＧの面積も、△ＤＡＣの面積＝１の $\frac{1}{4}$ ですから、そのまま $\frac{1}{4}$ となります。

次に、△ＢＧＨの面積を求めます。四角形ＡＢＣＤは、正三角形を２つ合わせた図形ですから、４辺の長さが等しく、ひし形になります。ひし形は平行四辺形ですから、ＡＤ∥ＢＣが確認できますね。

ここで、Ｇの位置を確認するため、平行線を利用して、Ｇを含む「平行線と線分比」の形を探すと、図２のように、△ＡＧＥ∽△ＣＧＢがわかります。

ＡＥ＝ $\frac{1}{2}$ ＡＤ＝ $\frac{1}{2}$ ＢＣですから、相似比は１：２で、ＡＧ：ＣＧ＝１：２となりますね。

次に、Ｈの位置を確認するため、同様に、Ｈを含む相似な図形を探すと、図３のように、△ＡＨＧ∽△ＣＦＧがわかり、ＡＧ：ＣＧ＝１：２より、ＡＨ：ＣＦ＝１：２となります。

そうすると、ＡＨ＝ $\frac{1}{2}$ ＣＦ＝ $\frac{1}{4}$ ＣＤ＝ $\frac{1}{4}$ ＡＢとわかり、ＡＨ：ＢＨ＝１：３となりますね。

図２   図３

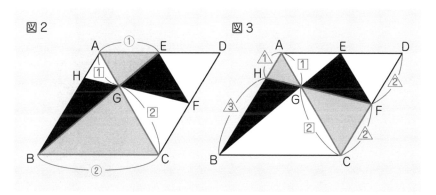

これより、△ＢＧＡの面積について、底辺分割の定理より、△ＡＢＣの $\dfrac{1}{3}$ となり、さらに、△ＢＧＨは、△ＢＧＡの $\dfrac{3}{4}$ ですから、△ＢＧＨ＝△ＡＢＣ $\times \dfrac{1}{3} \times \dfrac{3}{4} = \dfrac{1}{4}$ △ＡＢＣとわかります。

よって、△ＢＧＨの面積は $\dfrac{1}{4}$ となりますので、求める面積の和は、$\dfrac{1}{4}$ ＋ $\dfrac{1}{4} = \dfrac{1}{2}$ となり、正解は肢２です。

正解 ▶ 2

図のように、1辺の長さ ℓ の合同な 2 つのひし形 A，B があり、ひし形 A には 1 個の円 a が内接し、ひし形 B の内側には直径の等しい 2 個の円 b が互いに接しながらひし形 B の 2 辺にそれぞれ接しているとき、円 a の面積 S_1 と 2 個の円 b の面積の和 S_2 の比として正しいのはどれか。

A

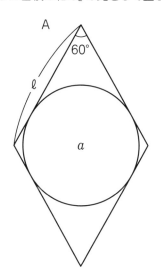

B

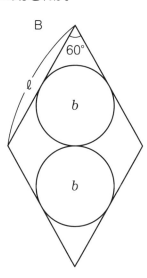

$S_1 \ : \ S_2$

1. 3 ： 2
2. 18 ： 13
3. 9 ： 7
4. 6 ： 5
5. 9 ： 8

正三角形の重心の位置から、相似比を考えよう！

ひし形A，Bはともに上下対称ですから，それぞれ真ん中から上半分で考えます。

　まず，ひし形Bの上半分について，図1のように△CDEとすると，CD＝CE＝ℓの二等辺三角形で，∠C＝60°ですから正三角形となりますね。

　これより，円bの中心はこの三角形の重心となり，図のように，高さをhとすると，中心はこれを2：1に分けますので，半径は$\dfrac{1}{3}h$とわかります（基本事項④⑤）。

　また，ひし形Aの上半分について，図2のように△FGHとすると，これも正三角形で，GHは円の中心を通りますね。

　ここで，FGとFHをそれぞれ延長して，図のように円が内接する正三角形を作ると，やはり円の中心はこの三角形の重心なので，△FGHの高さをhとすると，半径は$\dfrac{1}{2}h$となります。

二等辺三角形のてっぺんの角が60°なら，残る2角で120°だね。
この2角は「底角」といって等しくなるから，ここですべての角が60°となるわけだ。

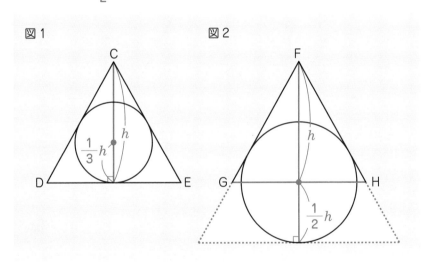

図1　　　　　　　図2

　△CDEと△FGHは合同ですから，高さhも同じ値なので，円aと円bの相似比は，$\dfrac{1}{2}h：\dfrac{1}{3}h＝3：2$で，面積比は9：4となります。

　これより，求める比は，9：（4×2）＝9：8とわかり，正解は肢5です。

正解　5

下の図のように、三角形ＡＢＣの内心をＩとし、直線ＡＩと辺ＢＣの交点をＤとする。ＡＢ＝４、ＡＣ＝10、ＢＣ＝12のとき、ＡＩ：ＩＤの比として正しいものはどれか。

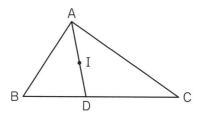

1. 3:2　　　2. 4:3　　　3. 5:6　　　4. 6:5　　　5. 7:6

三角形の内心の性質からＡＤがどんな線かわかるよね。角の二等分線の定理しっかり理解しておこう！

Ｉは三角形ＡＢＣの内心ですから、ＡＤは∠Ａの二等分線となります（基本事項②）。

そうすると、△ＡＢＣについて、角の二等分線の定理（基本事項⑥）より、ＢＤ：ＤＣが次のようにわかります。

$$ＢＤ：ＤＣ＝ＡＢ：ＡＣ＝4：10＝2：5$$

ＢＣ＝12ですから、これを2：5に分けて、ＢＤの長さは次のようになりますね。

$$ＢＤ＝12×\frac{2}{7}＝\frac{24}{7}$$

2＋5＝7より、12を7等分したうちの2つ分ということで、$\frac{2}{7}$をかけるんだよ。

ここで、図のように、ＢとＩを結ぶと、ＢＩもまた∠Ｂの二等分線となります。

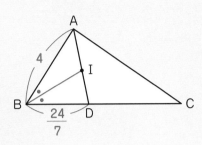

　そうすると、△ＡＢＤについて、角の二等分線の定理より、ＡＩ：ＩＤは次のようにわかります。

$$ＡＩ：ＩＤ＝ＡＢ：ＢＤ＝4：\frac{24}{7}＝28：24＝7：6$$

　よって、正解は肢5です。

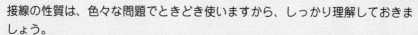

#39 円の定理
定理を使って角度を求める！

頻出度 ★★★☆☆ ｜ 重要度 ★★★☆☆ ｜ コスパ ★★★☆☆

接線の性質は、色々な問題でときどき使いますから、しっかり理解しておきましょう。

円周角の定理などは、中学校で習ったと思いますが、多くの方が忘れているでしょう。これらを使う問題は、あまり多くはないですが、定理がわからないと解けないものばかりですから、一通り確認しておきましょう。

基本事項

①接線の性質

ⅰ）円の中心と接点を結ぶ半径は、接線に垂直に交わります。

ⅱ）円外の１点から円に引いた２本の接線の長さは等しくなります。

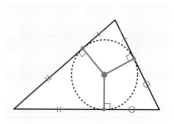

②円周角の定理

右の図において、ＡとＢの間の円周部分を「弧ＡＢ」といい「$\overset{\frown}{AB}$」と表します。

このとき、∠ＡＯＢを$\overset{\frown}{AB}$の中心角といい、pやqのような角を$\overset{\frown}{AB}$の円周角といいます。どの弧に対しても中心角は１つしかありませんが、円周角は無数にあり、同じ弧に対する円周角はいずれも等しく、その大きさは中心角の$\dfrac{1}{2}$となります。

また、同一円において、円周角の大きさは弧の長さに比例します。たとえば、弧の長さが２倍になったら、それに対する円周角も２倍になるわけです。

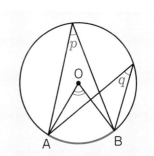

③内接四角形の定理

右の図のように、4つの頂点が1つの円の円周上にある四角形（円に内接する四角形）は、向かい合う内角を合わせると180°になるという性質があります。

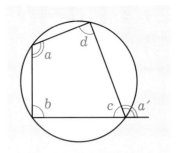

すなわち、図において∠a + ∠c = 180°、∠b + ∠d = 180°になります。これより、∠aと∠a'（向かい合う角の外角）は、いずれも180°から∠cを引いた値なので、等しくなるのがわかりますね。

④接弦定理

接線と弦で作られる角は、その内部にある弧に対する円周角と等しくなるという定理です。

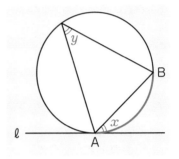

すなわち、右の図において、接線ℓと弦ABで作られる角（x）と、その角の中にある弧（$\overset{\frown}{AB}$）の円周角（y）が等しくなるわけです。

図のように、辺ＡＢが20cmの直角三角形ＡＢＣに半径4cmの円Ｏが内接しているとき、直角三角形ＡＢＣの面積はどれか。

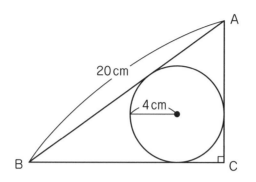

1. 95cm² 　 2. 96cm² 　 3. 97cm² 　 4. 98cm² 　 5. 99cm²

割と定番の問題。本問は結構カンタンかも。

　図のように、接点をＰ，Ｑ，Ｒとすると、接線の性質（基本事項①－ⅰ）より、四角形ＯＰＣＱは４角がすべて直角でＯＰ＝ＯＱですから正方形となります。これより、ＣＰ＝ＣＱ＝4cmがわかりますね。

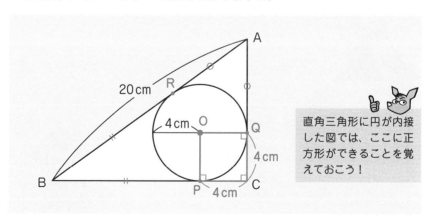

直角三角形に円が内接した図では、ここに正方形ができることを覚えておこう！

　また、接線の性質（基本事項①－ⅱ）より、ＡＱ＝ＡＲ、ＢＰ＝ＢＲで、ＡＲ＋ＢＲ＝20cmですから、ＡＱ＋ＢＰ＝20cmとなり、△ＡＢＣの周の長さは次のようになります。

$$AB + AQ + BP + CP + CQ = 20 + 20 + 4 + 4 = 48 \text{（cm）}$$

よって、公式「周の長さ × 内接円の半径 × $\dfrac{1}{2}$」（#35 基本事項③）に代入して、△ABCの面積は、$48 \times 4 \times \dfrac{1}{2} = 96 \text{（cm}^2\text{）}$ となり、正解は肢2です。

正解 ▶ 2

本問も、#35 PLAY5 と同じで、問題にも選択肢にも $\sqrt{\ \ }$ がついていないから、3辺が整数比になる直角三角形を疑ってみる価値はあるね。

形からも、ABの長さが5の倍数であることからも、「3：4：5」が疑わしいので、これと仮定してみよう。そうすると、直角をはさむ2辺は12cmと16cmとなり、接線の長さの条件（基本事項①-ⅱ）を満たすことが確認できれば、面積は $12 \times 16 \times \dfrac{1}{2} = 96 \text{（cm}^2\text{）}$ と求められるよね。

下の図のように、台形に半円が内接しているとき、半円の面積として、正しいのはどれか。ただし、円周率は π とする。

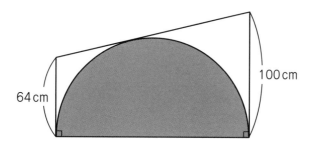

1. $2,400\,\pi\,\text{cm}^2$
2. $2,600\,\pi\,\text{cm}^2$
3. $2,800\,\pi\,\text{cm}^2$
4. $3,000\,\pi\,\text{cm}^2$
5. $3,200\,\pi\,\text{cm}^2$

直径がわかれば半径もわかるね。直径の長さを含む直角三角形を作ってみて！

図1のように、台形をABCDとし、ADと半円の接点をPとすると、接線の性質より、AB＝AP＝64cm、DC＝DP＝100cmですから、AD＝64＋100＝164（cm）となります。

図1

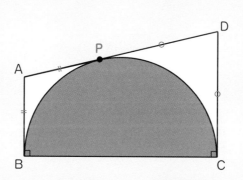

ここで、図2のように、AからCDに垂線AHを引くと、△AHDは直角三角形で、四角形ABCHは長方形となります。

そうすると、AH＝BCとなり、BCは半円の直径なので、これと等しいAHの長さがわかれば、半円の半径もわかり、面積を求めることができますね。

図2

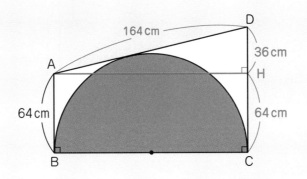

直角三角形AHDについて、AD＝164cm、DH＝100－64＝36（cm）ですから、三平方の定理より、$AH^2 = 164^2 - 36^2$より、$AH = \sqrt{164^2 - 36^2}$となりますが、数が大きいと計算が面倒ですね。

しかし、164と36はともに4で割れますので、164：36＝41：9より、まずは、$\sqrt{41^2 - 9^2}$を計算し、そのあとで4倍することにしましょう。

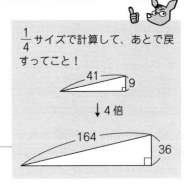

$\frac{1}{4}$サイズで計算して、あとで戻すってこと！

$$\sqrt{41^2 - 9^2} = \sqrt{1681 - 81} = \sqrt{1600} = 40$$
$$AH = 40 \times 4 = 160$$

これより、AH＝BC＝160cmがわかり、半円の半径は80cmですから、面積は次のようになります。

$$80^2 \pi \times \frac{1}{2} = 6400\pi \times \frac{1}{2} = 3200\pi \ (cm^2)$$

よって、正解は肢5です。

正解 5

次の図のように、半径2の円Pと半径1の円Qが点Aで接している。直線Lは2つの円とそれぞれ点B、点Cで接し、直線Mは2つの円と点Aで接している。2つの直線L、Mの交点を点Dとするとき、四角形PADBの面積として、最も妥当なのはどれか。

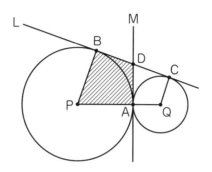

1. $2\sqrt{2}$　　2. $2\sqrt{3}$　　3. $2\sqrt{5}$　　4. $3\sqrt{2}$　　5. $3\sqrt{3}$

PLAY2の類題だよ。四角形PADBは分割して考えよう！

図1のように、PとDを結んで、四角形PADBを2つの三角形に分割します。

円Pについて、接線の性質より、∠PAD=∠PBD＝90°で、DA＝DBですから、△PADと△PBDは合同な直角三角形となります。

直角三角形であれば、斜辺ともう1辺が等しければ合同になるからね。この2つは、PAとPBも半径で等しいから、三辺が等しいこともわかるね。

図1

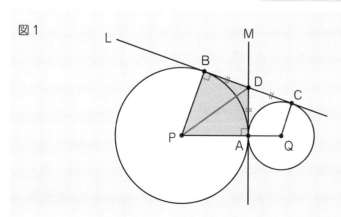

そうすると、ＰＡ＝ＰＢ＝２がわかっていま
すので、ＤＡまたはＤＢの長さがわかれば、これ
らの直角三角形の面積を求めることができます
ね。

△ＰＡＤ＝ＰＡ×ＤＡ÷２
で求められるよね。

　また、円Ｑについても、接線の性質より、ＤＡ＝ＤＣですから、ＤＢ＝ＤＣ
となり、ＤＢはＢＣの半分の長さとわかります。

　これより、ＢＣの長さを求めるため、図２のように、Ｑ
からＢＰに垂線ＱＨを引いて、直角三角形ＨＰＱと長方形
ＢＨＱＣを作ります。

PLAY2と同じ
方法だよ。

図２

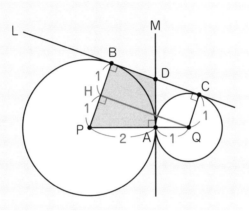

　直角三角形ＨＰＱについて、ＢＨ＝ＣＱ＝１より、ＨＰ＝ＢＰ－ＢＨ＝２－
１＝１、ＰＱ＝ＰＡ＋ＱＡ＝２＋１＝３より、三平方の定理からＨＱの長さを
次のように求めます。

$$HQ = \sqrt{3^2 - 1^2} = \sqrt{9 - 1} = \sqrt{8} = 2\sqrt{2}$$

　これより、ＢＣ＝ＨＱ＝$2\sqrt{2}$となり、ＢＤ＝$2\sqrt{2} \div 2 = \sqrt{2}$とわかります
ので、直角三角形ＰＢＤの面積は次のように求められます。

$$\triangle PBD = 2 \times \sqrt{2} \div 2 = \sqrt{2}$$

　そうすると、直角三角形ＰＡＤの面積もまた$\sqrt{2}$となりますので、四角形Ｐ
ＡＤＢの面積は$\sqrt{2} \times 2 = 2\sqrt{2}$となり、正解は肢１です。

正解　1

次の図のように、直線ＳＴに点Ａで接する円Ｏがある。線分ＢＤは円Ｏの直径、弦ＣＤは接線ＳＴに平行である。弦ＡＣと直径ＢＤの交点をＥとし、線分ＡＢの長さが４cm、∠ＢＡＳが30°のとき、三角形ＣＤＥの面積はどれか。

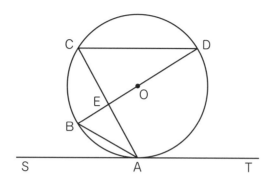

1. $6\,\text{cm}^2$
2. $6\sqrt{3}\,\text{cm}^2$
3. $8\sqrt{3}\,\text{cm}^2$
4. $9\sqrt{3}\,\text{cm}^2$
5. $12\sqrt{3}\,\text{cm}^2$

円の問題で、直径や接線が出てきたら、大体やることは決まっているよ！

図１のように、ＡとＤを結ぶと、ＢＤは直径なので、∠ＢＯＤ＝180°ですから、<u>円周角の定理（基本事項②）より、∠ＢＡＤ＝90°</u>となります。

直径に対する円周角は直角！　と覚えておこう！

また、接弦定理（基本事項④）より、∠ＡＤＢ＝∠ＢＡＳ＝30°ですから、△ＡＢＤは「30° 60° 90°の直角三角形」になりますので、ＡＢ：ＡＤ＝１：$\sqrt{3}$より、ＡＤ＝$4\sqrt{3}$cmとわかります。

図1

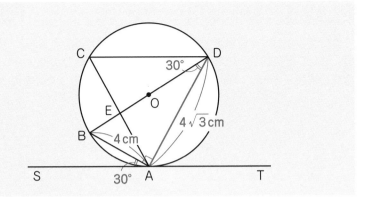

さらに、∠ＤＡＴ＝180°－30°－90°＝60°ですから、接弦定理より、∠ＡＣＤ＝∠ＤＡＴ＝60°となり、ＣＤ∥ＳＴより、錯角は等しいので、∠ＣＤＡ＝∠ＤＡＴ＝60°で、三角形ＡＣＤは正三角形となり、ＣＤ＝ＡＤ＝$4\sqrt{3}$cmとわかります（図2）。

図2

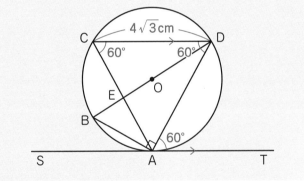

そうすると、∠ＣＤＥ＝60°－30°＝30°より、△ＣＤＥもまた「30°60°90°の直角三角形」になりますので、ＣＥ：ＣＤ＝1：2より、ＣＥ＝$2\sqrt{3}$cm、ＣＥ：ＤＥ＝1：$\sqrt{3}$より、ＤＥ＝$2\sqrt{3}×\sqrt{3}＝6$（cm）となり、△ＣＤＥの面積は次のようになります。

$$△ＣＤＥ＝2\sqrt{3}×6×\frac{1}{2}＝6\sqrt{3}（cm^2）$$

よって、正解は肢2です。

次の図で、ＡＢ＝ＤＥ、ＢＣ＝ＣＤのとき、∠ＣＥＤの大きさとして、最も妥当なのはどれか。

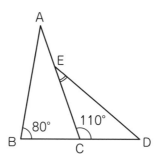

1. 20°   2. 25°   3. 30°   4. 35°   5. 40°

この２つの三角形をどうするかだよな…。

まず、与えられた図から、∠ＡＣＢ＝180°－110°＝70°ですから、△ＡＢＣにおいて、∠ＢＡＣ＝180°－80°－70°＝30°がわかります（図1）。

図1

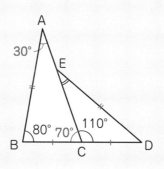

次に、この２つの三角形ですが、このままではこれ以上わかりませんので、形を変えることを考えます。条件より、２つの三角形には、等しい辺が２組ありますから、これを利用して<u>合体</u>してみましょう。

では、ＡＢ＝ＤＥより、図２のように、ＥＤをＡＢに重ねるように△ＣＤＥを移動し、移動後の位置を△Ｃ′Ｄ′Ｅ′とします。

役に立たない三角形を２つ与えられたときは、合体できないか考えてみて！

そうすると、∠ＡＣＢ＋∠ＡＣ′Ｂ＝70°＋110°＝180°より、四角形ＡＣ′ＢＣは円に内接することがわかりますね（基本事項③）。

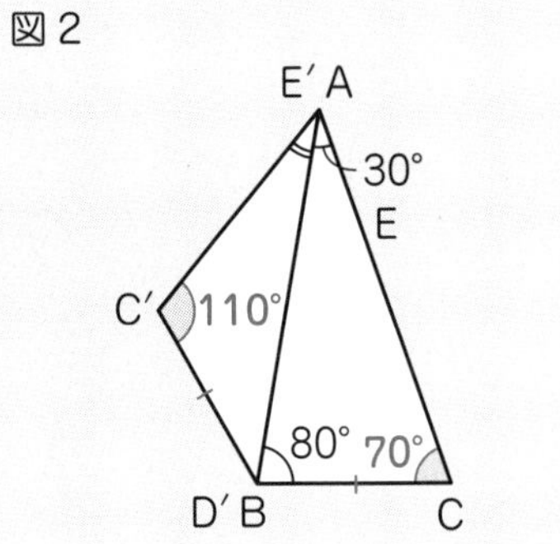

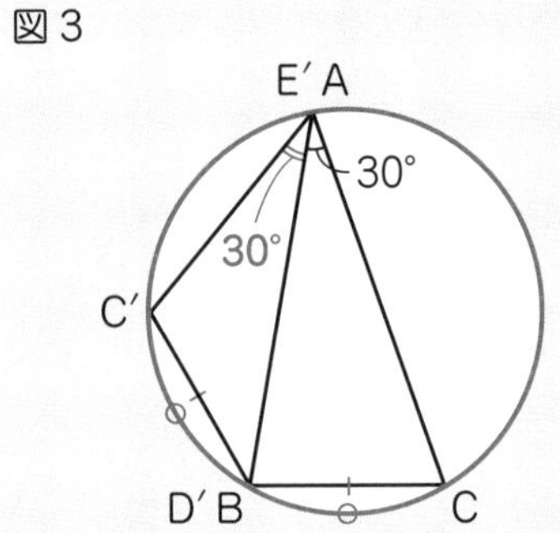

図2

図3

これより、図3のように、四角形の外接円を描くと、ＢＣ＝Ｃ′Ｂより、$\overset{\frown}{ＢＣ}＝\overset{\frown}{Ｃ′Ｂ}$となり、円周角の定理より、∠Ｃ′ＡＢ＝∠ＢＡＣ＝30°とわかります。

よって、正解は肢3です。

正解 3

Ｃ′Ｂは、もとのＣＤだからね。同じ円で、弦（円周上の２点を結ぶ線分）が等しいと、弧も等しくなる。弧が等しいと円周角も等しくなるよ！

　下の図のように、長さ10の線分ABを直径とする半円がある。この半円上に線分BC＝6となる点Cをとり、∠ABCの二等分線がこの半円と交わる点をDとするとき、線分ADの長さとして、正しいのはどれか。

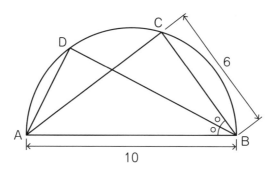

1. $\sqrt{5}$　　2. 3　　3. 4　　4. $2\sqrt{5}$　　5. 5

> 本問には、なんと、円周角の定理、相似、三平方の定理、角の二等分線の定理と、使う定理がてんこ盛り！ 超イイ問題なんだ!! ちょっと難しいけど、どこで何を使うか考えながら、チャレンジしてみて！

　まず、△ABCに着目します。∠ACBは、<u>直径に対する円周角で90°</u>ですから、△ABCは直角三角形で、AB：BC＝10：6＝5：3ですから、「3：4：5の直角三角形」で、AC＝8となります（図1）。

> ∠ADBも、直径に対する円周角で、直角だね。

図1

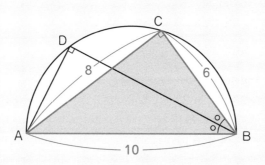

　次に、図2のように、ACとBDの交点をEとすると、△ABCにおいて、角の二等分線の定理（#38基本事項⑥）より、CE：AE＝BC：BA＝

6 : 10 ＝ 3 : 5 とわかります。

　ＡＣ＝8ですから、これを3 : 5に分けて、ＣＥ＝3，ＡＥ＝5となりますね。

図2

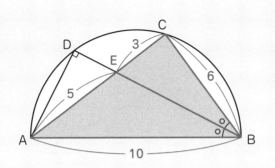

　さらに、△ＡＤＥと△ＢＣＥに着目します。この2つの三角形は、いずれも直角三角形で、∠ＤＡＥと∠ＣＢＥは、いずれもＣＤの円周角で等しく、2角が等しいので相似になります（図3）。

∠ＡＥＤと∠ＢＥＣも、対頂角で等しいよね。

図3

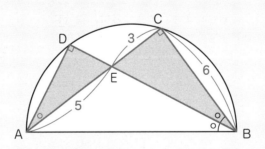

　△ＢＣＥの3辺を調べると、ＣＥ : ＢＣ＝3 : 6＝1 : 2ですから、$\sqrt{1^2 + 2^2} = \sqrt{5}$より、3辺比は、$1 : 2 : \sqrt{5}$とわかります。

　これより、△ＡＤＥの3辺比も$1 : 2 : \sqrt{5}$となり、求めるＡＤをxとすると、次のようになります。

$1 : 2 : \sqrt{3}$の形と混合しないようにね。「2」に当たる場所がちがうよ。

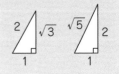

$$x : 5 = 2 : \sqrt{5}$$

外項の積 = 内項の積より、$\sqrt{5}\,x = 10$
両辺に$\sqrt{5}$をかけて、　$5x = 10\sqrt{5}$
　　　　　　　　　　　$\therefore x = 2\sqrt{5}$

よって、ＡＤ$= 2\sqrt{5}$となり、正解は肢4です。

正解 4

何度もやってると、
ピン！ とくるよう
になるよね。

また、「3：4：5」だね。
ホント、よく使われてるんだね！

Challenge 2 円周角と軌跡の問題

国税専門官 2003

　図のような１辺が４cm の正三角形ＡＢＣと、直角三角形ＤＡＢがある。点Ｐを線分ＣＤ上にとり、点Ｑは線分ＡＰ上でありかつ∠ＢＱＰが直角であるとすると、ＰがＣからＤまで動くとき、Ｑの軌跡の長さに最も近い値はどれか。

1. 1.6 cm
2. 1.8 cm
3. 2.1 cm
4. 2.3 cm
5. 2.5 cm

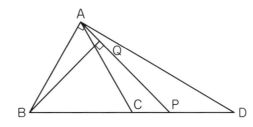

Ｑの軌跡はどんな図形になるかな？

　Ｐの位置をいくつかとって、それぞれのＱの位置を確認し、Ｑがどのような軌跡を描くか推測します。

　まず、Ｐがスタート地点のＣの位置にあるとき、Ｑの位置は図１のようになり、△ＡＢＣは正三角形なのでＱはＡＣの中点にあることがわかります。

ＢからＡＣに垂線をおろすと、正三角形を２等分するよね。

図１

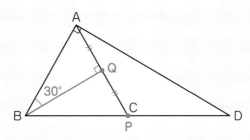

　また、ＰがＣＤの途中にあるときは、図２のようになり、ＰがＤにきたときは、ＢＱ⊥ＡＤより、ＱはＡの位置にきます（図３）。

∠ＢＡＤ＝90°だからね！

図2

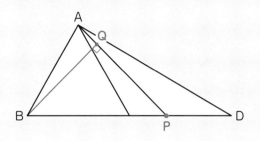

図3

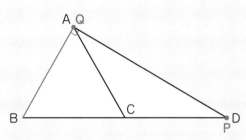

　これより、QはＡＣの中点からＡまで動くわけです
が、図２より、途中はＡＣ上から離れますので、直線
を描いていることはありません。
　そうすると、<u>曲線になると推測</u>できますが、「長さを
求められる曲線」なんて、「<u>円周</u>」とその一部である「<u>円</u>
<u>弧</u>」しかありませんよね。ですから、円弧であるとい
う前提で考えましょう。
　ここで、△ＡＢＱが常に直角三角形であることに着
目します。直角三角形の外接円は、<u>その直角三角形の</u>
<u>斜辺が直径</u>となりますので、図４のように、△ＡＢＱ
の外接円は<u>斜辺ＡＢを直径とする円</u>となり、Qはその
円周上にあることがわかります。

あといくつかQの位
置を確認して結んで
みると、滑らかな曲
線を描くことが確認
できるよ。

中学校までで習った
範囲でね！

直径に対する円周角
は直角だよね。

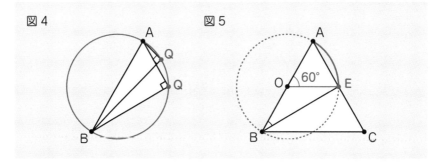

図4　　　　　　　　　　図5

　これより、図5のようにＡＢの中点（円の中心）をＯ、ＡＣの中点をＥとすると、Ｑの軌跡は $\overset{\frown}{AE}$ とわかり、∠ＡＢＥ＝30°より、∠ＡＯＥ＝60°なので、求める長さは次のようになります。

$$\overset{\frown}{AE} = 4\pi \times \frac{60°}{360°} = \frac{2}{3}\pi \fallingdotseq \frac{2}{3} \times 3.14 \fallingdotseq 2.09 \text{（cm）}$$

　よって、最も近いのは肢3です。

正解　3

アドバイス

　点Ｑの軌跡が円弧とわからなかったとしても、およそ図5のような感じがつかめれば、ＡＥ＝2cmよりほんの少し長い程度なので、肢3あたりと推測できるでしょ!?　本番ではそれで十分じゃないかな！

#40 図形の変形
都合のいい形に変える!

頻出度 ★★★☆☆ | 重要度 ★★★★☆ | コスパ ★★★☆☆

斜線部分の面積を求める問題などで、分割や移動、付け足しなどにより求めやすい図形に変形することがよくあります。変形の方法は、閃きに頼る場合もありますが、何問か解いているうちに、着眼点がわかるようになってくるでしょう。

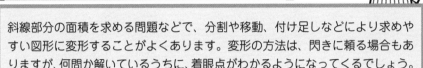

PLAY1 図形を変形して面積を求めるパターン

地方上級 2022

図Ⅰのような左右対称の曲線が6個ある。正方形の紙の上に曲線の両端を結んだ線が正方形の辺と平行になるように、曲線の端同士を繋げたところ、図Ⅱのような図形ができた。この図形の横の長さを測ったところ、最も短い部分の長さが4cm、最も長い部分の長さが10cmであった。この図形の面積はいくつか。

図Ⅰ

図Ⅱ

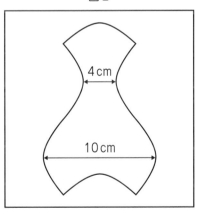

1. 84cm² 　 2. 98cm² 　 3. 108cm² 　 4. 116cm² 　 5. 126cm²

> まずは、図Ⅱの図形を6個の曲線に分けて見てみよう!

図1のように、与えられた図Ⅰの両端を線分で結んで、この長さを a とし、この図形の高さを b とします。

図のてっぺんから下ろした垂線の長さだよ。図形を左右対象に分ける線分になるね。

図1

図2

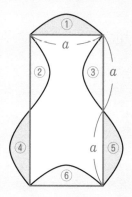

　ここで、与えられた図Ⅱの図形の6個の曲線についても同様に線分で結ぶと、図2のようになり、図の①～⑥はいずれも図1と合同な図形ですから、①，④，⑤の部分を、②，③，⑥の部分へ移動すると、図3のような、たて $2a$ 、よこ a の長方形に変形できることがわかります。

図3

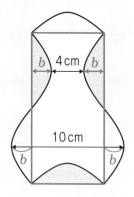

　さらに、a の長さについて、図Ⅱのよこの長さが最も短い部分と最も長い部分の情報から、図3より、次のようにわかります。

$$4 + 2b = 10 - 2b$$

$$4b = 6 \quad \therefore b = 1.5$$

　これより、$a = 4 + 1.5 \times 2 = 7$（cm）とわかり、図3の長方形のたての長さは14cm、よこの長さは7cmですから、求める面積は、$14 \times 7 = 98$（cm²）となり、正解は肢2です。

||| 正解 ▶ 2

PLAY2 斜線部分を変形して面積を求めるパターン　<small>地方上級 2018</small>

　図のような、点Oを中心とし、中心角90°のおうぎ形がある。このおうぎ形の円弧ABを5等分する点のうち、CとDからOAに垂直な線を引いたとき、斜線で示された部分の面積の合計はおうぎ形の面積の何倍か。

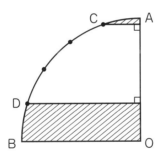

1. $\dfrac{1}{3}$　　2. $\dfrac{4}{15}$　　3. $\dfrac{1}{4}$　　4. $\dfrac{3}{8}$　　5. $\dfrac{2}{5}$

> 下の部分の一部を上の部分にくっつけると、すごく単純な図形になるよ！

　図1のように、C，DからOAへ引いた垂線の足をE，Fとし、さらに、DからOBへ垂線DGを引くと、四角形DGOFは長方形ですから、対角線DOによって2等分され、図の**ア**と**イ**は合同とわかります。

　ここで、図2のように、OとCを結びます。$\overset{\frown}{AC} = \overset{\frown}{BD}$より、図の**ウ**と**エ**の図形は合同ですから、CE＝DGとなり、これより、**ア**と**オ**も合同となります。

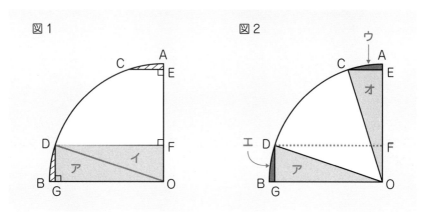

図1　　　　　　　　　　　図2

そうすると、イとオもまた合同となりますので、イの部分をオへ移動すると、斜線部分は図3のように変形でき、これは図のように、おうぎ形OABを5等分したおうぎ形2個分に当たります。

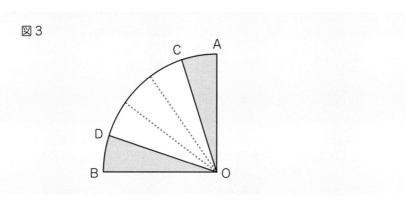

図3

よって、斜線部分はおうぎ形の面積の $\frac{2}{5}$ となり、正解は肢5です。

 正解 5

　下の図のように、同じ大きさの15個の正方形のマス目を描いて点A〜Eを置き、点Aから点B及び点Eをそれぞれ直線で結んだとき、∠ABCと∠DAEの角度の和として、正しいのはどれか。

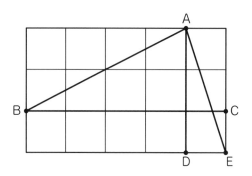

1. 35°　　　2. 40°　　　3. 45°　　　4. 50°　　　5. 55°

> 角度がわかる図形なんて限られているだろ？　そのどれかになるんじゃね!?

　∠ABCの大きさを x、∠DAEの大きさを y とします。x と y のそれぞれを求めることは難しいので、$x + y$ に当たる角度を求めることを考えましょう。この大きさの角を含む「よく知っている図形」ができればいいですね。

> 少なくとも、中学校で習った知識ではムリだよね。でも、数的推理の図形は、原則として中学校レベルで解けるハズ！

　$x + y$ に当たる角度を求めるのに、この2つを合わせた大きさの角度を図のどこかに作れないか考えてみます。たとえば、∠ABCの隣に y に当たる角を付ける、または、∠DAEの隣に x に当たる角を付けることを考えるわけですね。

　そうすると、図1のように、点F，Gをとり、BとGを結ぶと、△FBGは△DAEと合同になり、∠FBG＝y ですから、∠ABG＝$x + y$ となります。

> 直角をはさむ2辺が1と3の直角三角形だよね。

図1

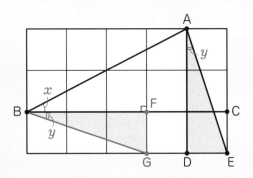

　さらに、図2のように、AとGを結ぶと、△ADGもまた△ADEと合同で
すから、AG＝BGとなり、ここで、△ABGは二等辺三角形とわかりますね。
また、図のように、点H，Iをとり、∠AGBについ
いて見ると、∠AGH＝∠BGIより、∠AGB＝
∠AGH＋∠HGB＝∠BGI＋∠HGB＝90°と
なり、△ABGは直角二等辺三角形とわかります。

△GHAと△GIBも、
△ADEと合同だよね。

図2

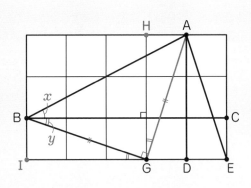

　これより、∠ABG＝$x + y$＝45°となり、正解は肢3です。

角度がわかっている図形なんて、直角二等辺三角形の「45°，45°，90°」と、正三角形の半分の形の「30°，60°，90°」くらいしかないわよね？

それ以前に、正三角形と正方形もわかるけどね、あと、長方形も！

いずれにしても、そういう図形がどこかにできることを期待していいってことだよね。ちなみに、過去に出題されたこのタイプの多くは、直角二等辺三角形ができるんだけどね。

てか、そもそも、選択肢の中では、肢3以外ありえないじゃん！

図のような 6 つの角がすべて等しい六角形がある。辺 B C の長さはいくらか。

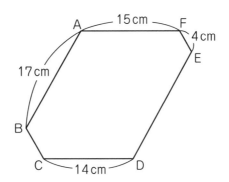

1.　4 cm　　　2.　4.5 cm　　　3.　5 cm　　　4.　5.5 cm　　　5.　6 cm

6 つの角は何度になるかな？　どんな図形を付け足すと、わかりやすい図形に生まれ変わるかな？

　六角形の内角の和は、180°×（6 − 2）＝ 720°（＃ 42 基本事項①）ですから、条件より、1 つの内角の大きさは、720°÷ 6 ＝ 120°となります。

　そうすると、すべての外角は 60°ですから、図のように、辺を延長して三角形 P Q R を作ると、ア〜ウはいずれも正三角形とわかります。

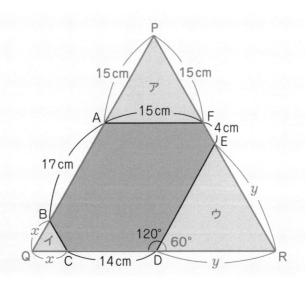

アの1辺は、ＡＦ＝15cm ですが、イとウの1辺の長さがわかりませんので、それぞれ図のように x, y とおきます。

また、△ＰＱＲも正三角形ですから、ＰＱ＝ＱＲより、次のようになります。

$$15 + 17 + x = x + 14 + y$$
$$32 = 14 + y$$
$$\therefore y = 18$$

これより、ＰＲの長さは、$15 + 4 + 18 = 37$（cm）となり、ＰＱも同じ 37cm ですから、$x = 37 - (15 + 17) = 5$（cm）とわかります。

よって、イの1辺であるＢＣの長さは5cmとなり、正解は肢3です。

||| 正解 ▶ 3

PLAY 5 図形を分割して面積を求めるパターン　　国家Ⅰ種 2005

たて 10cm，よこ 12cm の長方形ＡＢＣＤがある。いま、図のＥ，Ｆ，Ｇ，Ｈから辺ＣＤ，辺ＡＤ，辺ＡＢ，辺ＢＣにそれぞれ垂線を下ろしたところ、図のような点線で囲まれたたて、よことも2cm の正方形ができた。このとき四角形ＥＦＧＨの面積はいくらか。

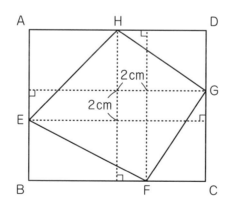

1. 58cm² 2. 60cm² 3. 62cm² 4. 64cm² 5. 66cm²

Ｅ～Ｈの位置が不確定ってことは、これが動いても面積は変わらないってこと！ 同じような問題が、過去に数回出題されているよ。

Ｅ，Ｆ，Ｇ，Ｈの位置は特定できませんし、四角形ＥＦＧＨの面積を、公式などでストレートに求めることは難しいですね。ここは工夫して解くことを考えます。

　着目してほしいのは、長方形ＡＢＣＤから四角形ＥＦＧＨを除いた不要な部分（図の $a \sim d$）です。それらはすべて直角三角形ですから、それぞれ合同な直角三角形（図の $a' \sim d'$）と組み合わせると、図のように、4つの長方形になります。

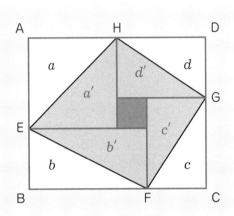

　$a' \sim d'$ の面積はそれぞれの長方形の面積のちょうど半分であり、四角形ＥＦＧＨは、これに真ん中の 2 × 2 の正方形を加えたものですから、面積は次のように求められます。

$$
\begin{aligned}
&\quad 4\,\text{つの長方形}\ \div\ 2 \quad + \quad \text{真ん中の正方形}\\
&\ (10 \times 12 - 2 \times 2) \div 2 \ + \ 2 \times 2\\
&= 116 \div 2 + 4\\
&= 58 + 4\\
&= 62\ (\text{cm}^2)
\end{aligned}
$$

　よって、正解は肢3です。

本問では、E，F，G，Hの位置は特定しないので、たとえば次のように、条件（EとGの高さの差は2cmになるなど）を満たす簡単な一例をあげて計算する方法もあるよ。

例）

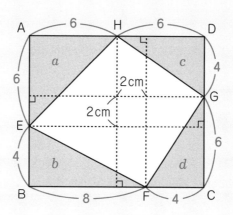

$$10 \times 12 - (a + b + c + d)$$
$$= 120 - (18 + 16 + 12 + 12)$$
$$= 120 - 58$$
$$= 62 \ (\text{cm}^2)$$

同じような問題が、地方上級や特別区、警視庁にも出てたっけ…♪

図形の変化
変化のポイントを見極める！

頻出度 ★☆☆☆☆ | 重要度 ★★☆☆☆ | コスパ ★★★☆☆

時間の経過による面積や体積の変化を、グラフとともに追う問題で、グラフが
変化するポイントを考えます。このタイプの問題は滅多に出題されませんが、
最近、地方上級で続けて出題がありましたので、その問題をご紹介します。

PLAY 1　体積の変化をグラフに表す問題　　地方上級 2019

　図Ⅰのような、深さが 40 cm の目盛りの付いた水槽があり、この水槽の底
面に、蓋のない円柱ア，イの底面を固定させた。水槽の底面積は 1000 cm² で、
円柱アの高さは 20 cm、円柱イの高さは 30 cm である。いま、水槽の上に取
り付けられた蛇口から、毎分 1000 cm³ の水を注ぎ、水面の高さについて目盛
りを読み取って記録したところ、図Ⅱのように A，B，C，D で傾きが変化す
るグラフになった。

　水を注ぎ始めてから水面の高さが 20 cm になるまでに要した時間は 12 分で
あり、20 cm から 30 cm になるまでに要した時間は 9 分間である。このとき、
円柱アと円柱イの底面積の差はいくらか。ただし、円柱には蓋がないので水面
がその高さまでくると中に水が入ってくる。

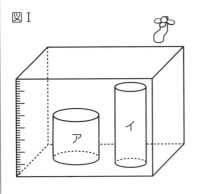

図Ⅰ

図Ⅱ

1.　100 cm²　　　2.　150 cm²　　　3.　200 cm²　　　4.　250 cm²　　　300 cm²

グラフが変化しているポイントが、どのような状況に当たるのか、
考えてみよう！

図のように、水槽の底面を上から見た図を描き、ア，イの底面以外の部分を
ウとします。

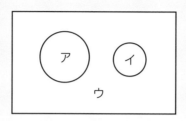

　水を注ぎ始めてから 20cm の高さになるまでの 12 分間で注がれた水量は、
1000 × 12 = 12000（cm³）ですが、この間はウの部分のみに水が溜まりま
すので、ウの面積 × 20cm = 12000cm³ より、ウの面積 = 600cm² となります。
ここで、アとイの底面積の和は 400cm² とわかりますね。

　次に、高さが 20cm から 30cm に 10cm 上昇
する 9 分間で注がれた水量は、1000 × 9 =
9000（cm³）ですが、この間はアとウの部分に
水が溜まりますので、（ア＋ウの面積）× 10cm
= 9000cm³ より、ア＋ウの面積 = 900cm² と
なります。ここで、イの底面積は 100cm² とわ
かります。

グラフのＡＢ間は、円柱ア
の中に水が入っている間な
ので水位は変化しないね。
アに水が溜まってＢからま
た水位が上昇するけど、こ
こからはアの上にも水が溜
まっていくわけだ。

　これより、アの底面積は、400 − 100 = 300
（cm²）となり、アとイの底面積の差は、300 − 100 = 200（cm²）で、正解
は肢 3 です。

正解 3

　正六角形の紙の各頂点をA〜Fとし、Aから辺上の点Pを結んだ直線で折り返したときの2枚の紙が重なった部分の面積を考える。下の図において、重なった部分の面積は斜線部で△APB′の面積となり、△APBの面積と同じである。

　点Pが頂点Bからスタートして、正六角形の辺上をDまで一定の速度で移動するとき、直線APで折り返して紙が重なった部分の面積の変化を表した図として正しいものはどれか。

　なお、図の縦軸は重なった部分の面積を表し、横軸は点Pの移動距離を表している。

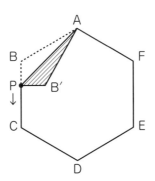

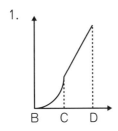

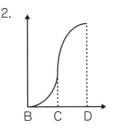

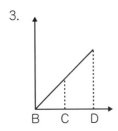

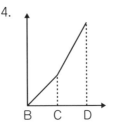

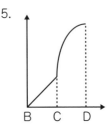

グラフは直線か、曲線か。Cから変化するのかしないのか。よく考えてグラフを選んでみて！

問題文にもあるように、△ＡＰＢ′の面積は、△ＡＰＢの面積と同じです。紙が重なった部分は、紙が元々あった部分と同じということですよね。前者より後者のほうが考えやすいので、後者の面積を考えていきましょう。

まず、ＰがＢＣ間を移動するときの△ＡＰＢの面積について、図１のように、ＢＰを底辺とすると、<u>高さは図の h</u> となります。

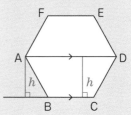

ＡＤとＢＣは平行だから、図のように、ＡからＣＢの延長に下ろした長さは、h と等しくなるよ。

図１

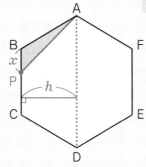

このときの△ＡＰＢの面積を y、ＢＰを x とすると、次のような式で表せますね。

$$y = \frac{1}{2}hx \quad \cdots ①$$

これより、<u>y は x に比例</u>しますので、<u>グラフは直線</u>になり、肢３〜５に絞られます。ＰがＣに達した時点で、y は△ＡＢＣの面積になりますね。

「$y = ax$」の形で表せる関係だね。x が２倍、３倍…と増えると、y も２倍、３倍…と増え、グラフは直線になるんだ。

次に、ＰがＣＤ間を移動するときを考えます。このときの、紙が元々あった部分（＝重なった部分）は、図２のように、四角形ＡＢＣＰで、これは、△ＡＢＣに△ＡＣＰを加えたものです。ですから、ここからは、△ＡＣＰの分だけが増えていきますので、これの面積を考えます。

ここで、△ＡＣＰの底辺をＣＰとし、図３のように、図を傾けて考えると、高さは<u>h の２倍の高さ＝$2h$</u> とわかります。

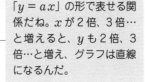

図３は、ＢＥから上下対称だからね。

図2

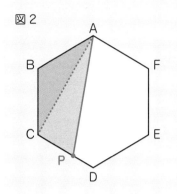

図3

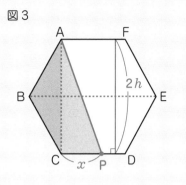

これより、このときの△ＡＣＰの面積は、ＣＰを x とすると、$\frac{1}{2} \times 2h \times x = hx$ となり、これを y とすると、次のような式になります。

$$y = hx \quad \cdots ②$$

この式でも、y は x に比例しますので、グラフはやはり直線となりますが、比例定数は②が①の2倍ですから、傾きも2倍になり、グラフは肢4のようになります。

よって、正解は肢4です。

「$y = ax$」の a のこと。比例定数が大きいほど、y が増えていく割合も大きいので、グラフの傾きも大きくなるんだ。

正解 4

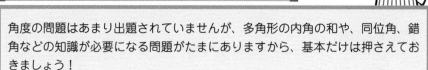

#42 角度の問題
基本だけは押さえておく!

頻出度 ★★☆☆☆ ｜ 重要度 ★★☆☆☆ ｜ コスパ ★★★☆☆

角度の問題はあまり出題されていませんが、多角形の内角の和や、同位角、錯角などの知識が必要になる問題がたまにありますから、基本だけは押さえておきましょう!

基本事項

① n 角形の内角の和

三角形の内角の和は 180° ですね。四角形は、図のように三角形 2 つに分割できるので、内角の和は 180° × 2 = 360° です。同様に五角形は三角形 3 つに分割できるので 180° × 3 = 540° となります。

三角形

四角形

五角形

すなわち、n 角形は $(n-2)$ 個の三角形に分割できるので、内角の和は次のように表せます。

$$n \text{ 角形の内角の和} = 180° \times (n-2)$$

② n 角形の外角の和

右の図のように、内角と外角は合わせて 180° ですから、n 角形の内角と外角の和の合計は、180° × n となります。

そうすると、ここから内角の和を引いて、外角の和は次のように表せます。

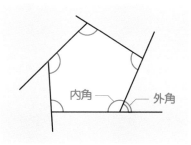

$$180n - 180(n - 2)$$
$$= 180n - 180n + 360$$
$$= 360（度）$$

すなわち、n 角形の外角の和は、常に $360°$ になるわけです。

③同位角と錯角

次の図で同じ印で示された位置関係の角を、同位角、錯角といい、$\ell /\!/ m$ のとき、等しくなります。

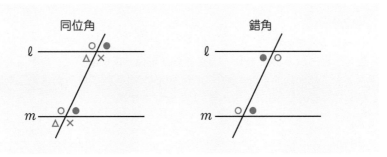

　内角が 30°，60°，90° の三角形ＡＢＣの紙を下図のように折ったとき、
∠ＡＤＣの値として正しいのはどれか。ただし、∠ＢＥＤ＝ 100°、図は必ず
しも正しくないものとする。

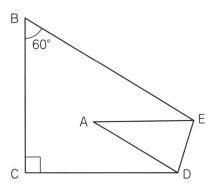

1.　30°　　　　2.　35°　　　　3.　40°　　　　4.　45°　　　　5.　50°

　紙を折り返す問題は＃41 でもあったよね。折り返した部分は、
もともとどこにあったかな？

　図のように、折った部分を広げ、Ａの元の位置をＡ´とします。
　条件より、∠Ａ´＝ 30° で、∠ＢＥＤ＝ 100° より、∠ＤＥＡ´＝ 180° － 100°
＝ 80° ですから、△ＥＤＡ´ の内角の和より、∠ＥＤＡ´＝ 180° － 80° － 30°
＝ 70° とわかりますね。

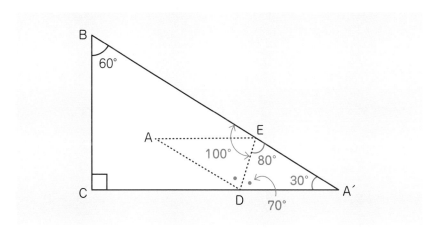

そうすると、図の●印の２つの角（∠ＡＤＥと∠Ａ′ＤＥ）は、紙を折る前と後の同じ角ですから、∠ＡＤＥもまた 70° とわかります。

これより、∠ＡＤＣ ＝ 180° − 70° × 2 ＝ 40° となり、正解は肢３です。

正解 3

PLAY 2 反射角を考える問題
地方上級 2014

図のような、平面鏡Ａ，Ｂがあり、ＡとＢのなす角度を θ とする。いま、Ｂの点Ｘから図のように 50 度の角度でＡに光を当てたところ、光はＡとＢに１回ずつ反射して、その後はＡと平行に進んでいった。このとき、θ はいくらか。

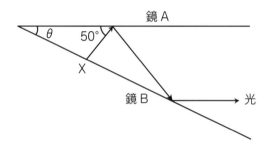

1. 15 度　　　2. 20 度　　　3. 25 度　　　4. 30 度　　　5. 35 度

入射角と反射角は等しいよね。平行線では、同位角と錯角も等しくなるよ！

図１のように、各点をＰ～Ｕとします。

図１

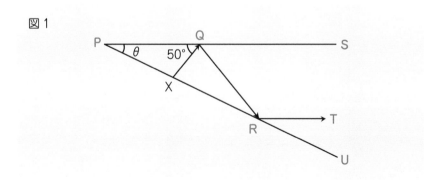

入射角と反射角は等しいので、∠PQX＝∠SQR＝50°となり、∠XQR＝180°－50°－50°＝80°となります。

　これより、∠PQR＝130°がわかりますね。

　また、PS∥RTより、錯角（基本事項③）が等しくなりますから、∠PQR＝QRT＝130°となります。

　さらに、∠QRXと∠TRUも入射角と反射角で等しくなり、（180－130）°÷2＝25°とわかります。

　そうすると、PS∥RTより、∠SPUと∠TRUは同位角（基本事項③）で等しくなりますから、θ＝25°がわかります。

　整理すると、図2のようになりますね。

図2

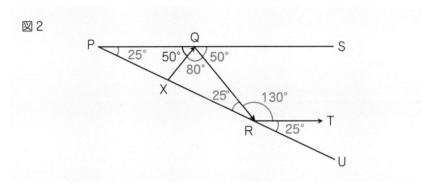

　よって、正解は肢3です。

　平らな地面で直進と方向転換だけが可能なロボットが移動した跡として図のような4通りの多角形A，B，C，Dを得た。ロボットが方向転換した際にできる角の一方を、それぞれ図に記してある。各多角形について、印がついている角の大きさの総和に関する記述として最も適当なのはどれか。

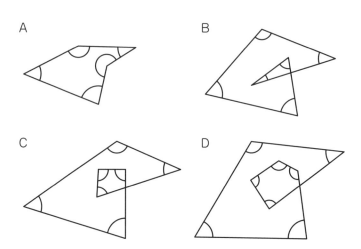

1.　多角形Aと多角形Bについてだけ、その値は一致する。
2.　多角形Aと多角形Cについてだけ、その値は一致する。
3.　多角形Cと多角形Dについてだけ、その値は一致する。
4.　多角形B，C，Dの3つについてだけ、その値は一致する。
5.　4つの多角形のいずれについても、その値は一致しない。

　　図形を変形して、多角形の内角の和が使える状態にしてみよう！　

　　Aは、へこんでいる箇所がある「凹角形」ですが、これでも一応五角形ですから、内角の和は540°です（基本事項①）。図のように補助線を引くと、三角形と四角形に分けられることでも確認できますね。

　　Bは、図のように補助線でへこんでいる部分をふさいで、a，bと●印のついた内角を持つ三角形を作ります。●印の2つの角は対頂角で、常に等しくなりますので、$a + b$は180°から●印の角度を引いた大きさになり、$c + d$と等しくなります。

　　これより、cとdの大きさをaとbへ移動すると、求める角の大きさは四角形の内角の和と等しく、360°となります。

また、CとDも同様に補助線を引いて、Bと同じ三角形の組を作り、角の大きさを移動します。そうすると、Cは四角形と三角形の内角の和と等しく、360°＋180°＝540°、Dは四角形2つの内角の和と等しく、360°×2＝720°とわかります。

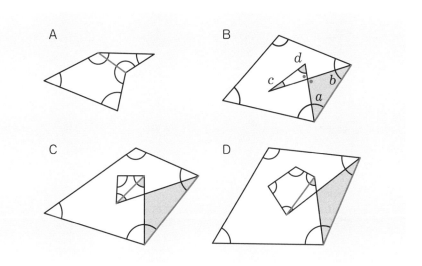

　これより、A〜Dのうち印がついている角の大きさの総和が等しくなるのは、AとCのみで、正解は肢2です。

正解 2

おつかれさま！
ガンバッたね!!

memo

memo

memo

memo

Staff

編集
小野寺紀子

ブックデザイン・カバーデザイン
越郷拓也

イラスト
横山裕子

校正
甲斐雅子　柴﨑直孝　西川マキ

編集アシスト
平井美恵　中野真由子

エクシア出版の正誤情報は、
こちらに掲載しております。
https://exia-pub.co.jp/
未確認の誤植を発見された場合は、
下記までご一報ください。
info@exia-pub.co.jp
ご協力お願いいたします。

著者プロフィール

畑中敦子

大手受験予備校を経て、1994年より、LEC東京リーガルマインド専任講師として、公務員試験数的処理の受験指導に当たる。独自の解法講義で人気を博し、多数の書籍を執筆した後、2008年に独立。
現在、(株)エクシア出版代表取締役として、執筆、編集、出版活動を行っている。

畑中敦子の数的推理ザ・ベスト NEO

2023年2月1日　初版第1刷発行

著　者：畑中敦子
　　　© Atsuko Hatanaka 2023 Printed in Japan

発行者：畑中敦子

発行所：株式会社 エクシア出版
　　　　〒102-0083　東京都千代田区麹町6-4-6

印刷・製本：中央精版印刷株式会社

ISBN 978-4-910884-04-2　C1030

多彩なコンテンツで効率的学習を後押し！

□ 学びやすさにこだわった動画講義 □

各動画は1回約1時間。授業を受ける緊張感と集中力が、確実な学習効果に結びつく！途中で中断する場合は中断箇所から再生可能。0.5倍〜2.0倍の速度調整機能で、好みの再生速度を選択！

スマホ画面でもレジュメが見やすいように、講義画面とレジュメ画面を自由に切り替え可能。教材を持ち歩かなくても、移動時間やスキマ時間もムダなく利用！

◎講義画面

◎レジュメ画面

写真はイメージです

□ 手軽にチェックできるテスト問題 □

一問一答（○×）形式など、短時間でサクサク取り組めるテストで手軽に知識の確認！モチベ低下時の転換にも役立つ！

学習履歴から間違えやすい問題の解説を再確認するなど、便利な使い方いろいろ！

□ 自分のタイミングで提出できる添削課題 □

論文・専門記述式の添削は、本番を想定して紙の答案で提出。客観的な指摘・評価を受けて合格答案へブラッシュアップ！

EX STUDY https://ex-study.jp/

エクスタディ ★★★★★
EX STUDYの5つ星

★1 カリキュラムは自由自在！

多彩なコース設定のほかに、あなた独自のカリキュラムも可能にする個別カスタマイズコースをご用意！学習スタート時期や受講コースに応じた標準スケジュールがわかる！

★2 スマホでも超快適な学習環境！

◎講義画面

◎レジュメ画面

写真はイメージです

講義画面とレジュメを自由に 切り替えながら受講できる！
学習場所により最適な使い方が 可能なマルチデバイス仕様！

★3 数的処理がスゴイ！

「ザ・ベスト」シリーズで御馴染みの畑中敦子講師が講義を担当！

得意・不得意で選べる4タイプ！数学が苦手な人もしっかりサポートします！「算数・数学の基礎」からスタートし、インプット講座で解法パターンを習得、アウトプット講座で本番の戦い方を学びます。

★4 論文・面接指導がスゴイ！

『小論文バイブル』の寺本康之講師が論文指導を担当！

論文対策は、寺本講師厳選の予想テーマで答案練習！独自の添削指導システムでライバルに差をつける！面接対策は、入塾困難で話題の松村塾とコラボ！1対1のカウンセリングであなたのPRポイントを引き出す！

松村塾代表の吉田和敏講師が面接指導を担当！

★5 講師がスゴイ！

公務員試験を知り尽くしたレジェンド集団！

寺本康之
担当科目 憲法／民法Ⅰ／
民法Ⅱ／行政法／政治学／
行政学／社会学／論文対策

畑中敦子
担当科目
数的推理

高橋義憲
担当科目
ミクロ経済学／マクロ経済学／
財政学／経済事情・経済史

柴崎直孝
担当科目
算数・数学の基礎／判断推理／
資料解釈／自然科学

吉田和敏
担当科目
面接対策

EX STUDY　https://ex-study.jp/

EX STUDY エクスタディ公務員試験講座

コース・カリキュラム

多彩なコース設定のほかに、あなた独自のカリキュラムを可能にする個別カスタマイズコースをご用意！

地方上級・国家一般職コース	地方上級、国家一般職（事務系・行政系）の教養試験・専門試験・論文試験・面接試験の対策ができるコース。多様な併願パターンに対応可能！
国税専門官コース	国税専門官の教養試験・専門試験・面接試験の対策ができるコース。国税専門官の出題科目を網羅して学習したい方におスス メ。
労働基準監督 A コース	労働基準監督Aの教養試験・専門試験・面接試験の対策ができるコース。労働基準監督Aの出題科目を網羅して学習したい方におススメ。
裁判所職員コース	裁判所職員の教養試験・専門試験・論文試験・面接試験の対策ができるコース。裁判所職員の出題科目を網羅して学習したい方におススメ。
市役所コース	市役所上級の教養試験(Standardタイプ・Logicalタイプ)・論文試験・面接試験の対策ができるコース。国立大学法人等職員の教養試験等の対策としても利用可。
個別カスタマイズコース	学習時間、併願状況、得意・不得意などの事情を考慮して、各コースをベースに、科目の追加や削除などで最適なコースにカスタマイズできます。

お問合せ / 受講相談

EX-STUDY（エクスタディ）に関するお問合せや受講に関するご相談は、以下いずれかの方法でお気軽にどうぞ！

❶ ホームページの
お問合せフォーム
→ https://ex-study.jp/

 ❷ LINE公式アカウント
→ @390yxuje

❸ メール
→ exstudy@exia-pub.co.jp

 ❹ お電話
→ 03-5825-4620
（月〜金曜日10:00〜17:00〈祝日を除く〉）

 ご希望によって、Zoomによるオンライン相談も可能です。
まず、上記❶〜❹いずれかよりご連絡ください。

 EX STUDY https://ex-study.jp/

エクシア出版の公務員試験対策書籍

伝説の勉強本！

**公務員試験
受かる勉強法
落ちる勉強法**

定価：1,540円

シリーズ累計70万部の大ベストセラー

大卒試験用

**裏ワザ大全
総合職・一般職・地方上級**

定価：1,540円

高卒試験用

**裏ワザ大全
一般職・地方初級**

定価：1,540円

数的推理・判断推理の"勝ち組"シリーズ！

**数的推理
勝者の解き方・
敗者の落とし穴 NEXT**

定価：1,760円

**判断推理
勝者の解き方・
敗者の落とし穴 NEXT**

定価：1,760円

**数的推理
勝者の解き方
トレーニング**

定価：1,430円

**判断推理
勝者の解き方
トレーニング**

定価：1,430円

警察官・消防官試験に特化した数的推理・判断推理の決定版！

**警察官・消防官
ストロングテキスト
数的推理**

定価：1,650円

**警察官・消防官
ストロングテキスト
判断推理・空間把握**

定価：1,650円